汪华林◎主编

商务谈判与沟通

（第三版）

BUSINESS
NEGOTIATION
AND
COMMUNICATION
（THE THIRD EDITION）

经济管理出版社
ECONOMY & MANAGEMENT PUBLISHING HOUSE

图书在版编目（CIP）数据

商务谈判与沟通 / 汪华林主编 . —3 版 . —北京：经济管理出版社，2022.12
ISBN 978-7-5096-8903-5

Ⅰ . ①商… Ⅱ . ①汪… Ⅲ . ①商务谈判 Ⅳ . ① F715.4

中国版本图书馆 CIP 数据核字（2022）第 253947 号

组稿编辑：王光艳
责任编辑：李红贤
责任印制：黄章平
责任校对：胡莹莹

出版发行：经济管理出版社
（北京市海淀区北蜂窝 8 号中雅大厦 A 座 11 层　100038）

网　　　址：www. E-mp. com. cn
电　　　话：（010）51915602
印　　　刷：北京市海淀区唐家岭福利印刷厂
经　　　销：新华书店
开　　　本：787mm×1092mm /16
印　　　张：17.5
字　　　数：363 千字
版　　　次：2023 年 6 月第 1 版　　2023 年 6 月第 1 次印刷
书　　　号：ISBN 978-7-5096-8903-5
定　　　价：68.00 元

前 言
PREFACE

谈判在社会活动中经常发生。《辞海》中对"谈"与"判"的解释之一分别为："谈"是指"讲论，彼此对话"，"判"是指"评断"，"谈判"是指有关方面就有待解决的重要问题进行会谈。谈判被广泛应用于政治、经济、军事、外交、科技等各个领域，人们需要探究其内在规律。关于谈判的理论和系统研究，美国与欧洲国家起步较早，自 20 世纪 60 年代以来已经取得了一定的成果。到了 20 世纪 80 年代，谈判进入大学课堂，学习谈判理论、实务、技巧已成为许多专业尤其是商学院学生的必修课程。

中国加入世界贸易组织后，参与世界经济一体化进程加快，许多企业具备了对外贸易的主体资格，同外国企业的各种贸易谈判与日俱增，各种各样的涉外谈判无处不在。另外，随着国内市场经济的发展和深化，企业之间沟通交流、交易联系必不可少，企业越来越重视谈判行为及商务沟通在社会中的影响和作用。正是基于这些原因，大多数高校通过开设商务谈判课程，让广大学生更好地理解谈判的理念、掌握谈判的技巧，从而更好地适应当今社会对人才的要求。

本书内容可分为三篇。第一篇为商务谈判原理，主要介绍商务谈判概述及理论基础，包括第一章和第二章；第二篇为商务谈判实务与操作，主要介绍商务谈判的类型及内容，谈判前的准备，谈判人员的气质、性格与素质能力，组织与管理，价格谈判，僵局的处理，合同的签订与履行等，包括第三章至第九章；第三篇为商务谈判技巧，主要介绍谈判沟通及语言技巧、谈判的策略、谈判的礼仪与禁忌、国际商务谈判，包括第十章至第十三章。在编写过程中，编者试图为本书塑造以下三个特点，以求增强本书的可读性和实用性。

第一，理论与实践并重。 商务谈判教材大多重视谈判的策略和方法，但是谈判不仅需要技巧，而且需要指导思想和原则，要使谈判人员取得更好的合作结果，应采用正确的谈判指导思想以达到对商务谈判本质的认识和理解，否则难以实现双赢的目的。一方面，本书从六个方面来论述谈判的指导思想，让读者结合具体实践来思考，增进谈判人员对谈判本质的认识；另一方面，本书每个章节都选用了企业中生动、具体的案例，可以对读者未来从事商务谈判活动起到指导作用。

第二，引入商务谈判经典案例，可读性强。本书每章开始都有案例导入，每章结束有思考题和案例讨论。本书选取的案例结合了时代特点，大多是原创性案例，是近年来作者在从事 MBA 教学过程中，对企业经理商务谈判实战经验的总结和访谈，可激发读者的学习兴趣，可读性强。文中也安排了"谈判小故事"，以增加趣味性和引发读者思考。本书各章节的案例紧扣章节的内容，有助于读者对商务谈判理论知识的理解和掌握。

第三，语言简洁，详略得当。本书理论部分简洁凝练，深入浅出。书中关于谈判理论的表述注意对内容的把握，分析较为细致。如在商务谈判策略部分，对每个阶段的策略运用均进行了研讨，使读者容易理解。另外，本书使用了较多插图，表达直观，可增强阅读效果。

本书提供教学 PPT、思考题答案、模拟试卷等资源，用书教师可通过作者邮箱（wanghualin2002@163.com）获取。书中亦提供了课外案例阅读，可通过扫码学习。

本书在编写过程中参阅了大量书籍和网络资料，在此向这些资料的作者表示由衷的感谢！感谢本次修订参与者江西财经大学研究生吴海平、高劲章同学！由于编者水平有限，加之时间仓促，书中难免有不妥之处，敬请广大读者批评指正。

编者

2022 年 12 月

目 录

CONTENTS

第三篇　商务谈判技巧

第一篇

商务谈判原理

第一章

商务谈判概述

【学习目的及要求】

　　掌握谈判及商务谈判的内涵与特征；了解商务谈判的程序；掌握谈判的动因；了解商务谈判成功与失败的评价标准；通过学习本章内容，能拟定简单的商务谈判计划书。

【案例导入】

锅炉设备订货谈判

　　A集团作为一家专业从事集中供热及新能源产业的企业，目前正处于飞速发展的关键时期。锅炉是A集团集中供热项目中主要的设备之一，为此，集团高层领导对锅炉设备的订购从选型、考察、价格、市场行情等方面做了周密的安排，并组织技术部、工程部、采购招标部、财务部等开展专题会议，对锅炉设备的订购事宜做具体分工。

　　首先，由技术部、工程部人员会同设计院对锅炉设备的选型做了充分的技术论证和经济性分析。大家一致认为，循环流化床锅炉是目前中小型集中供热项目和热电联产锅炉的首选炉型，该锅炉具有脱硫燃烧、燃料适应性强、可燃烧劣质煤、操作方便等特点。目前我国正在大力推广，其技术已相当成熟。

　　其次，由采购招标部组织相关人员对目前国内主要生产厂家进行考察，对各供应商的生产能力、技术实力、销售状况、市场占有率以及合作意向等多方面的情况进行调查对比，确定合格的供应商名单。

　　再次，由财务部对采购资金做好计划，并对各供应商厂家的财务状况进行调查。

　　最后，各部门将情况汇总，报告给高层领导，形成统一意见。最终选择了适合A集团的四家供应商：郑州锅炉厂、济南锅炉厂、太原锅炉厂及无锡锅炉厂，统一由采购招标部向外发出招标邀请函，确定商务谈判时间为一个月，而后完成锅炉设备订货合同的签订。

　　A集团是私营企业，招标采用议标的方式进行，前一轮已经通知四家锅炉厂做了技术及商务报价标书。通过综合评标，对四家锅炉厂锅炉的性价比进行排名，排名先后顺序为济南锅炉厂、郑州锅炉厂、无锡锅炉厂、太原锅炉厂，确定本轮谈判的对象是济南锅炉厂。

谈判安排在 A 集团项目部所在地，主要考虑是便于项目部人员参与，使 A 集团拥有主动权。谈判时间定于 2014 年 5 月某日。参会人员为 A 集团六人：商务部两人，技术部两人，工程部一人，公司副总一人；济南锅炉厂五人：营销副总一人，销售科两人，设计部两人。

由于双方有过投标时的沟通及前期方案的准备，故此次谈判的议题有两个：一个是对技术方案进一步沟通和完善，另一个是商务报价。A 集团希望济南锅炉厂给出一个合适的价格。

谈判中济南锅炉厂设计部两位工程师就此次循环流化床锅炉的详细设计理念向 A 集团谈判人员做了介绍，对锅炉设计的独特性能及参数做了重点说明。对此，A 集团技术部及工程部谈判人员针对济南锅炉厂在国内运行的锅炉的特点做了评价，并重点对其存在的缺陷及问题进行了分析。例如，济南锅炉厂的锅炉在国内运行的同等吨位的锅炉中的市场占有率处于领先地位，运行稳定性总体不错。缺点和问题主要集中在设计方面，锅炉的热效率在同行业中没有优势，炉膛关键部位的磨损问题没有得到有效的解决，分离器的分离效率不是太高，分离器的中心靶区磨损也很严重。另外，还存在以前其他合作项目交货时间不及时、发货顺序与安装方面的配合不到位等问题。A 集团提出济南锅炉厂在设计及生产制造方面需要加强技术力量。A 集团谈判人员通过分析济南锅炉厂存在的问题，为后续的商务谈判讨价还价打下了坚实的基础。

A 集团谈判人员通过以上的详细分析和前期的准备，提出的问题起了作用。济南锅炉厂销售部对报价进行了调整，愿意在原商务报价的基础上再给出 5% 的优惠。A 集团采购招标部人员针对此报价再次提出了意见，他们认为，从目前市场行情看，济南锅炉厂的价格仍高于市场报价，锅炉耗钢量及吨位造价也偏高。由于 A 集团从其他途径了解到目前济南锅炉厂的项目资金回款有问题，故 A 集团提出在货款支付上可以从优考虑。同时，A 集团在前期进行了大量的市场行情调查，了解到济南锅炉厂的销售订单情况并不理想，近几年有下滑的趋势。A 集团声明目前还有好几个项目将要启动，如果谈判成功，以后双方就可以进行长期合作，并建立战略合作伙伴关系。

（资料来源：笔者根据资料整理而成。以下若无说明，均与此相同。）

启发思考：从以上的商务谈判来看，谈判过程就是双方共同协商、谋求合作和维护关系的过程。谈判前期要进行详细的市场调查，掌握市场的变化和趋势，前期获得的信息越多、越详细，在谈判桌上议价就越主动，即做到知彼知己，百战不殆。

第一节 谈判的内涵、动因与要素

一、谈判的内涵

什么是谈判？"谈判"（Negotiate）一词源于拉丁语 Negotiari，意思是"做生意、做买卖"。《现代汉语词典》对谈判的解释为：有关方面对有待解决的重大问题进行会谈。谈判有狭义和广义之分。狭义的谈判指为解决较重大的问题，在正式场合下进行的会谈；而广义的谈判则包括各种形式的"交涉""洽谈""协商"等。谈判一般泛指人们为了协调彼此之间的关系，满足各自的需要，通过协商而达成意见一致的行为和过程。

谈判，实际上包括"谈"和"判"两个紧密联系的环节。"谈"，即说话或讨论，就是当事人明确阐述自己的意愿和所要追求的目标，充分发表关于各方应当承担和享有的责、权、利等看法；"判"，即分辨和评定，是当事各方努力寻求关于各项权利和义务的共同一致的意见，以期通过相应的协议正式予以确认。因此，"谈"是"判"的前提和基础，"判"是"谈"的结果和目的。

可以将谈判定义为有关组织或个人为协调关系或化解冲突，满足各自的利益需求，通过沟通协商以争取达成一致的行为过程。

【小故事 1-1】

"朝三暮四"的典故

春秋时期，宋国有一个养猴人，他养了一大群猴子，并把它们看作自己的孩子。养猴人能与猴子们沟通，理解它们所表达的意思，而猴子们也懂得他的心意。猴子们每天的食物是橡子，可是后来养猴人越来越穷，已经买不起那么多的橡子给猴子们吃。于是，他打算控制猴子们每餐橡子的数量，每只猴子一天给七个橡子。他对猴子们说："早上给你们三个橡子，晚上给你们四个橡子，够吃吗？"猴子们一听，立即大声地叫嚷，以示反对。于是他想了想说："唉，那这样吧，早上给你们四个橡子，晚上给你们三个橡子，这该够吃了吧？"猴子们一听，个个手舞足蹈，非常高兴。

（资料来源：《庄子·齐物论》。）

启发思考：这个故事看似荒唐可笑，但透露着商务谈判中的沟通技巧。在与客户谈判时往往存在着"朝三暮四"的现象，通常体现为当谈判双方在某个重要问题上僵持时，一方让一步，抛出些小利，作为补偿，用小利换大利，或把整个方案调换顺序，便可打破僵局，这乍听起来令人不可思议，但在实际谈判中常会出现这种情况。所以，在谈判中，最大的学问就是学会适时让步，从而促使谈判顺利进行，即要学会以退为进。

二、谈判的动因

1. 追求利益

谈判是一种具有明确目的性的行为，其最基本的目的就是追求自身的利益。人们的利益需要多种多样。从内容来看，有物质需要、精神需要；从层次来看，有生理需要、安全需要、社交需要、尊重需要、自我实现需要；从时间来看，有短期需要、长期需要；从主体来看，有个人需要、组织需要、国家需要；等等。

人们的种种利益需要，有些可以依靠自身努力来满足，但更多的则是必须与他人进行交换。显然，这种交换的直接动因是使利益需要得到更好的满足。

其实，在利益需要的交换中，各方或双方都是为了追求自身的利益目标，就一方而言，当然是要追求自身利益的最大化。但是，这种自身利益的扩大如果侵害或者不能保证对方的最低利益，那么对方势必会退出，利益交换便不能实现。可见，在利益交换中，有关各方追求并维护自身的利益是谈判的首要动因。

2. 谋求合作与维护关系

合作可分为短期合作和长期合作，其实质是维系合作各方的关系。在现实生活中，由于社会分工、发展水平、资源条件和时空制约等，人们及各类组织乃至地区或国家之间，往往形成各种各样的相互依赖关系。例如，一方生产某产品，另一方正需要该产品；一方拥有农产品但需要工业品，另一方拥有工业品而需要农产品；一方拥有市场但需要技术，另一方拥有技术而需要市场；等等。这种相互之间的差异，为各方发挥优势、实现互补提供了客观条件。

当今社会，科学技术的发展和社会的进步出现两种平行的趋势：一是社会分工日益明显，生产和劳动的专业化程度日益提高；二是社会协作日益紧密，人们之间的相互依赖性日益增强。在这种社会生活相互依赖关系不断增强的客观趋势下，人们某种利益目标的实现及其实现的程度不仅取决于自身的努力，还取决于与自身利益目标相关的各方的态度和行为，取决于彼此之间的互补合作。各方相互之间的依赖程度越强，就越需要加强相互的合作。可见，社会依赖关系的存在，不仅为各方相互间的互补合作提供了可能性，同时也是一种必要条件。正是这种在相互依赖的可能中谋求合作的必要性，成为谈判的又一重要动因。

3. 寻求共识

借助他人的资源满足自身的利益需要，必然会出现利益归属的要求和矛盾。随着社会文明的进步和社会生活相互依赖关系及观念的增强，人们越来越认识到对抗不是处理矛盾的理想方式，它不仅会造成许多严重后果并留下诸多隐患，而且大多数情况下最终仍要通过谈判的方式解决；人们也越来越认识到抛弃对抗、谋求合作才是处理日益密切的社会联系和相互依赖关系的明智之举，而商务谈判正是实现互利的最佳选择。

【案例1-1】

生活中的谈判

小明和小华是大学生，也是室友。小明毕业之后打算备考研究生，小华打算就业。两人在宿舍内的作息时间和起居习惯有一些冲突，小明由于要复习考研，通常学习到比较晚，需要一个安静的学习环境；而小华需要参加各种招聘会，白天比较辛苦，晚上则需要早点睡，而且常需要接打电话。作为室友的两人为了避免相互影响，决定通过谈判来更好地利用宿舍这个公共空间。双方约定：小明晚上在学习的时候，通过遮挡灯光来避免影响小华休息，而小华在接打电话的时候尽量把声音压低，并且比较长的通话到室外接打，以免影响小明学习。他们通过这样的谈判来帮助彼此更好地实现各自的人生规划。

启发思考：人们由于生活或工作中的需求差异，经常会产生矛盾或冲突，对此人们总会通过协商来解决。案例中的小明和小华由于追求各自的人生目标，在作息时间安排上产生了冲突，他们通过谈判，并自觉地从对方的利益考虑问题，相互妥协，从而解决了问题。

三、谈判要素

谈判要素是指构成谈判活动的必要因素。它是从静态结构上对谈判行为的剖析。换言之，没有这些要素，谈判就无从进行。无论何种谈判，通常都是由谈判当事人、谈判议题、谈判背景三个要素构成的。

1. 谈判当事人

谈判是在人们的参与下进行的。谈判当事人是指谈判活动中有关各方的所有参与者。从谈判组织的角度来看，谈判当事人一般有两类人员：台上的谈判人员和台下的谈判人员。

台上的谈判人员是指参加谈判一线的当事人，即出席谈判、上谈判桌的人员。一线的当事人，通常包括谈判负责人、主谈人和陪谈人。其中，谈判负责人即当事一方的行政领导，也是上级委派在谈判一线的直接责任人。他虽然可能不是谈判的主要发言人，但有发言权，可以对主谈人的阐述进行某些补充甚至必要的更正。他是谈判的组织者和指挥者，起着控制、引导的核心作用。主谈人即谈判的主要发言人，他不仅是场上的主攻手，也是谈判的组织者之一。其主要职责是按照既定的谈判目标及策略同谈判负责人默契配合，与对方进行有理、有利、有节的论辩，坦率、诚恳的磋商，以说服对方接受自己的方案，或与对方寻求双方都能接受的方案。陪谈人包括谈判中的专业技术人员、记录人员、译员等，其主要职责是在谈判中提供咨询、记录谈判的过程与内容以及做好翻译工作等。

台下的谈判人员是指谈判活动的幕后人员。他们在谈判中虽然不出席、不上桌，但是对谈判有着重要的影响或作用。他们主要是该项谈判主管单位的领导和谈判工作的辅助人员，其中，主管单位领导的主要职责是组队布阵、审定方案、掌握进程、适当干预，辅助人员的主要作用则是为谈判做好资料准备和背景分析等。

2. 谈判议题

谈判议题是谈判需商议的具体问题。谈判议题是谈判的起因、内容和目的，它决定了当事各方参与谈判人员的组成及策略。所以，它是谈判活动的中心。没有议题，谈判显然无从开始且无法进行。

谈判议题不是凭空拟定或单方面的意愿，而必须是与各方利益需要相关的，为各方所共同关心的，从而成为谈判内容的提案。谈判议题的最大特点在于当事各方认识的一致性。如果没有这种一致性，就不可能形成谈判议题，谈判也就无共同语言。

谈判中可谈判的议题几乎没有限制，任何涉及当事方利益需要且双方共同关心的内容都可以成为谈判议题。正所谓："一切都可谈判。"谈判议题的类别形式，按其涉及内容分类，有政治议题、经济议题、文化议题等；按其重要程度分类，有重大议题、一般议题等；按其纵向和横向结构分类，有主要议题及其项下的子议题、以主要议题为中心的多项并列议题、互相包容或互相影响的复合议题等。由于谈判议题具有多样性，因此谈判的复杂程度各不相同。

3. 谈判背景

谈判背景是谈判所处的客观环境条件。谈判是在一定法律制度和特定社会背景下进行的，这些背景条件将直接或间接影响谈判活动。背景条件不仅涉及政治、经济、文化、法律、传统习惯、意识形态、宗教信仰，还包括人文、地理、气候、人际关系等方面的内容。谈判背景主要包括环境背景、组织背景和人员背景三个方面。

环境背景一般包括政治背景、经济背景、文化背景等。其中，政治背景在国际谈判中是一个很重要的环境背景因素，包括所在国家或地区的社会制度、政治信仰、体制政策、政局动态、国家关系等。例如，国家关系友好，谈判一般较为宽松，能彼此坦诚相待，充满互帮互助情谊，出现问题也比较容易解决；反之，国家关系还处于或将面临对抗与冷战状态，谈判会受到较多的限制，谈判难度也较大，甚至会出现某些制裁、禁运或其他歧视性政策。有时受政治因素的干扰，即使谈判的当事人有诚意达成某些协议，这些协议也可能成为一纸空文。此外，政局动荡的一方谈判者自然职位不稳，加之政府人事更迭，有可能导致现行政策的某些变化。

经济背景也是很重要的环境背景因素，尤其对商务谈判有直接的影响，包括所在国家或地区的经济水平、发展速度、市场状况、财政政策与汇率、股市行情等。例如：经济水平反映了谈判者背后的经济实力；某方占有市场的垄断地位，其在谈判中就具有绝对的优势；市场供求状况不同，谈判态度及策略也就不同；财政政策与汇率既反映了谈判方的宏观经济健康状况，又反映了支持谈判结果基础的坚挺程度；股市行情则往往是谈判者可供参照和借鉴的"晴雨表"。

文化背景这一环境背景因素同样不可忽视，包括所在国家或地区的历史溯源、民族宗教、价值观念、风俗习惯等。在这方面，东西方国家之间、不同种族和不同民族之间，甚至一个国家内的不同区域之间，往往会有很大差异。

组织背景包括组织的历史发展、行为理念、规模实力、经营管理、财务状况、资信状况、市场地位、谈判目标、主要利益、谈判时限等。组织背景不仅直接影响谈判议题的确立，也影响谈判策略的选择和谈判的结果。

人员背景包括谈判当事人的职级地位、教育程度、个人阅历、工作作风、行为追求、心理素质、谈判风格、人际关系等。谈判是在谈判当事人的参与下进行的，因此，人员背景直接影响谈判的策略运用和谈判的进程。

【案例 1-2】

A 银行社保 IC 卡项目谈判

A 银行是一家国有股份制商业银行，在同业中处于领先地位，市场占比高，业务发展较好。当地主管社会保障业务的 B 部门是 A 银行的重点客户之一，与 A 银行合作良好，在 A 银行有长期稳定存款 40 亿元，占总存款的 13%，对 A 银行利润贡献较高。

2015 年是 A 银行所在省的民生建设年，该省决定实施 50 项重点民生工程。"城乡社会保障提升工程"就是其中一项，关系到广大群众的切身利益。其工程目标为扩大城镇社会保险覆盖面，实现城镇基本养老保险人数达 20 万，新增社保 IC 卡持卡人数达 15 万。为有效推动该项目，当地主管部门 B 部门提出，合作方 A 银行应严格履行以下事宜（以下甲方为 B 部门，乙方为 A 银行）：

（1）乙方发卡份额为 15 万张，每张社保 IC 卡需在合同生效后 3 个工作日内一次性支付制卡费用 50 元 / 张，合计 750 万元。

（2）为保证项目所需资金，乙方需先向甲方提供 50 万元保证金，合同期满后归还，按活期计息，合作期为 5 年。

（3）乙方发行的社保 IC 卡，需全额免去年费、工本费、跨行取款费和同城跨行转账手续费。

（4）乙方需承担社保卡账户的建立、注资、挂失、清户等工作，确保卡面金融账户安全。

甲方将履行以下事宜：

（1）制订社保卡建设目标和实施计划，组织协调各项工作。

（2）负责社保卡申领人相关信息采集、初始化、送检、相关培训和宣传工作。

（3）负责落实社保卡在社保经办机构和定点医疗机构等使用。

（4）负责与乙方共同确认金融服务功能的社保卡卡面样式。

同时，合作双方依法负有保密义务，任何一方不得将合作涉及信息披露给其他方，或用于非协议项下的其他用途。

在谈判过程中，A银行对B部门提出的（1）、（2）、（3）项条款应履行事宜提出了异议：

关于第（1）项，A银行认为，参照A银行及同业财务和会计制度规定，卡费用的支付应遵循权责发生制要求，即应根据实际制卡数量按进度列支，而不应一次性支付。

关于第（2）项，A银行反映，银行系统内分行中亦有开展此类业务的，但均未上缴过任何保证金，建议B部门出示相关保证金缴纳必要性文件等材料。同时，因合作期限长达5年，应按5年定期利率计息，如按活期计息，A银行将损失利息收入达2万元，因此B部门提议缺乏合理性。

关于第（3）项，A银行提出，建议借鉴A银行代发工资客户的费用豁免标准，即免去年费、工本费，但不免去跨行取款费和同城跨行转账手续费。

关于A银行的意见和建议，B部门认为履约条款制定科学合理。而A银行须遵守银行制度，难以接受B部门提出的条款，考虑到与B部门的长期良好合作关系和B部门的客户地位，A银行多次与B部门沟通协调，但B部门仍坚持其条款符合该省政策导向，当地其他同业也无异议，因此将不予调整，谈判僵持不下。

启发思考：上述案例中，A银行与B部门谈判僵持不下，主要原因是B部门提出的部分履约条款不符合A银行的制度要求，或缺乏必要性和合理性，但B部门作为甲方，在谈判主动权上有相对优势，不肯让步，而A银行作为经营机构和乙方，相对被动。从整个案例来看，如想要谈判继续进行，则需要A银行进一步开展以下工作：一是对项目的成本效益进行全面的测算，包括社保卡未来能够带来的各项业务及收益、制卡费用、保证金收益、手续费、营业税金，以及业务不开展将损失的各项收益等，以综合评估该项目的投入与产出。即以数据说话，若评估结果为第五年仍不能盈利，则无须再进一步谈判。二是将项目情况和综合收益测算结果一并提交A银行总部，请示能否接受B部门各项履约要求。只有A银行总部同意，谈判方能顺利进行。三是社保卡将是未来社会保障工作的一项重要内容，因此，为保证后续合作的稳定，A银行可考虑与B部门签订一份年限更长的合约。

第二节　商务谈判的内涵、特征、程序和评价标准

商务谈判产生的根本原因在于人们追求经济上的需要。在商品生产和交换过程中，既涉及直接媒介的商品交易活动，也涉及为直接媒介服务的商品交易活动，内容相当广泛，遍及物质生产部门，以及金融、保险、信托、租赁、服务等各个方面。在这些商务活动中，往往会产生各种各样的矛盾，这些矛盾常常可以通过谈判予以解决。

一、商务谈判的内涵

商务谈判也称商业谈判，是当事各方为了自身的经济利益，就交易活动的各种条件进行洽谈、磋商，以争取达成协议的行为过程。任何一项协议的谈判，都是因为各方利益不同，当事各方有达成协议的愿望。在商品交易谈判中，虽然买主和卖主对商品和货币都很感兴趣，但偏爱的对象不同——卖主对货币的兴趣超过对其商品的兴趣，买主则相反。于是，交易就达成了。

商务谈判作为谈判的一个种类，除具有一般谈判的性质外，还有其自身的特点：商务谈判以经济利益为目的，讲求经济效益，一般以价格问题为谈判的核心；商务谈判是一个各方通过不断调整自身需要和利益而相互接近，争取最终达成一致意见的过程；商务谈判必须深入审视他方的利益界限，任何一方无视他方的最低利益和需要，都可能导致谈判破裂。

因此，共同性的利益和可以互补的分歧性利益都能成为产生一项明智协议的诱因。商务谈判不是瓜分剩余利益，更不是为了打倒对方，而是一种合作行为，必须追求共同利益，这样才能使双方互利共赢。

二、商务谈判的特征

理解商务谈判的实质，必须掌握商务谈判所具有的特征。商务谈判是双方或多方为达到各自的目的而反复磋商的过程。人们参与商务谈判通常都是为了满足某些目的。一般商务谈判具有以下特征：

1. 商务谈判是谈判各方"给"与"取"兼而有之的一种互动过程

商务谈判是商品经济发展时期，解决单位之间、个人之间物质利益关系矛盾的一种途径。通过谈判解决矛盾，能促进商品生产和交换的发展。

商品交换关系是一种买卖关系，买卖渠道不通，交换就会受阻，使生产处于停

滞状态。以物质生产部门为例，生产者要买进所需的原材料，生产出实物产品并交换出去，这样再生产才能得以进行。如果这个过程出现买不进来又卖不出去的现象，商品生产和交换就难以发展。而商务谈判作为连接买卖双方的桥梁，可以使买卖双方的利益都能在协调一致的前提下实现。一个需要买，一个需要卖，通过商务谈判达成一致，各取所需，共同发展。购销谈判如此，技术谈判、商贸谈判也是如此。也就是说，单方面的"给"或单方面的"取"，无论这种"给"与"取"是自愿的还是被动的，都不能被认为是谈判。所以，在商品经济社会中，商务谈判是推动商品经济发展不可缺少的途径。

2. 商务谈判同时具有"合作"与"冲突"两种成分

在商品经济社会中，人们在生产、交换、分配等方面存在着错综复杂的物质利益关系。

不同的群体有着不同的物质利益。即使在以社会主义公有制为主体的部门中，仍然存在着不同企业、个人之间的物质利益关系。例如，买方希望卖方提供货物以满足其消费的需要，而卖方则需要售出货物以满足其对货币的需求。因此，为了使谈判能达成协议，谈判各方必须具备一定程度的合作性。但是，谈判各方又都希望能在对己方最有利的条件下获得自身需要的满足。这样，谈判各方必定处于利害冲突的对抗状态中。在不同的谈判场合，对不同的谈判主题，其合作与冲突的程度显然各不相同。任何一种谈判都具有一定程度的合作与冲突，这一点是确定无疑的。

3. 商务谈判是"互惠"的，但其结果又是"不平等"的

商务谈判是物质利益关系的特殊表现，其功能在于促进商品生产和商品交换的发展，但商务谈判的进行必须遵循价值规律的要求。具体地讲，遵循价值规律主要表现在以下两个方面。

第一，商务谈判必须以双方等价交换为原则。谈判双方提出什么样的条件，在何种条件下达成一致协议，这一系列问题的思考和解决，实质上都受等价交换原则的制约。要想使谈判成功，必须以等价交换原则为基础，即谈判必须是互惠的。

第二，商务谈判受当时国际、国内供求关系的影响，也受价格波动的影响。对于每次谈判的具体结果，双方在价值实现问题上是有不同得失的。也就是说，谈判的结果总是不平等的，即谈判双方可能一方获利多些，另一方获利少些。导致谈判结果不平等的因素很多，但主要有两个：一是谈判双方各自拥有的实力，二是谈判双方各自所掌握的谈判技巧。

4. 商务谈判是"公平"的

商务谈判的结果一般来说可能是不平等的，但无论这个结果是怎样的不平等，只要谈判双方对谈判结果具有否决权，谈判就是"公平"的。

猎人射鹰

两个饿极了的猎人在荒无人烟的草地上，突然发现一只低空徘徊的大鹰。猎人甲一边张弓搭箭，一边欣喜若狂地说："这回可有美味了，我最喜欢吃烤得香喷喷的鹰肉。"听了这话，猎人乙好像觉得有什么不对，说道："哎，老兄，为什么要烤，我喜欢吃煮的！"猎人甲放下手中的弓箭，跟对方较上了劲："不行，我就要吃烤的！"

就这样，两人你一言我一语地吵了起来。要不是两人都已筋疲力尽，早就大打出手了。最后，不知谁的头脑里闪过一丝理智，他们达成了协议：等射下大鹰，一半烤着吃，一半煮着吃。但是当他们再次拿起弓箭时，大鹰早已飞得无踪影了。

（资料来源：根据刘元卿的《应谐录》改编。）

启发思考：谈判是个人或组织间解决物质利益关系矛盾的一种手段。故事中的猎人甲与猎人乙都想使自己的利益最大化，互不让步，最后只能是两败俱伤。在商务谈判中，若某一方想在谈判中独占好处，只力争实现己方的经济利益，只想着对方让步或置对方的经济利益于不顾，在正常情况下是无法实现的。

三、商务谈判的程序

商务谈判的程序一般包括准备阶段、正式谈判阶段和成交签约阶段，彼此衔接、不可分割，而且各个阶段的工作往往需要通过若干个谈判过程周而复始、循环往复地进行，这样才能得以最终完成。

1. 准备阶段

商务谈判的准备阶段，一般包括选择对象、背景调查、组建团队、制订计划和模拟谈判五个方面。

（1）选择对象。选择对象即选择谈判的对手。当己方决定争取实现某项交易目标而进行商务谈判时，首先要做的准备工作就是选择谈判对象。选择谈判对象应根据交易目标的必要性和相互商务依赖关系的可能，通过直接或间接的先期探寻即相互寻找、了解交易对象的活动，在若干候选对象中进行分析、比较和谈判的可行性研究，找到己方目标与谈判对象条件的最佳结合点，以实现最优选择。

（2）背景调查。在确定谈判对象的基础上，应以"知彼知己"为原则，对谈判背景进行认真的调查研究。背景调查就是收集信息的过程。这些信息包括：①了解本组织的情况，包括组织的社会地位、经济实力、人才力量、设备能力、管理水平、劳动效率、产品的优缺点等基本情况；②了解对方的组织情况，包括对方组织的发展历史、社会地位、资信能力及同其他组织的关系；③查明对方相关的环境因素，如政治状况、法律制度、宗教信仰、商业习惯、社会风俗等；④分析谈判对象，考察其资历、地位和谈判经历，以便了解其思考的方式和工作能力，分析其心理类型，了解其气质、性格、兴趣爱好、生活方式等，从而进一步确定谈判对象将持有怎样的谈判态度和采用怎样的谈判方式，准备相应的对策。

（3）组建团队。组建团队是谈判前最重要的准备工作。在很多情况下，某些组织在即将进行的谈判中原本具有相当的优势，但缺乏优秀的谈判人员和协调有序的谈判团队，反而导致了谈判的失败。因此，组建优秀的谈判团队，是谈判取得成功的组织保证。一般来说，组建优秀的谈判团队及运作团队要做好三个环节：一是人员个体素质优化，即按照一定的职业道德、知识能力等识、学、才要求，做好对谈判人员的遴选。二是团队规模结构适当，即一方面应根据谈判的客观需要和组织的资源条件，使谈判班子规模适当；另一方面应从组织、业务、性格、年龄等构成方面，使谈判团队结构合理、珠联璧合。三是实现队伍有效管理，即通过挑选合适的谈判团队负责人、确定谈判方针和高层领导适当干预，实现对谈判队伍直接或间接的有效管理。

（4）制订计划。谈判计划是谈判者在谈判前预先对谈判具体内容和步骤所做的安排，是谈判者行动的指导方针。拟订谈判计划要做好以下工作。

1）确定谈判的具体目标。谈判的具体目标就是对谈判内容的具体要求，也可以理解为谈判的主题，它体现着己方参加谈判的基本目的，是谈判活动的灵魂，整个谈判都必须围绕具体目标来进行，都要为实现这个目标服务。谈判者在确定目标时，必须考虑以下问题：

➢ 自己的利益所在是什么？谈判中要追求什么，需要什么？

➢ 本次谈判的限期对实际确立的目标是否产生障碍？

➢ 哪一方想要维护现状？现状与己方目标有多大差距？

➢ 出现僵局将付出什么代价？这个代价是否会远离既定目标？

➢ 本次谈判的各方将采用什么方式沟通信息？信息的可靠度、可信度有多高？

谈判目标通常划分为三个层次。最高目标：谈判者乐于达成的目标，是一种理想的目标。可接受目标：谈判者立意达成的目标，是一种较切实际的目标。除非万不得已，谈判者不应考虑放弃这种目标，并尽量争取接近最高目标。底线目标：谈判者必须达成的目标，是一种临界目标。当对方提出的条件使己方所能实现的目标低于临界点时，要重新考虑谈判的基本形势或终止谈判。

应当指出的是，谈判的具体目标并非一成不变，谈判者可以根据谈判形势的变化对它进行调整和修订。

2）确定谈判议程和进度。谈判议程即谈判程序，包括所谈事项的次序和主要方法。一般而言，确定谈判议程应考虑以下问题：

➢ 谈判应在何时进行，为期多久？倘若这是一系列的谈判，则分几次举行？每次所用时间大致多久，休会时间多久？

➢ 谈判在何处举行？

➤ 哪些事项应列入讨论，哪些事项不应列入讨论？列入讨论的事项应如何编排先后顺序？每个事项应占多少讨论时间？

谈判进度是对谈判时间的估计。这个时间的长短要依据双方时间的充裕程度和具体谈判内容而定。

（5）模拟谈判。模拟谈判是在谈判前对谈判过程的预演。它是将谈判团队的全体成员分为两个部分，一部分人员扮演对方角色，模拟对方的立场、观点和风格，与另一部分己方人员对阵，预演谈判过程。模拟谈判可以帮助己方谈判人员从中发现问题，对既定的谈判计划进行修改和加以完善，使谈判计划更为实用和有效；同时，能使谈判人员获得谈判经验，锻炼谈判能力，从而提高谈判的成功率。模拟谈判的原则：一要善于假设，提出各种可能出现的问题；二要尽量提高仿真程度，假戏真做；三要把促使对方做出己方希望的决定作为模拟谈判目标；四要认真总结经验，进行必要的反思。模拟谈判的形式，除现场预演外，还可根据谈判的实际需要，采用列表回答、提问、论辩等形式。

【小故事 1-3】

先易后难

曾有人做过这样的实验：由实验者挨家挨户进行走访，要求各家主妇支持一项"安全驾驶委员会"发起的运动，并在一份请求政府以立法形式来鼓励安全驾驶的请愿书上签字。因为这是一个一般人都可以接受的较小的要求，所以几乎所有被走访的主妇都同意签字。

几周后，实验者又去走访这些主妇，要求她们支持在各自的院子前面竖立一块不太美观、上面写着"注意安全"字样的警告牌，这是人们普遍不易接受的一个条件。尽管如此，由于这些主妇先前曾接受过第一个与此有关的要求，因此还是有55%的主妇接受了这个要求。而与此形成鲜明对比的是，当实验者将第二个要求拿到以前没有被要求在请愿书上签字的主妇手上时，只有17%的人勉强接受了这一要求。

（资料来源：郭婷.登门槛效应：循序渐进的说服定律［M］.哈尔滨：黑龙江美术出版社，2019.）

启发思考：生活中的经验告诉我们，做事情应先从容易的事入手，再解决难的事情。因为把容易的事情做好了、解决了，能增强人的信心，对后面较难事情的解决有利。在商务谈判中，双方往往从容易达成共识或容易做出让步的议题来谈，先在一些方面达成一致，取得对方的信任和好感，从而为后面较难议题的解决创造条件。

2. 正式谈判阶段

谈判双方在做了各种准备工作之后，就要开始面对面地进行实质性的谈判工作。谈判过程可能是多轮次的，双方要经过几轮谈判，也可能要经过多次的反复才能达成一致。无论谈判过程时间长短，谈判双方首先都要提出各自的交易条件和意愿；其次就各自希望实现的目标和相互间的分歧进行磋商；最后消除分歧，达成一致。

（1）接触摸底阶段。初次接触一般不要涉及项目报价等问题，也不要披露太多关键信息，这是一个基本准则。接触摸底阶段所进行的一切活动，一方面要为双方建立良好关系创造条件，另一方面要积极了解谈判对方的特点、意图和态度。通过掌握并分析对方的信息来修正自身的谈判方案，争取早日进入角色，进而取得谈判场上的主动权。

1）营造谈判气氛。谈判双方一经见面接触，谈判气氛即已形成，并且将会延续下去，一般不会改变。谈判初期所营造的气氛是非常关键的，这种气氛会影响整个谈判进程。到底应该营造怎样一种谈判气氛？积极或冷峻？紧张或平静？这不是一个容易回答的问题。然而，如果是从有利于达成协议的角色出发，那么创造一种互相依赖、诚挚合作的谈判气氛是十分必要的。

因此，谈判者要做的第一件事，就是获得对方的好感，在彼此之间建立一种相互尊重和信任的关系。一般来说，双方初次接触不要急于进行实质性洽谈。相反，倒是可以花一定的时间，选择一些与谈判无关的、令双方感兴趣的话题随便聊一聊，比如，以前相互熟识的朋友、最近的热点新闻、体育比赛，甚至天气、彼此的爱好等，都可以为谈判双方创造轻松、和谐的气氛。

接触摸底阶段的气氛要有以下几个特点：

➤ 礼貌、尊重的气氛。谈判双方在接触摸底阶段要营造出一种相互尊重的气氛。如有可能，可请高层领导出席谈判，以示对对方的尊重。谈判人员服饰仪表要整洁大方，无论是表情动作，还是说话语气，都应该表现出尊重和礼貌。不能流露出轻视对方、以势压人的态度，不能以武断、蔑视、指责的语气讲话。

➤ 自然、轻松的气氛。摸底接触阶段的气氛如果非常紧张和僵硬，可能会过早地造成情绪激动与对立，使谈判陷入困境。过分的紧张和僵硬还会使谈判者的思维偏激、固执和僵化，不利于细心分析对方的观点，不利于灵活地运用谈判策略，所以谈判人员在摸底接触阶段首先要营造一种平和、自然、轻松的气氛。有这样一个案例：被美国人誉为"销售权威"的霍伊拉先生就善于营造和谐的谈判气氛。一次霍伊拉去梅依百货公司拉广告，他事先了解到这个公司的总经理会驾驶飞机。于是，霍伊拉在和这位总经理见面互做介绍后，便随意说了一句："您在哪儿学会开飞机的？"这句话，触发了总经理的谈兴，于是他滔滔不绝地讲了起来，谈判气氛显得轻松愉快，结果不但广告有了着落，霍伊拉还被邀请去乘坐了总经理的私人飞机，和他交上了朋友。[1]

➤ 友好合作的气氛。摸底接触阶段要使对方有一种"有缘相识"的感觉，愿

① 罗伊·列维奇，布鲁斯·巴里，戴维·桑德斯. 商务谈判［M］. 北京：中国人民大学出版社，2015.

意在合作中共同受益。基于这一点，营造友好合作的气氛不仅是出于谈判策略的需要，更重要的是出于双方长期合作的需要。因此，要求谈判者真诚地表达对对方的友好愿望和对合作成功的期望。此外，热情的握手、热烈的掌声、信任的目光、自然的微笑都是营造友好合作气氛的重要方法。

➤ 积极进取的气氛。谈判毕竟不是社交沙龙，谈判者都肩负着重要的使命，要付出巨大的努力去完成各项重要任务，双方都应该在积极进取的气氛中认真工作。谈判者应准时到达谈判场所，仪表端庄、整洁，精力充沛，充满自信，坐姿端正，发言响亮有力，要表现出追求进取、追求效率、追求成功的决心。

开局阶段是谈判的序曲，时间不宜太长，但应努力创造一种平等、宽松、和谐的人际沟通气氛。在这种气氛中，双方才能较迅速地缩短感情上、心理上的距离感。良好的开端是成功的一半，有利于发扬合作精神，这对以后的相互谅解、友好达成协议起着不可忽视的作用。

2）摸底。在接触摸底阶段，谈判双方较多地把注意力放在摸底上，双方都想摸清对方的"底牌"。英国哲学家培根在《谈判论》一文中指出："与人谋事，则须知其习性，以引导之；明其目的，以劝诱之；谙其弱点，以威吓之；察其优势，以钳制之。与奸猾之人谋事，惟一刻不忘其所图，方能知其所言；说话宜少，且须出其最不当意之际。于一切艰难的谈判之中，不可存一蹴而就之想，惟徐而图之，以待瓜熟蒂落。"摸底工作越详细、越深入，估量越准确、越充分，就越有利于掌握谈判上的主动权。

在摸底阶段，需要就对方下列情况进行调查和了解。

➤ 对方的实力。它包括对方公司的历史、社会影响、资本积累与投资状况，技术装备水平，产品品种、质量、数量等。要警惕的是有些商人经常利用对方商务合作的经验不足，急于寻求合作伙伴的心情，进行欺诈和浑水摸鱼。有一句警句可以告诫所有的商务谈判人员："天下没有免费的午餐"，贪图小便宜终究是要上大当的。

➤ 对方的需求与诚意。对方同我方合作的意图是什么？他们的合作愿望是否真诚？他们对实现这种合作的迫切程度如何？他们对于合作伙伴有多大的选择余地？对方与我方其他地区或企业是否有过往来？总之，要尽可能广泛地了解对手的需要、信誉、能力与作风等。

➤ 对方谈判人员的状况。谈判人员是由哪些人组成的？各自的身份、地位、性格、爱好如何？谈判经验如何？谁是首席代表？其能力、权限、以往的成功与失败的经历、特长和弱点以及谈判的态度、意见如何？根据谈判性质、要求的不同，有时还要收集一些更为深入、细致、针对性较强的情报信息。如对方各成员的想法和打算是什么？相互之间的关系如何？是否存在矛盾？谁可能是主要对手？谁可能是争取的对象？是否存在背后出谋划策者？谈判代表与背后出谋划策者之间存在怎样的关系？有时还必须考察对方以往不成功的谈判实例，以便从中了解对方的思维习惯、行动方式、心理倾向和自身需求等情况。所有这些都会为己方了解对方提供线索。

➢ 对方在谈判中所必须坚持的原则。了解对方在此次谈判中所必须坚持的原则以及在哪些问题上可以做出让步，这样在实质磋商阶段可以避重就轻，为己方争取最大的利益。

摸底要达到的目的：一是领会对方谈话的潜在信息。二是通过摸底大致了解对方利益之所在，这时己方应该进一步去发现双方共同获利的可能性。三是双方可以坦率地交流一下各自对于谈判的期望、基本立场、评判标准等，明确谈判的内容和范围。四是摸底既可以书面形式提出，也可以口头形式同对方直接沟通；既可在会场上进行交换，也可在会场外间接沟通。

3）修正谈判计划。通过前一阶段的接触摸底，己方已经获得了许多有关对方的有价值的信息，这时己方应该对此做出进一步谨慎的分析。

至此，己方已经大致了解对方的期望、立场，初步分析了谈判人员的背景、工作作风，双方就一些基本问题已达成了一致意见。与此同时，己方也发现了双方在一些问题看法上的明显差距，这正是己方需要通过进一步谈判予以调整的。既然双方对合作充满诚意，就应该自省，在谈判目标和策略设计方面是否有需要调整的地方？因此，重新审视与检验己方原先在哪些方面估计不足、判断失误并予以修正是理所当然的。这不仅是为了争取谈判中的主动权，维护自身利益，也是为了推动整个谈判的合作进程。

至于谈判的规程、计划、进度，双方如果已达成一致，就应该遵守。一个双方认同的谈判目标和计划，会对以后的谈判起到积极的作用。

（2）磋商阶段。磋商阶段也就是双方讨价还价的阶段，即进行价格磋商。这一阶段是针对卖方的报价，买方做出的反应性报价。卖方首先报价后，买方通常不会全盘接受，但也不至于完全推翻，而是伴随价格解释向卖方还价；卖方对买方的还价通常也不会轻易允诺，但也不会断然拒绝，为了促成交易，往往伴随进一步的价格解释从而对报价做出调整。

3. 成交签约阶段

（1）签约。签约就是签订合同，交易双方当事人愿意按照谈判最后确定的条件达成某项交易的协议。其中不仅规定了交易的标的，同时根据双方谈判的结果，规定对方认可的权利和义务，对双方产生约束力，任何一方不能单方面地修改合同内容或不履行自己的义务，否则将承担违反合同的法律责任。

根据国际上的普遍解释，当一份肯定的发盘函被有效地接受后，交易双方就构成了合同关系，受到了合同的约束；这时应按规定执行协议，但不要求必须签订书面合同。我国习惯的做法是，无论是口头谈判还是函电磋商所达成的协议，一般都要签订书面合同。这是因为通过函电磋商的内容比较分散，往往又不能就所有的交易条件逐一进行磋商；而以口头谈判所商定的内容不便明文履行，尤其是一旦双方发生争议容易缺乏裁决依据，即使有谈判记录，也只是一般性资料。这就需要将协议的内容以书面形式固定下来，签订书面合同。当事人双方签订合同以后，就要以书面合同为准，以前所有文字材料（如函电或经一方发出另一方接收的订单、报价单、形式发票等）或口头协议一般都自动失效，因为这些文字材料的有效性最终被完整准确地体现在书面合同之中。对此，国外有不同的解释，特别是某些贸易方式下的书面文件被认为只不过是确认以前已达成的交易而已，要以之前的文字或口头协议为准。因此，为避免误解，在合同中应作明确、具体的规定："本合同签订以前双方往来的所有函电、口头或书面达成的协议或其他文件，自本合同签订之日起，即自动失效。"

（2）履约谈判阶段。履约谈判阶段指合同订立以后，在执行过程中所涉及的一系列谈判过程，是一种狭义的谈判之后的再谈判过程。

合同订立后即具有法律效力，当事人各方必须按照合同的要求完成己方承担的义务并取得相应的权利，任何一方都不得擅自变更或解除合同，否则要承担相应的法律责任。

在具体执行合同的过程中，会出现许多不确定情形：因主观因素、客观因素导致合同不能执行或不能按原定约定执行，甚至在合同执行中造成经济损失的状况，此时就需要履约谈判乃至索赔谈判。履约谈判阶段往往覆盖了整个合同执行期间，只要在合同执行过程中，就可能存在需要再谈判的问题。

【小故事 1-4】

分馅饼

兄妹两人为分一张馅饼发生了争吵，两人都坚持要一块大的，又都害怕被对方欺骗。正当男孩拿刀准备给自己切一大块时，父亲来了。父亲说道："等一等，我不管你们由谁来切，但是切的人必须把选择权让给对方。"如此，小男孩为了保护自己的利益，会把馅饼切成同样大小的两块。

启发思考：在许多情况下，双方的利益不一定都是对立的。如果把冲突的焦点由各方都要争取的最大利益转向双方共同制定并遵守认同的限制性协议，那么最后双方都能从中获得好处，从而保证了公平。

四、商务谈判的评价标准

怎样的谈判才是成功的谈判？商务谈判以经济利益为目的，以价格问题为核心，但这并不等于能够取得最大的经济利益，尤其是最大的短期利益的谈判就是成功的谈判。在进行谈判之前，明确谈判的目标，合理把握评价谈判成败的标准，对于最终顺利地实现谈判目标有着十分重要的意义。评价谈判的成败，最关键的是要看谈判结束后各方面的结果是否对企业目前和未来的发展有利。从这一角度出发，谈判人员的眼光不能局限于经济利益，特别是短期的经济利益，而必须善于从长远和全局的观点看问题；不能仅看通过努力所取得的成果，还要看为取得这一成果所付出的成本。

一般说来，可从以下三个方面评价谈判成功与否。

1. 谈判目的实现的程度

谈判是一种具有很强目的性的活动，如商品买卖谈判中卖方的主要目的是以理想的价格和支付条件销售一定数量的产品，或是与特定买方之间建立长期、稳定的合作关系；而买方的主要目的则是以较低廉的价格和支付条件购买一定数量的产品，或是与特定卖方之间建立较稳定的供货关系。评价谈判的成败，首先要看是否达到了这些最基本的目的。

2. 谈判所付出的成本大小

谈判过程是一个"给"与"取"兼而有之的过程。为了达到自身的目的，获取企业所希望的利益，通常就需要向对方提供一定的利益，需要付出一定的成本代价，这个代价就是为获取所得而向对方提供的直接利益或因此承担的风险大小。例如，一个拥有较高知名度的品牌企业为获得进入某一国家或地区市场的机会而与当地的某一企业合作，其所获得的是当地企业将协助其建立销售网络，其所付出的则是允许这家当地企业在一定期限内使用它的知名品牌。如果该企业在与当地企业订立协议时，没有对当地企业使用知名品牌的限制措施（如对商品质量的监督、销售数量乃至地区的控制），则该企业为获得对方在建立渠道方面的合作所付出的成本就可能太高了，可能会承担很大的风险。

对谈判成本的考虑不仅为获得对方所提供的一定利益而提供给对方的利益和承担的风险的大小，而且涉及进行谈判所需要支付的时间成本和直接的货币成本投入，包括人力、物力等。这里尤其值得注意的是时间成本，企业经营活动对谈判时间有一定的要求。比如，工厂要保持生产的连续性或要在限定的时间内完成一定的生产任务，就需要加大原材料的库存量，或缩短原材料采购谈判的时间和程序，在库存材料不够使用的情况下，对谈判的时间则有极其严格的要求。时间的重要性不仅在于企业的生产经营活动具有一定的时间要求，还在于时间本身就具有重要的经济价值，在于商业机会的价值会随着时间的变化而发生重大的变化。有些经营活动只有在特定的时间内进行才可能取得较为理想的效果。随着时间的流逝一个原本极有价值的商业机会很可能变得毫无价值。

机会成本是在评价谈判成败时应当考虑的另一项成本。企业与特定对手谈判合作，就可能失去与另一些企业合作的机会，而与那些企业合作也许能为企业带来更为理想的合作效果。在决定与某一企业在某一领域合作后，企业同样也就可能失去了利用其有限的资源在其他投资领域谋取较好的经济利益的机会，所有这些机会损失都构成企业利用与某一对象谈判合作谋取一定利益的机会成本，必须在做出谈判决策时予以考虑。一项成功的谈判应当能为企业把握住最好的商业机会创造条件。

3. 谈判双方关系改善的程度

成功的谈判应当有助于维持或改善企业与谈判对手之间的关系。谈判之后与谈判对手之间的个人关系是否良好，将影响以后的长期合作。除非以后与这个对手再无进行任何一种谈判的可能，否则不应忽视与任何谈判对手之间的长期友好关系。须知，谈判过程并非一场棋赛，现实的谈判永远没有"终局"。所以，千万不要因一次谈判而断送未来一系列的谈判机会。

简而言之，所谓成功的谈判，指在与对手维持良好关系的前提下，高效率地达成谈判目标。不可否认的是，目标、效率和人际关系三者是相互矛盾、相互冲突的，有时很难完美地同时达到这三个目的。在这种情况下，杰出的谈判者必须在三者之间做出一定程度的取舍，使三者关系处于某种合适的均衡状态。

 思考题

1. 谈判的背景有哪些？
2. 商务谈判有何特征？
3. 商品交易的谈判议题一般包括哪些？
4. 正式谈判之前，为什么要进行模拟商务谈判？
5. 谈判成败的评价标准是什么？
6. 制订谈判计划主要考虑哪些因素？
7. 怎样确定谈判目标？谈判目标的基本内容包括哪些？

 案例讨论

融资利率谈判

第二章
商务谈判的理论基础

【学习目的及要求】

了解商务谈判中博弈论的运用；通过学习，能够正确理解商务谈判中的双赢理念；理解商务谈判中的公平理论；掌握"需要理论"在商务谈判中的运用；了解商务谈判收集信息的方法及内容；通过学习，掌握安排谈判时间和地点的基本原则与要求。

【案例导入】

A 银行与 B 联通公司信用卡购机合作谈判

2014 年 5 月，A 银行与 B 联通公司签署了"信用卡业务合作协议"，该协议涉及的合作内容包括 POS 机收单服务、POS 机信用卡分期服务、信用卡发卡服务，其中 POS 机信用卡分期服务是主要合作内容，其余两项为配套合作服务。

信用卡分期购机业务对于 A 银行和 B 联通公司来说是互利共赢的，A 银行赚取持卡人刷卡购机的分期手续费（由 B 联通公司承担，客户无须支付），B 联通公司通过 A 银行持卡人规模以及分期购买优势大量销售高端智能机并占据移动通信行业市场份额（合约机必须使用联通号段且有套餐使用年限）。

A 银行及时与 B 联通公司签订一揽子配套协议并为其布设 POS 机终端；加强与 B 联通公司沟通，为 B 联通公司员工办理 A 银行信用卡。

H 为 A 银行的信用卡产品经理，是这次合作谈判的主要联络人和牵头人。根据与 B 联通公司分管领导以及联络人的充分对接沟通，B 联通公司提出以下几点要求：

（1）要求在 A 银行召开一场高端智能机的推介会。

（2）要求 A 银行员工转网，即使用 B 联通公司号段。

（3）布设 POS 机不收押金。

（4）要求款项收支两条线。

（5）要求所辖县（市）参照以上标准执行。

B 联通公司提出的几点要求，完全没有包括前期承诺的合作协议中的信用卡发卡服务，并且要求 A 银行员工转网需要员工本人同意。根据以上情况并经 A 银行领导充分研究考虑，A 银行 H 产品经理针对 B 联通公司做出如下几点反馈：

（1）同意 B 联通公司提出的召开高端智能机的推介会、款项收支两条线以及免收 POS 机押金事宜。但 A 银行提出，要求在 B 联通公司举办信用卡推介会，要求对方提供免收 POS 机押金申请并承诺保证 POS 机具的完好。

（2）要求 B 联通公司集团客户部针对 A 银行内部员工做一次分期购买手机体验活动策划，要求给予 A 银行员工优惠的套餐服务和购机价格，并由员工自愿购买。

（3）要求 B 联通公司保证一定数量的信用卡申请。

（4）若以上反馈无异议，同意在县（市）支行执行。

启发思考：商务谈判本质上是一个磋商沟通的过程，通过商务谈判，双方提出各自的需要和诉求。案例中 B 联通公司向 A 银行提出五点要求，反映了其公司的利益诉求。针对 B 联通公司的诉求，A 银行予以了考虑和满足，同时相应提出了自己的要求。B 联通公司本着合作的诚意，同意了 A 银行提出的意见，对 A 银行员工购买手机给予了相当大的优惠，双方为推动这次顺利合作都付出了努力。商务谈判就是合作双方的利益互换、资源互补，通过合作达成双赢。

第一节 博弈论与商务谈判

博弈论又称对策论，通俗地讲，是研究游戏的理论。观察自己身边的一些事情，即使是下棋、打牌这种休闲娱乐活动，也会发现许多"游戏"都有这样一个共同特点，即策略或计谋在其中起着举足轻重的作用。因为当确定游戏的基本规则之后，参与游戏各方的策略选择将成为左右游戏结果的最关键因素。

一、博弈论

在经济学教科书中是这样描述博弈论的：在寡头市场上企业家之间的行为是相互影响的，每个企业都需要首先推测或了解其他企业对自己所要采取的某项行动的反应，其次在考虑到其他企业这些反应方式的前提下，再采取最有利于自己的行动。在寡头市场上的每个企业都是这样思考和行动的，因此企业之间行为的相互影响和相互作用的关系就如同博弈一样。

在每个博弈中，都至少有两名参与者，每名参与者都有一组可选择的策略。作为博弈的结局，每名参与者都会得到各自的报酬，而每名参与者的报酬都是所有参与者各自所选择的策略共同作用的结果。

1. 占优策略

分析矩阵图 2-1 可以发现，如果甲、乙双方都选择合作的策略，则总报酬最大，为 20，每名参与者均得 10；如果甲、乙双方中有一方选择合作，而另一方选择不合作，则选择不合作的一方可得 12，而选择合作的一方只得 6；如果甲、乙双方都选择不合作策略，则总报酬最小，为 16，每名参与者均得 8。

图 2-1　占优策略

在这些策略中，无论其他参与者采取什么策略，某参与者唯一的最优策略就是他的占优策略。

2. 纳什均衡

图 2-2 中的矩阵表示甲有两个策略 U 和 D，乙有两个策略 L 和 R。对于甲的策略选择而言，当乙选择 L 时，甲会选择 U（7>6）；当乙选择 R 时，甲会选择 D（8>3）。显然，甲没有占优策略，甲的最优策略随乙的策略的变化而变化。类似地，对于乙的策略而言，当甲选择 U 时，乙会选择 L；当甲选择 D

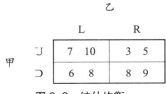

图 2-2　纳什均衡

时，乙会选择 R。同样，乙也没有占优策略，乙的最优策略也随甲的策略的变化而变化。

在一个纳什均衡里，如果其他参与者不改变策略，则任何一个参与者不会改变自己的策略。

【小故事 2-1】

三个愿望

一个职业谈判专家利用假日闲暇到湖边垂钓，不久就钓上了一条模样非常奇特的鱼。他收了鱼竿儿，将鱼从钩上取下来扔在地上。鱼在地上痛苦地翻腾着，令谈判专家吃惊的是，这条鱼居然会说话。

"先生，求求您把我放回湖里吧。为了报答您，我可以让您实现三个愿望。"

谈判专家问："什么愿望都行吗？"

鱼说："是的。"

谈判专家陷入遐想当中，昂贵的轿车、豪华的房子、数不清的钞票瞬间浮现在他的脑海中。

"鱼儿，"谈判专家从幻想中醒悟过来，"让我实现五个愿望，我就把你放回湖中。"

"对不起，"鱼回答道，由于呼吸困难，鱼说话有些艰难，"只有三个愿望。"

鱼的拒绝令谈判专家非常恼火，在谈判桌上他战胜了多少难以对付的对手，岂能栽在一条鱼手里。

谈判专家强硬地大声说道："告诉你，我是职业谈判专家，哪能什么都由你说了算？我再退一步，四个愿望。"

"只有三个。"鱼虚弱地咕哝道。

谈判专家越发恼火，看来今天遇到对手了。他仔细地权衡着，接受鱼的条件，那便是承认自己谈判水平不如鱼；不接受鱼的条件，将它拿回去吃了，白白损失三个愿望，更不划算。最后，谈判专家决定向鱼妥协："那好吧，你赢了，就三个愿望吧。"

不幸的是，这时候鱼已经死了。

（资料来源：笔者根据《儿童百科故事大全》改编。）

启发思考：这个故事告诉我们一个道理，博弈的双方，无论一方采取什么样的策略，另一方都会事先考虑到可能会引起的反应。在商务谈判中，合作双方由于利益不一致，往往会选择协商来解决利益矛盾。如果双方不理性，都要求最好的结果，那么合作的效率往往是最低的，甚至是无效的。

二、商务谈判中的博弈

在共同规则条件下，商务谈判是充满一系列策略性安排的博弈行为和过程，其根本原因是信息的不完全性、不对称性与人的行为机会主义倾向。新制度经济学的分析表明，行为中的人具有随机应变、投机取巧的机会主义倾向。如果谈判双方的信息完全并且对称，谈判中人的行为机会主义倾向就没有表现的空间。然而，现实情况是谈判中信息的不完全性、不对称性是客观存在的。信息的不完全性、不对称性与人的行为机会主义倾向，决定了整个商务谈判过程是一个充满策略性或技巧性的行为过程。

在商务谈判中，交易的任何一方都需要采取一系列的策略应对另一方做出的策略选择。首先，探测谈判双方有无合作的可能性，或者说有无卖方最低卖价与买方最高买价之间的共认谈判区；其次，如果存在合作的可能性或存在共认谈判区，那么谈判双方的焦点就是最大限度地分割谈判剩余。在这里，谈判的任何一方出于自己最大限度分割谈判剩余的考虑，以及对对方机会主义的防范，都不会轻易相信对方提供的信息并亮出己方全部真实意图的信息，仍然要采取一系列的策略性行为。具体来说，商务谈判的策略性主要表现在以下几个方面。

1. 两极探测

一般来说，在谈判之初卖方会报出最高卖价，买方会报出最低买价，形成商务谈判的两个极端。两极探测的策略性在于通过各自极端的报价，探测对方价格接受的可能性，即卖方以此探测买方接受卖方的最高卖价的可能性有多大，同样，买方也以此探测卖方接受买方的最低买价的可能性有多大。两极探测的策略性行为，规定了谈判双方谈判的最大可能性区间，即进一步的谈判只可能在这一区间内进行，但并没有表明谈判一定可以进行。如果任何一方认为对方的报价超出实际范畴，谈判就有可能破裂。

2. 共认区探测

在谈判继续进行的情况下，经过不断地讨价还价，双方都在逐步缩小谈判的区间，即卖方降低卖价，买方提高买价。在这个过程中，如果对方报价进入己方可接受的范围，即买方报价不低于卖方最低卖价，或卖方报价不高于买方最高买价，就说明谈判双方存在共认区。

3. 底线探测

在存在共认区的情况下，谈判双方的策略性行为集中于谈判剩余的分割。为了获取最大的谈判剩余，谈判双方的讨价还价目的在于不断探测对方的底线，即卖方要探测买方的最高买价，买方要探测卖方的最低卖价。成交价越接近买方的最高买价，卖方的剩余分割就越大；同样，成交价越接近卖方的最低卖价，买方的剩余分割就越大。

4. 条件互换

价格是商务谈判的主要交易条件，此外还有数量、质量、包装、运输、保险、支付、商检、索赔、仲裁等其他一系列交易条件。在商务谈判中，主要交易条件与其他交易条件在一定条件下可以互相交换；换言之，主要交易条件的提高与降低，可以通过降低或提高其他交易条件来补偿。例如，降低价格一定程度上可以通过加大购买数量、提高现期支付比例等条件来交换。同时，其他交易条件也可以互相交换。谈判双方可选择不同的交易条件互换以及互换的程度，因而有时坚持某一交易条件实际上只是一种策略性行为，目的是为互换交易条件增加筹码。

5. 信息屏蔽与信息诱导

整个商务谈判都是一个对不完全信息和不对称信息的逐步改进并以此调整行为的策略性过程。有时谈判的一方可能屏蔽某些信息，使对方难以探测己方的真实意图；有时谈判的一方还可能有意释放某些信息，诱导对方判断错误，掩盖己方的真实意图。

三、商务谈判模型

1. 合作博弈

例如，王二卖车，李五买车，王二卖车期望值为 3 000 元，要价 3 000 元以上，李五买车期望值为 4 000 元，愿付 4 000 元以内，如图 2-3 所示。

| 王二卖车期望值：3 000 元 | 要价 3 000 元以上 |
| 李五买车期望值：4 000 元 | 愿付 4 000 元以内 |

图 2-3　旧车交易

如果出售和购买旧车的两人要进行交易，王二的要价在 3 000 元以上，而李五愿付 4 000 元以内。双方之间有个差额，这就是谈判的余地。

从合作博弈的角度讲，交易双方都能从合作行为中得到利益。具体地说，这个交易使某个资源（旧车）从对它评价较低的所有者手中转移到对它评价较高的人那里，这个资源的潜在利益在这一交易过程中从 3 000 元增加到 4 000 元，净增 1 000 元利益，同时也带来了利益的分享。如果成交价为 3 500 元，则交易各方都从资源的转移中分享了 500 元的利益。

合作性结果的出现需要谈判双方进行充分的信息交流，如果谈判双方不能进行信息交流，就难以实现一个有利于每名当事人的合作利益。

2. 非合作博弈

以囚徒困境为例（见图 2-4）：假设有两名嫌疑犯被分别关押在隔离的房间里受审，他们彼此之间无法进行交流。警察分别向两名嫌疑犯表明：如果一个人招供，而同伙不招供，招供者会被判刑半年，同伙将被判刑 10 年；如果都招供，将被各判刑 5 年；如果都不招供，将被各判刑 1 年。从博弈来讲，两名嫌疑犯最佳的策略选择就是双方都不认罪。但监禁半年是最吸引人的，所以，每名嫌疑犯都可能有认罪的动机，这样双方可能都会认罪，结果是各监禁 5 年。

−1，−1	−10，−0.5
−0.5，−10	−5，−5

图 2-4　囚徒困境

第二节　双赢理念与商务谈判

现代商务谈判理论认为，双赢谈判是商务谈判的基本理念，双赢理念有利于谈判双方共同发展、相互信任和稳定协作。谈判中虽有据理力争，但更多的是妥协、沟通、技巧的运用。所以，谈判是合作的利己主义。

一、双赢理念的内涵及其意义

1. 双赢理念的内涵

双赢理念是指谈判者试图以较为理想的交易条件达成交易合同，从而形成双赢结果的商务谈判的基本指导思想。在这种思想指导下，谈判者虽然采取一系列有效的策略和手段，力求己方能分割较多的谈判剩余，但并不竭力将谈判对手的交易条件打压到最低目标，从而获得当期谈判成果的收益次优化，实现双方均能分割谈判剩余的双赢结果。

在商务谈判过程中，双赢与传统的谈判理念都会在具体的谈判行为中有所体现。早期的商务谈判者往往有意无意地秉承单赢的谈判理念，他们认为，正是这种积极奋斗的理念及行为才导致了企业获得谈判收益的最大化。随着商务谈判及其理论的深入，现代商务谈判理论认为，双赢理念是把谈判当作合作的过程，谈判者通过折中进退，合理分割谈判剩余，不仅能够顺利达成交易合同，而且能够促进交易合同的顺利实施，并保持稳定的交易关系。

2. 双赢理念的意义

（1）双赢理念有利于共同发展。任何企业都不可能拥有所需要的所有资源以及整个产业链。企业发展所需要的资源或营销渠道，都要求其他企业与之相配合才能得到，商务谈判就是引领企业合作并实现共同发展的桥梁。

商务谈判不是竞技比赛，而是寻求共同发展的桥梁。竞技比赛具有强烈的竞争性和利益冲突性，博弈的结果必然是一方胜出而另一方失败。商务谈判虽然也具有竞争性和利益冲突性，但又具有非常突出的相互合作的特征，理解商务谈判策略与技巧的关键也正在于此。之所以将商务谈判比作寻求共同发展的桥梁，是因为商务谈判是以双方互利为前提，互利来源于合作所产生的利益，只有通过商务谈判，双方才能达成合作愿望以及合作行为，从而促进企业的进一步发展。如果离开了商务谈判，企业之间的合作愿望就不可能传送；如果商务谈判不能形成双赢的结局，企业之间的合作行为就失去可能，企业发展就无从谈起。

在商务谈判中坚持双赢理念，一方面要求谈判者尽可能采取有效的谈判策略，避免因己方让步较大而使对方获得较多的利益，同时争取使己方能够分割较大的谈判剩余，最大限度地满足己方的利益；另一方面要求谈判者不以损害双方合作为前提，审时度势地做出必要的让步，实现双赢格局。从这个意义上说，商务谈判是"合作"与"冲突"的统一，是"让步"与"进攻"兼而有之的一种互动过程。商务谈判与竞技比赛的最大区别在于商务谈判涉及的是双方之间的利益关系，而不是简单的胜败的关系。

（2）双赢理念有利于相互信任。交易合作关系的建立是一种承诺，而承诺源于相互信任。所以，谈判双方的信任构成了交易合作的基础。

在单赢理念指导下的谈判，企业之间虽然产生交易合作关系，但这种合作关系的基础是极其脆弱的。如果己方谈判者获得了全部的谈判剩余，而对方谈判者仅守住了谈判底线，那么会对对方谈判者的情感和心理造成不利影响，使对方谈判者及其企业对己方谈判者及其企业的合作诚意产生怀疑，进而使相互信任蒙上一层阴影，难免在进一步的谈判中斤斤计较、步步为营，影响谈判的顺利进行。

在商务谈判中坚持双赢理念，既考虑自身利益，也考虑对方利益；既有坚持，也有让步，往往能使对方切实感受到己方的诚意与变通，营造一种相互信任的氛围，将谈判引向维护双方利益、寻求满足双方的理想方案上来，从而促进谈判的顺利进行。

（3）双赢理念有利于稳定协作。商务谈判不仅要在博弈中建立交易关系，而且要为建立交易关系以后的稳定协作奠定良好的基础，从而使企业获得全面而稳定的收益。

　　在秉承单赢理念的商务谈判中，从表面上看，单赢一方谈判者似乎获得了全部的谈判剩余，实现了谈判的最大收益，但通过进一步的分析可以看到，这种最大收益只是一种即期的和片面的收益。因为商务谈判所签订的交易合同需要一个执行的过程，而只有在谈判双方密切协作，完全、准确、顺利地执行交易合同以后，商务谈判的全部收益才能完全实现。但是，在具体的合同执行中，谈判双方的协作显然还存在一些问题。首先，单赢一方获得了谈判的全部剩余，而另一方仅守住了谈判底线，这就导致双方的交易关系存在某些隐患，双方的交易关系较为脆弱；其次，在信息不完备、不对称的情况下，交易合同的不完备性不可避免，一旦在交易合同执行中发生争执，则容易出现双方交易关系不稳定的情况。

　　在秉承双赢理念的商务谈判中，上述情况就相对容易解决。双赢的谈判格局考虑了谈判双方的利益关系，加强了谈判双方的互信程度，使双方的交易关系建立在比较稳固的基础上，问题也相对容易得到解决，从而保证了协作的稳定性和长久性，真正在总体上保证了谈判利益的全面实现。

【小故事 2-2】

两个孩子分橙子

　　一位妈妈把一个橙子给了邻居的两个孩子，这两个孩子便开始讨论如何分这个橙子。两个人吵来吵去，最终达成了一致意见，由一个孩子负责切橙子，另一个孩子选橙子。结果，这两个孩子按照商定的办法各自取得了一半橙子，高高兴兴地拿回家去。

　　一个孩子把半个橙子的皮剥掉扔进垃圾桶，把果肉放进果汁机榨果汁喝了。另一个孩子回到家把果肉挖掉扔进垃圾桶，把橙子皮留下来磨碎，混在面粉里烤蛋糕吃了。

　　启发思考：可以看出，虽然两个孩子各自拿到了看似公平的一半橙子，但是他们各自得到的东西未物尽其用。这说明他们事先并没有沟通好，即两个孩子并没有向对方表达各自利益所在。没有事先提出各自的需求，导致双方盲目追求形式和立场上的公平，结果双方的利益都未在谈判中达到最大化。

二、如何理解双赢谈判

　　第一，要使谈判成功，谈判各方应在追求自身利益的同时，考虑并尊重对方的利益需求，争取互惠互利。其中包括赚取利润、建立互信关系、看重远期目标三个目标的实现。但现实中，人们往往看重近期的财务目标，对远期目标注重不够，对维系商务关系没有足够重视。

　　第二，要考虑谈判的成本。首先，谈判中一般双方都会妥协，这就产生了让步的成本，从而反映了预期与现实的差距。其次，商务谈判往往要远赴外地，甚至国外，必然会有人力、财力、物力的耗费，这也是谈判中要考虑的成本。最后，商务谈判还存在机会成本。例如，你与一家企业谈判，就放弃了与其他企业的谈判，所放弃的机会有可能比与当前企业谈判的收益更大。

第三，分散目标，避开利益冲突。只有利益分散，各得其所，才不至于产生矛盾。一般情况下，目标有差异，易达成协议；目标没有差异，重合度高，难达成协议。所以谈判中要使双方目标尽可能分散，把双方所追求的利益错开。

三、如何实现双赢谈判

事实上，谈判双方可以共同努力来增加可能切割的利益总数。如果双方联合起来制作更大的蛋糕，那么，尽管其相对的份额保持不变，但各自的所得可以增加。商务谈判实质上是通过双方的沟通、妥协，确定可能的商业机会。下面给出实现双赢谈判的几点思路。

1. 做大蛋糕

谈判双方应该在交易利益的总量上下功夫，只有把"利益蛋糕"做大了，双方才能分到更多的利益。合则两利，分则两伤，商务谈判同样如此。只有在合作中才能把蛋糕做大，只有做大蛋糕，才能分得更大利润。

在这方面浙商的成功经验值得借鉴。对浙商来说，做大蛋糕主要表现在联合经营——"两个分享，一个分担"。第一个分享是分享利润；第二个分享是分享智慧、资讯、人才及社会关系等一切资源，即资源的"优化组合"。一个分担即风险分担。他们认为，如果你是单纯的商人，那么应该去找个科技人员合作；如果你是单纯的科技人员，那么应该去找个可靠的商人合作。两者结合就像核聚变，威力无比，蛋糕自然就做大了。

企业为了实现双赢甚至多赢，"重组企业集团可以高起点出击，提高企业竞争力"。就像雁群在飞行过程中，不停地拍动翅膀为后面的同伴创造有利的上升气流，同时不停地鸣叫，互相打气激励。竞争出活力，合作达共赢。只有形成合力，才能在做大蛋糕的同时收获加倍的功效，从而实现理想的双赢甚至多赢。

2. 尊重对方的利益，以对方的利益来设计谈判方案

要考虑合作伙伴的利益。合作伙伴是谁，对自己有什么用？想清楚了这个问题，就很容易理解"尊重对方利益"这一句话。合作伙伴之间是一种相辅相成、互相弥补的关系。在从事一项商务谈判的过程中，如果双方都获利50%，那么这个谈判交易可以很快地进行。谁愿意把利润的60%让给对方呢？所以，"做任何生意，都要时刻考虑合作伙伴的利益"。最大的事业需要争取尽可能多的人合作。按现代的经营理念，利益一致才会有真诚的合作，因此，必须把利益问题放在重要位置，包括谈判对手的利益、合作伙伴的利益。俗话说："一个篱笆三个桩，一个好汉三个帮。"要把企业做大，仅凭自己的企业力量是不够的，只有借助其他企业的力量，

集合团体的智慧，才能取得更大的成功。

为了使谈判能顺利进行，商务谈判过程中应运用一些谈判技巧，以对方的利益为出发点，实现自己的利益。如在谈判方案设计中，可以从对方的利益出发，让对方感受到我方的态度和诚意，从而建立良好的合作关系。例如，在招商引资谈判中，"你助我发展，我帮你致富"的口号表达的就是这层意思。

3. 注意求同存异

求同存异既是一种思想，也是认识问题、解决矛盾的一种基本方法。"同"是指普遍、共性的一面，"异"是指特殊、个性的一面。在处理企业与企业之间的利益上，求同就是努力去寻求、扩大双方的共同利益点，存异就是正视并允许双方有一定的需求上的差异。一项大型的商务谈判，双方利益的需求往往是多层次的，存在较大的差距；双方应本着客观的事实，承认分歧，适当地妥协，才能进一步协商，最终达成协议，获得各自的利益。

【案例 2-1】

项目融资谈判

谈判背景：B 建筑工程公司（以下简称 B 公司）被 A 银行认定为七级信用等级客户，在 A 银行开立基本结算账户。B 公司是自主经营、独立核算、自负盈亏，具有法人资格的集体企业，2014 年 10 月注资人民币 2 亿元，资质等级为一级。

2014 年 12 月 A 银行同意给予 B 公司 1.8 亿元额度授信，有效期两年。经 A 银行系统测算该公司违约概率为 0.85%，特征描述为优秀。

此次 B 公司申请一般额度授信 3 亿元，其中流动资金贷款 2 亿元主要用于客户的经营周转，保证额度 1 亿元主要用于企业为承接工程而对外招投标、履约业务的保证需要。

谈判过程：第一轮谈判，会议地点为 A 银行会议室。

此次申报流动资金贷款额度合计 2 亿元（其中 3 000 万元专项用于投标保证金），主要是由于 B 公司在建和新承接几个大型项目，产生了较大的资金需求。

（1）某路段建设工程 BT 项目。项目总工期 24 个月，项目合同金额约 2.1 亿元，项目回购期为 5 年，该项目预计到 2015 年 10 月回购资金 10%。

（2）某储运有限公司 9.6 万吨粮食仓储项目。该项目总工期为 390 天，实际施工期顺延至 2016 年 2 月竣工。建筑面积为 4 万平方米，项目合同金额约 7 100 万元，竣工验收合格后支付工程总造价的 90% 工程款。

（3）某大厦 1-A 号楼、2~4 号楼、垃圾收集房及地下室项目。该工程总建筑面积为 5.2 万平方米，总工期为 730 天，合同总造价 8 900 万元。工程完工后支付工程总造价的 80% 工程款，施工过程中预计总占用资金约 5 000 万元。

（4）B 公司总部大楼。项目占地面积 6.3 亩（1 亩 ≈666.67 平方米），建筑为框架结构，总面积为 1.2 万平方米，预计项目总投资近 4 000 万元。

A 银行认为上述项目资金占用较大，项目业主实力、信誉较强，风险可控。客户 2014 年工程结算收入约 19.7 亿元。此次申请流动资金贷款额度 2 亿元，是其上年工程结算收入的 10.15%，额度合理。

第二轮谈判，地点为 B 公司厂区办公室。

B 公司带领 A 银行工作人员实地考察抵押物，A 银行对 B 公司抵押物进行真实性审核。4 600 万元流动资金贷款以公司自有房产进行抵押。

第三轮谈判，地点为 B 公司总部会议室。

A 银行与 B 公司就贷款事项进行最后磋商。B 公司目前已在 A 银行办理企业高级网银、代发工资、借记卡、电子回单等产品；个人产品方面，办理了信用卡、个人网上银行、个人短信理财、手机银行等。B 公司 2015 年在 A 银行代发工资金额为 2 700 万元；B 公司 2014 年日均存款 6 500 万元，并且一年来 A 银行与 B 公司合作愉快，关系发展良好，A 银行把 B 公司作为重点维护的客户。

通过三轮谈判，A 银行同意对 B 公司贷款，签订贷款协议。

启发思考：此次谈判是双赢的，双方沟通顺畅。B 公司能够得到资金支持，保障了系列项目的顺利开展，促进了 B 公司的快速发展。A 银行在审慎控制风险的情况下，通过放款持续提升 B 公司对 A 银行的综合贡献度，为银行创造了可观的价值，同时维护了客户关系。

第三节　公平理论与商务谈判

谈判的实质就是人们相互交换意见，协调行为，这就必须遵循一些原则，制定一些规章，使谈判活动更有成效、更公平，而公平就是人们所要依据的一个重要原则。公平理论对谈判活动有着重要的指导意义。

一、公平理论的基本内涵

美国行为科学家亚当斯于 20 世纪 60 年代提出的公平理论在人们的社会实践中产生了深远的影响。亚当斯认为，一个人不仅关心本人的结果与支出，还关心他人的结果与支出。也就是说，他不仅关心个人努力所得到的绝对报酬量，还关心自己与他人的报酬量之间的关系，即相对报酬量。在此基础上，他提出了一个关于公平关系的数学模型：

$$O_P/I_P = 他人：O_r/I_r$$

式中，O 为结果，即分配中的所获，包括物质的、精神的或当事人认为值得计较的任何事物；I 为投入，即人们所付出的贡献，包括精神、物质和相关的任何要素；P 为感受公正或不公正的当事者；r 为比较中的参照对象，可以是具体的他人或群体的平均状态，也可以是当事人自身过去经历过的或未来所设想的状态。

亚当斯指出，如果这个等式成立，即当一个人感到自己的结果和投入之比与作为比较对象的他人的这项比值相等时，就有了公平感。如果等式不成立，即两者比值不相等，就会产生不公平感。不同程度的不公平感会造成相应程度的不满情绪，于是需要修正这种不公平。

二、人们如何对待公平感

当人们产生不公平感时，就会心存不满或产生怨恨，进而影响到他们的情绪与行为，其后果是极其消极的。为了恢复公平感，就需要消除产生不公平的根源。一般采取以下几种调整措施。

➤ 从实际上扩大自己所得 O 或增大对方的贡献 I，以及减少自己的付出 I_P 或减少对方所得 O_r。但实际上，除 I_P 外，其他三种情况都不能自我控制，所以，恢复公平的主要方式是减少自己的贡献 I_P。例如，员工认为自己获得的收入过低，会产生不满情绪，他们就会减少自己的生产数量、时间投入或其他投入，从而达到其心理上的平衡。

➤ 改变参照对象，以避开不公平。改变参照对象，可以很快消除人们的不公平感。有句老话叫作"比上不足，比下有余"，就是指改变参照对象后，人们的心理状态也就平衡了。公平本身是个人的主观认知概念，而对个人所比较内容的认识、比较标准的选择都存在主观判断，不同的人对"得到"与"付出"的理解不同，"参照人"选择标准也有差异，想要获得绝对公平的结果是不可能的。

➤ 退出比较，以恢复平衡。人们调整不公平感的心态，还有一种比较常见的方式，就是退出比较，以求平衡。在现实生活中，人们不公平感的产生多是在有参照物的比较下形成的，所以，消除不公平感的最简单办法就是退出比较；当参照物消失后，不公平感也会随之消失。这种事例在现实中不胜枚举。

综上所述，不公平感的形成在很大程度上是人们的一种心理上的感觉。公平感是一个重要的心理现象，如果产生不公平感，就会极大地影响人的行动积极性。由于选择的角度与标准不同，因此人们对于公正的看法及所采取的分配方式也会有很大的差异。同时，参照物也十分重要，要消除不公平感也应从这个方面入手。

谈判活动具有极大的不确定性，谈判双方在接触过程中会从各方面对双方谈判人员的心理产生微妙的影响。例如，谈判中的一方只做出了很小的让步，但在签订协议时，让步的一方可能还会感到不公平；但有的时候，一方做出很大的牺牲，而另一方却能坦然接受。消除谈判一方的不公平感，防止由此带来的消极作用是十分重要的。一个高明的谈判者必须谙熟各种谈判技巧，及时察觉谈判对手心理的微妙变化，使谈判各方处于有助于达成协议的积极的心理状态。

三、"公平"的分配方案

1. 公平的多重标准

在西方文化中，人们对公正的研究主要考虑两个方面：一是把何种因素投入对公正的"运算"中，二是采取怎样的分配方式。对于谈判中"公正"问题的研究及评判标准，可以用对策论的专家经常讨论的一个例子来说明，就是在两位谈判当事人穷人与富人之间如何"公正"地分享100块金币。

【小故事 2-3】

分金币

一个穷人和一个富人在海边钓鱼，不幸的是他们的鱼钩绞在一起。两人只好合力将鱼钩拉上来，可意想不到的情况发生了：在两个鱼钩交缠处竟挂着一个沉甸甸的钱袋，钱袋里装着100块金币。顿时，两人喜出望外，都想独吞这笔钱，于是从互不相让到大动干戈，最后只好诉诸法院。对此，四位法官做出了四种裁决：

法官甲的裁决是以不同经济能力的人所具有的不同的心理承受能力为依据，按7：3的比例对这笔钱进行了分配，富人得到70块，而穷人只得到30块。在他看来，30块金币对穷人来说是一个大数目，穷人得30块金币要比富人得70块金币更加高兴。

法官乙以"补偿原则"为裁决的标准，分配的比例不变，只是交换了受益人，富人得到30块，而穷人得到70块。在他看来，法官甲的裁决就好比乌龟与兔子的赛跑，两者如果同时起步，那么乌龟将会被兔子越甩越远，真正的公平是让乌龟先跑一程，然后使两者同时到达终点。

法官丙的裁决则是尊崇"绝对公平"的原则，既然是两人合力钓上来的，那么理所当然两人应各得一半。

法官丁从税务的角度出发，做出了新的裁决。他以纳税的标准为分配原则，将两人分到的钱以完税的数目作为基数，基于富人的税率比穷人高、富人纳税后的所得比穷人少，故而将100块金币按纳税的比例进行了分配。

（资料来源：《伊索寓言》，笔者改写而成。）

启发思考：以上四种分配方案表明，人们选择的角度与标准不同，分配比例的结果也就不同。尽管有较大的差异，但是人们仍然可以为这四种方案提供公正的理由。显然，公正是有多重标准的。问题的关键在于，参与分配的双方要对公正的标准事先达成共识与认可。这也说明在具体的谈判中适用何种标准来讲求"公正"，是一个很重要的问题。

2. 公平的分配方法

公平的实际分配方法，也影响公平理论的贯彻。这里介绍两种有代表性的方法，即朴素法和拍卖法。

（1）朴素法。它是由哈佛大学的谈判专家提出的，他们通过对遗产继承问题的研究，以遗产继承者对所继承的遗产的评估期望值，得出一种公平分配遗产的方法。

假如某夫妇意外死亡，没有留下遗嘱，他们的三个孩子乔丹、迈克尔、玛丽将如何公平地分配到A、B、C、D四件物品？

首先，让每个孩子对每件物品进行评估，得出的结果如表2-1所示。其次，将物品分配给对它估价高的人，并按所有物品的最高估价总值来作为三个孩子共同平等分享的金额。四件物品总值为18 000美元，故每个人可得6 000美元。最后，按照得到估价高于平均值的物品要支付现金、得到估价低于平均值的物品可获得现金补偿的原则进行分配。

表2-1　每个孩子的估价值

单位：美元

物品	乔丹	迈克尔	玛丽
A	10 000	4 000	7 000
B	2 000	1 000	4 000
C	500	1 500	2 000
D	800	2 000	1 000

根据朴素法的分配规则，以下是分配结果：乔丹得到A，估价10 000美元，并支付4 000美元现金；迈克尔得到D，估价2 000美元，并获得4 000美元现金；玛丽得到B和C，估价分别为4 000美元和2 000美元。

（2）拍卖法。它类似于以公开递升拍卖的方式处理所有遗物，然后分配者再平分全部拍卖所得。

根据拍卖的原则，依然是乔丹得到物品A，迈克尔得到物品D，玛丽得到物品B和C，但是他们各自支付的金额不同。

以下是根据拍卖法得到的分配结果：乔丹出价只要稍高于7 000美元，如7 005美元就能得到A；迈克尔出价只要稍高于1 000美元，如1 005美元就能得到D；玛丽分别出价2 005美元和1 505美元，便可得到B和C。

以拍卖法可得全部拍卖金额为11 520美元。三人平分各得3 840美元。

需要指出的是，上述所分析的拍卖法，是在假定一些条件不变的前提下进行的，主要是为分析的便利。在实际拍卖活动中，情况要复杂得多。因此，应采取措施（如为防止投标过低或投标人串谋，设定投标底价；为防止投标人由于没有投标成本不积极争取成交，给卖方造成损失，要求投标人交付一定的投标费用；等等），以保证拍卖法最有效地实施。

公平理论的基本内涵对于我们理解并处理谈判活动的各种问题有重要的指导意义。

第一，由于选择角度与标准的不同，人们对于公平的看法及所采取的分配方式会有很大的差异，完全绝对的公平是不存在的。人们坐下来谈判就是要对合作中利益的公平分配的标准达成共识与认可。

第二，公平感是一种支配人们行为的重要心理现象，若人们产生不公平感，则会极大地影响他们的积极性，而且他们会千方百计地消除不公平感，以求心理平衡。

第三，无论是在何种公平分配方法中，心理因素的影响作用都很重要，因为在许多情况下，人们对公平的看法取决于心理因素。

第四节　心理学理论与商务谈判

谈判人员的心理对商务谈判行为有着重要的影响，认识和掌握商务谈判人员的心理在谈判中的作用，对培养良好的商务谈判心理素质、正确运用心理学原理指导商务谈判实践有着十分重要的意义。谈判人员心理活动左右着谈判的节奏，只有善于利用，才能掌握全局、因势利导，进而促成交易。

一、谈判需要

需要是人的自然和社会的客观需求在头脑中的反映，是人对一定客观事物需求的表现。需要同人的各类心理活动相联系，并且成为人们行为的基本动力；人类活动总是受某种需要所驱使，人们各种行为的目的总是服从于某种需要的满足。

需要和对需要的满足构成谈判的动力，如果不存在尚未满足的需要，人们就不会进行谈判。促成谈判的前提是谈判双方都要求得到某些利益，否则一方会对另一方的要求充耳不闻，双方也就不会有任何讨价还价的谈判。双方都为各自需要所驱动，才会一起坐下来谈判。

需要是谈判的动力，谈判是满足各方需要的过程。无论是个人、组织、团体、企业还是国家，只要进行谈判，必定建立在双方有某些需要而又期望得以实现的基础上。对于谈判人员来说，需要掌握的心理学理论之一，就是马斯洛的需要层次理论。这一理论有助于研究谈判的需要，在商务谈判中有的放矢、对症下药，从而使谈判取得最佳效果。

二、马斯洛的需要层次理论

马斯洛在其需要层次理论中将人的各种需要归为五类，并按其重要性和先后次序排列成一个"需要阶梯"：生理需要、安全需要、社交需要、尊重需要和自我实

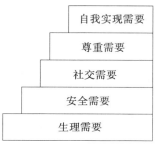

| 自我实现需要 |
| 尊重需要 |
| 社交需要 |
| 安全需要 |
| 生理需要 |

图 2-5　需要阶梯

现需要，如图 2-5 所示。一些学者把马斯洛需求层次理论总结为两个要点：人类是有需求的动物，只有未被满足的需求，才是行为的动机或动力；人类的需求是有高低层次之分的，当较低层次的需求基本得到满足之后又会追求更高层次的需求。

各层次需要的基本含义如下。

1. 生理需要

这是人类维持自身生存的最基本要求，包括饥、渴、衣、住、行等方面的需要。如果这些需要得不到满足，人类的生存就成了问题。从这个意义上说，生理需要是推动人们行动的最强大的动力。马斯洛认为，只有这些最基本的需要满足维持生存所必需的程度后，其他的需要才能成为新的激励因素，而到了此时，这些已相对满足的需要也就不再成为激励因素了。

2. 安全需要

这是人类对保障自身安全、摆脱失业和丧失财产威胁、避免职业病的侵袭、抵触严酷的监督等方面的需要。马斯洛认为，当人类的物质需要得到基本满足之后，接着就要考虑安全和稳定，寻求保障的机制。例如，就业保险、退休金制度以及银行存款、劳动保护等。

3. 社交需要

这一层次的需要包括两个方面的内容。一是友爱的需要，即人人都需要伙伴之间、同事之间的关系融洽或保持友谊和忠诚；人人都希望得到爱情，希望爱他人，也渴望接受他人的爱。二是归属的需要，即人人都有一种归属一个群体的需要，希望成为群体中的一员，并相互关心和照顾。人们既需要从群体中获得爱，也希望给予他人友情与温暖。如果一个人被他人抛弃或被拒绝于团体之外，他便会产生一种孤独感，精神难免受到压抑。所以，社交需要也是人类生存和发展的需要。

4. 尊重需要

人人都希望自己有稳定的社会地位，要求个人的能力和成就得到社会的承认。尊重需要又可分为内部尊重需要和外部尊重需要。内部尊重需要是指一个人希望在各种不同情境中有实力、能胜任、充满信心、能独立自主。内部尊重即人的自尊。外部尊重需要是指一个人希望有地位、有威信，受到他人的尊重、信赖和高度评价。马斯洛认为，尊重需要得到满足，能使人对自己充满信心，对社会充满热情，能体会到自己的价值。

5. 自我实现需要

自我实现需要是最高层次的需要，是指实现个人理想、抱负，发挥个人的能力到最大限度，完成与自己的能力相称的一切事情的需要。也就是说，人必须做称职的工作，这样才会使他们感到最大的快乐。马斯洛提出，为满足自我实现需要所采取的途径是因人而异的。自我实现需要促使人们努力发挥自己的潜力，使自己逐渐成为期望的人物。

三、需要理论在商务谈判中的运用

1. 主方应妥善安排对方的吃、住、行问题

在谈判中，人的生理需要体现为对吃、穿、住、行等方面的要求，作为东道主的谈判一方一定要注意给对方的吃、住、行提供尽可能的支持与帮助，这样做可以减轻对方因陌生环境所带来的种种不适与压力，以及由此导致的急躁、怀疑、敌对的情绪，从而为谈判营造一种友好、信任、合作的氛围。俗话说"投之以桃，报之以李"，给对方的吃、住、行提供支持和帮助，对方在谈判中往往会有所回报，至少不会增加敌意。安全需要在谈判中主要体现在人身安全和地位安全上。在客场谈判时，人们由于对当地的民情、风俗习惯、社会治安、交通状况缺少了解，常常缺少一种安全感，从而陷入孤独的氛围中。所以，作为东道主的谈判一方，应该尽力在谈判之余多作陪伴，如专车接送、陪同参观游览等。这样做，会不知不觉地使对方把你作为可以接受、可以依赖的人来看待，这无疑对谈判是有利的。

2. 友善待人，尊重对方

爱与归属的需要在谈判中具体体现为：对友谊、对建立双方友好关系的期望；对本组织的依赖并希望加强组织内部的团结与凝聚力。前者是对外部的希望与要求，后者是对内部的希望与要求。因此，谈判人员应该持有一种友好合作的心态，抓住机会促成和发展与对方的友情。比如，为对方举行家宴、邀请对方进行联欢、赠送礼品给对方等。一旦谈判双方产生了友情，让步与达成协议就迎刃而解。同时，谈判小组应该保持内部的高度团结协作。如果一个谈判小组内部意见不同，有排斥某个人的倾向，就会损害这个人对组织归属的需要，他就会游离于组织之外，与组织离心离德，而对方就会乘虚而入，接近他并设法与之结成无形的同盟，这将会给本组织带来极大的损害。

获得尊重的需要在谈判中具体体现为：不仅要求在人格上得到尊重，而且在身份、地位、学识与能力上得到尊重和欣赏。谈判中对人格的尊重主要表现为：不能使用污辱性的语言，言辞要有礼貌，不能对谈判人员进行人身攻击；谈判中的问题对事不对人。对身份、地位的尊重主要表现为：处事、接待礼节要符合一定的规格要求，特别在双方谈判人员的级别职务上，要讲究对等。对学识与能力的尊重主要表现为：在谈判中占到上风，或者获得部分利益时，不要喜形于色、乐不可支，甚至讥讽对方无能，要赞同对方学识与能力并不比自己差，只不过是自己的运气比较好而已。

3. 肯定对方的能力，满足其自我实现需要

自我实现需要在谈判中具体体现为：追求谈判目标的实现，为自己争取尽可能多的利益，以谈判中取得的成就或成绩来体现自己的价值。而在谈判中，要放弃自身的利益去满足对方自我实现需要是非常难的。在己方获取较多利益、对方只获取较少利益的情况下，己方可以通过强调客观上对对方不利的条件，赞赏对方主观上所做的

勤奋努力和过人的能力，使对方在心理上得到平衡，从而也使其自我实现需要得以满足。在商务谈判中，为满足谈判各方的需要，可从以下几个方面进行思考。

（1）理性谈判。理性谈判是一种较理性的思考，是建立在谈判者理性行为基础上的，以实现双方利益最大化。谈判行为的理性在很大程度上来源于对非理性谈判者的常见错误的观察和总结，由此可以发现一些谈判错误的根源，从而避免这些错误。巴泽尔曼和尼尔曾说："理性谈判是能够做出使收益最大化的最佳决策的谈判。"理性谈判的特点主要体现在以下四个方面：

➢ 把人与事分开：朋友是朋友，生意是生意，把人与事情分开。

➢ 集中精力于利益：通过双方的合作与交流，能够把精力放在双方利益的实现与提高上，而不是把精力集中在立场上。

➢ 分析所有的可能性：双方做决定之前，都会分析所有的可能性，而不是一时冲动，草率做出决策。

➢ 坚持客观标准：坚持客观标准，而不是买家的标准或卖家的标准，运用共同认可的一个客观标准，去判断整个谈判的过程。

（2）换位思考。谈判参与各方在认真思考自己需要和利益的同时，应该站在对方的角度考虑一下对方所希望获得的利益。例如，在医药销售谈判中，医药销售代表不仅要熟悉所供药品的情况，而且要从医生的角度出发，多介绍新的医药信息和专业领域的学术发展情况，这样才能取得医生的信任，建立良好的关系。又如，价格谈判中的"轮番压价式"：你先用A公司的价格压B公司的价格，又用B公司的价格压C公司的价格，再用C公司的价格压A公司的价格，最后你可能一时获得认为不错的价格，但是很容易造成几方的联合抵制，使自己丧失未来的利益和发展机会。

（3）要有全局眼光。"谈判议题整合法"就是一个很好的方法，告诉我们不要只在一个事情上讨价还价，要将许多议题同时拿出来谈，这是一个规避"零和谈判"的很好的方法。同时，我们要用发展的眼光来看问题。要充分考虑以后双方或者多方的关系，为了未来长远的利益，暂时做出一些牺牲和让步有时也是非常有必要的。

（4）把蛋糕做大。一场好的谈判不是把蛋糕一分为二，而是应该在蛋糕切分之前把它做大。在现实生活中，扩大双方的总体利益是可能的，而发掘这些潜在的利益需要双方的合作精神和高超技艺。比如，降低风险可使双方的利益都扩大，或者减少开支使双方都可以获得较高的回报等。

总之，需要是谈判的基础，没有需要就没有谈判。在谈判中，谁能更全面、更准确、更清楚地了解谈判对手的需要，谁就可能在竞争和谈判中获胜。

【案例 2-3】

M客车厂与德国奔驰汽车合资谈判

M客车厂是一家上市公司，主要生产大型公交车及学校用车，另外还向非洲国家销售部分定制监狱用囚车。M 客车厂虽然得到当地市政府政策保护，但销售产品单一，规模较小。公司管理层经过研究，决定引进德国奔驰汽车的发动机生产线，组合成大中型豪华商用车。其目的一是借用其强大的品牌效应来提高自身产品价值，二是通过与龙头汽车企业的合作提高技术质量。

M 客车厂成立谈判小组后，从调查研究入手，通过各种途径广泛收集市场资料。谈判小组前往德国参观生产线并与相关人员接洽，协调德国方面有关人员来公司谈判事宜。

谈判开始双方表明了各自所需的利益。M 客车厂总经理提出，第一年先支付引进费用 500 万美元，德方工程师在中国境内的报酬由中方支付，每年将该型号商务车销售利润的 30% 支付给德方。德方可以利用 M 客车厂的销售网点销售其相应产品。德方提出希望提高利益分成，另外生产线由德方指派专门的工程师处理。在就价格进行磋商时，双方都表示了诚意，做了适当退让。中方最终决定将利润支付提升至 35%，并要求双方工程师共同参与技术处理，合同签订期限为 10 年。

此次 M 客车厂与德国奔驰汽车的发动机引进谈判，经过几轮磋商后达成一致，双方利益都得到满足。

启发思考：本次谈判，M 客车厂的谈判目的主要是引进德国奔驰汽车的技术，与德方合作，生产大中型豪华商用车。这样，一方面可以提升自己产品的品牌价值，另一方面可以提升产品技术质量。德方的主要目的是在中国获得更好的商业利润。在谈判中，M 客车厂在利润提成上适当做了让步，以便要求在技术合作过程中双方工程师共同参与，从而培养自己的技术专家。

第五节　信息理论与商务谈判

一、信息理论概述

在商务谈判活动中能否取得成功，不仅取决于谈判桌上的唇枪舌剑，而且有赖于谈判前充分、细致的筹划和准备工作。把握和分析谈判过程的信息，是商务谈判中重要的工作。在谈判行为中，商务谈判信息对于谈判者了解对方意图、制订谈判计划至关重要。

1948 年贝尔研究所的香农在题为"通信的数学理论"的论文中系统地提出了关于信息的论述，创立了信息理论。他认为，信息的沟通过程主要有三个要素，即信源、信道和信宿。信源指信息的来源或信息的发出者，信道指信息传递的通道或媒介物，信宿指将信源所发出的信号再进行最终转换的部件，如图 2-6 所示。

图 2-6　信息的沟通过程

人们在接收外界的各种信息时，是按一定的信息通道，不断将信源所发出的信号进行转换，并进行编码处理。除上述三个要素外，编码与译码在信息传递中也具有重要地位，直接影响人们信息接收的准确性。

商务谈判是一种重要的社会活动，只有在掌握大量信息资料的基础上制定的谈判目标才有可能符合实际，才能够对商务谈判活动做出全面的规划。同时，还要注意在谈判中的信息传递很可能受到噪声的干扰，如信息接收者因受教育的背景、性别、年龄、职业等不同，可能对信息存在理解的差异。

现代社会正处于信息爆炸的时代，人们每天要接收大量的信息，任何经济活动，特别是谈判活动的成功与否，在很大程度上都取决于对信息的掌握程度。因此，很好地利用信息的传播渠道，及时有效地收集相关信息，对其进行科学的加工处理，是十分重要的。

信息在不同人之间向不同方向流动就形成了沟通模式。信息的传播有多种方式，且不同的信息传播渠道有着不同的特点，发挥着不同的作用。列举几种不同的信息沟通模式，如图 2-7 所示。

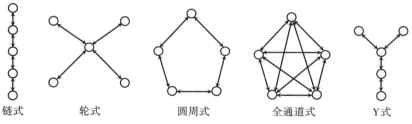

链式　　　轮式　　　　圆周式　　　　全通道式　　　Y式

图 2-7　信息沟通模式

链式、轮式及 Y 式的信息传递网络被称为有限的或集中的网络，也被称为单元垂直指令式信息集散方式。这种信息传递形式适用于内容简单、指令明确的信息传送，但对于复杂的信息收集与传递，容易发生反馈中断和信息采集面相对狭小的问题，或由于信息源过于狭窄，导致信息不具有代表性。例如，在分析中国加入世界贸易组织对中国经济影响时，仅凭上述三种信息网络渠道所接收的信息是远远不够的。

圆周式和全通道式是较复杂和高层次的信息传送渠道，是传递和反馈系统的双向交流。特别是全通道式，不仅可以同时交叉反馈，而且交流是平等的，这就避免了由于单向传输可能导致信息中断或没有回路。另外，多项的信息沟通、反馈扩大了信息源，从而确保在复杂局面下信息传递的及时与准确。

二、信息理论在商务谈判中的运用

在信息社会中，从谈判的重要性来看，掌握信息的多与广会起到很大的作用。在全球化社会中，产品从生产者到消费者手中，只有 10% 的时间停留在生产领域，而有 90% 的时间停留在流通领域。如果能有效压缩占全部时间 90% 的流通领域，效率就会有较大提高。充分利用信息，提高谈判效率，能起到压缩 90% 时间的作用。对商务谈判中信息的获取有多种渠道。

1. 商务谈判需要收集的信息

（1）了解本企业的情况。包括本企业的社会地位、经济实力、人才力量和产品的优缺点，本企业的产品在市场上的竞争状况、供需情况以及经营管理策略，等等。

（2）对方的情况。包括对方企业的信誉、组织特征、资信能力、产品技术特点、市场占有率、价格水平、渠道，参与谈判人员的资历、职位、谈判风格、以往的谈判作风和模式。

对方的合作欲望，主要取决于其经营状况、经营条件和对己方的信任程度。如果对方的合作欲望强，则可以促使谈判朝着对己方有利的方向发展。在谈判对方的资信情况方面，必须对对方资信进行调查，了解对方的产品信誉、服务信誉或货款支付能力及执行合同的情况；在谈判人员的情况方面，要了解对方的年龄、经历、家庭状况、职业、性格、爱好和兴趣、现状等。

在谈判之前，必须了解谈判对手的真正需要和其个人情况。比如，特别分析对手某次谈判失败的原因，能更好地理解其思考方式和心理倾向，这等于向己方提供了洞察对方需要的一些线索。

（3）竞争者的情况。包括主要竞争者（供货商或购买商），主要的商品类型及适用情况；市场行情及竞争者的价格决策，产品性能、服务质量、价格、折扣、推销力度、市场营销策略、信用情况，等等。

（4）相关环境因素。谈判是在一定的法律制度下，特定的政治、经济、文化和社会环境中进行的，特别是在国际商务谈判中，不同的社会文化背景对谈判进程和结果会有相当重要的影响。

要使谈判内容合法，应掌握某一行业的相关法令。在国际商务谈判中需要了解对方国家的商业政策、商业合作相关法令及国家管制企业的程度。

➢ 在财政金融方面要了解：货币是否能自由兑换，是否有保兑的信用证、通用的税法，能否汇出大量货币。

➢ 在社会文化方面要了解：宗教信仰、衣着款式、社会规范的称呼方式，对方所在的社会文化中如何看待名誉、声名和妇女的地位，等等。

➢ 在商业习惯方面要了解：商业的经营方式、谈判和签约的方式与习惯，有无商业贿赂、商业间谍，商务谈判的常用语言，谈判是与进出口代理商谈还是直接与厂商谈。

2. 对收集的信息进行处理和筛选

（1）信息的加工、整理。商务谈判一方面需要收集市场信息，另一方面需要对原始的信息进行加工、整理、归纳、分类、排队、比较等方能为谈判所用。

（2）信息的分析、筛选。错误的信息情报可能会导致谈判失败。所以，在谈判中，需要对信息进行分析、筛选，并对市场情报进行定性分析、定量分析和定时分析。例如：对市场竞争产品的分布、规格、质量进行分析，以及对谈判对手的历史、现状、体制等方面进行质的分析；对竞争者产品的市场容量、销量、成本、利润、价格等方面进行量的分析；对一定时间内的谈判对手、竞争对手等情况及发展趋势进行分析；等等。

【案例 2-4】

购房谈判

2014 年 A 先生因工作调动，需在南昌通过中介购买一套住房。经过仔细比较后在某小区看中一套二手毛坯房，面积为 138 平方米，六楼，A 先生对楼层和位置都比较满意。但房主要求 120 万元出售，略高于当时市价。

谈判前，A 先生和中介进行了充分沟通。第一，按照当时的市场情况，房主确实抬高了一些价格，但是房屋条件较好，压价的幅度有限。第二，了解到房主的背景以及卖房的原因。房主是江西某县城的商人，原本以为儿子会回南昌工作，房子是买给儿子结婚用的，但是儿子大学毕业在外省不准备回来了。该商人要买厂房，所以急需卖房筹集资金，而且他来往南昌不方便，希望这次把卖房的事情处理好。

谈判前，A 先生让中介去做房主的工作，向他说明房子虽然不错，但售价还是高于市场价，希望其主动降低售价。经过中介多次沟通，房主同意将售价降至 115 万元，并表示认可 A 先生买房的诚意，双方约定了面谈时间。谈判开始，房主不肯降价，说明有其他人愿意以这个价格买下其房子，如果 A 先生不买，他就卖给他人。

谈判陷入僵局，A 先生期望的价格是 110 万元，但是房主不肯降价。随后 A 先生和房主进一步沟通，了解到一些情况，他急需用钱，希望首付比例尽量高，而且不希望用公积金贷款，这样周期太长。而 A 先生正好有现金，从外地回南昌不久，还不符合公积金贷款的要求，于是 A 先生承诺以 70% 现金首付，并且为了迎合房主需求，剩余的 30% 也可以不用公积金贷款，希望房主能再降低 5 万元。

最后，房主经过综合考虑，决定同意 A 先生的要求，以 110 万元成交，70% 的现金首付，30% 的商业贷款。

启发思考：这个案例中，A 先生通过中介第一轮压价，既有了迂回的余地，又了解了房东的底线和信息。

谈判过程中一定要了解对方的需求是什么，并且不要轻易暴露自己的信息。正因为 A 先生了解房主急于卖房的信息，而房主不知道 A 先生不能用公积金贷款的情况，A 先生做出了假意的让步，使房主觉得占了上风，促成了交易。

第六节　时间、地位观念与商务谈判

在商务谈判中，人们通常会形成这样一个共识，就是"急者败，慢者胜"。这个共识，说明人们认识到在谈判中谈判者的耐心很重要。当然，耐心与谈判者个人的性格有关，但也与另一个因素时间有关。从以往的商务谈判来看，若谈判的一方时间紧迫，则其在误判中就会由主动变为被动。面对时间的压力，人们容易对坚持的事物做出妥协，因此越接近谈判尾声，通常所做出的让步代价越高。在商业谈判中，谁有时间压力，谁让步的机会就大。

从多次重要的谈判来看，谈判双方往往在尾声时动摇的可能性大，这就是时间压力造成的。所以，在现实谈判中，一方面，谈判方要弹性安排谈判的时间；另一方面，谈判的优势方应善用期限，给对方制造压迫感，以赢得误判胜利，而弱势方也可用提出条件、延长期限的方法应变。

一、谈判时间的安排

谈判时间的安排即确定谈判在什么时间举行、需要多长时间、各个阶段时间如何分配、议题出现的时间顺序等。谈判时间的安排是议程中的重要环节。如果时间安排得很仓促，准备不充分，匆忙上阵，就会心浮气躁，很难在谈判中沉着地实施各种策略；如果时间安排得很宽松，不仅会耗费大量的时间和精力，而且随着时间的推迟，各种环境因素都会发生变化，还可能会错过一些重要的机遇。从"时间就是金钱，效率就是生命"的观点来看，精心安排好谈判时间很重要。

1. 确定何时开始谈判、谈判计划多长时间结束

（1）谈判准备的程度。如果已经充分做好了参加谈判的准备，那么谈判时间安排得越早越好，而且也无须担心马拉松式的长时间谈判；如果未做好充分准备，则不宜匆忙开始谈判，俗话说"不打无准备之仗"。

（2）谈判人员的身体和情绪状况。如果参加谈判的人员多为中年以上的人，要考虑他们的身体状况能否适应较长时间的谈判。如果身体状况不太好，可以将一项长时间的谈判分割成几个较短时间阶段的谈判。

（3）市场形势的紧迫程度。如果所谈项目与市场形势密切相关，瞬息万变的市场形势不允许稳坐钓鱼台式的长时间谈判，谈判就要及早、及时进行，不要拖延太长的时间。

（4）谈判议题的需要。对于多项议题的大型谈判，不可能在短时间内解决问题，所需时间相对较长；对于单项议题的小型谈判，没有必要耗费很长时间，应力争在较短时间内达成一致。

2. 谈判过程中时间的安排

（1）对于主要的议题或争执较大的焦点问题，最好安排在总谈判时间进行到3/5时提出，这样既经过了一定程度的意见交换，有一定基础，又不会使其拖延得太晚而显得仓促。

（2）合理安排好己方各谈判人员发言的顺序和时间，尤其是关键人物的发言和关键问题的提出应选择最成熟的时机，当然也要给对方人员足够的时间表达意向和提出问题。

（3）对于不重要的议题、容易达成一致的议题可以放在谈判的开始阶段或即将结束阶段，而应把大部分的时间用在关键性问题的磋商上。

（4）己方的具体谈判期限要在谈判开始前保密，如果对方摸清了己方谈判期限，就会在时间上采用各种方法拖延，待到谈判期限临近时才开始谈论正题，迫使己方为急于结束谈判而匆忙接受不理想的结果。

二、谈判地位

众所周知，在社会生活中，个人在他人心目中显然有一个分量，他人在个人心目中也有一个分量，这里所讲的地位就是个人在他人心目中的分量。谈判顺利与否，在很大程度上取决于己方在对方心目中有多重的分量，己方地位越高，分量就越重，则谈判越容易。我们需要研究的是，有没有办法能够把己方在对方心目中的分量加大，如何在谈判之初就力争站在一个对己方有利的谈判地位上，从而帮助己方在接下来的谈判中胜出。下面我们来介绍一些方法。

1. 人为地制造竞争

假如你是卖方，有无数的人买你的产品，你的地位显然就比某个买方的地位高。如果你是买方，有无数的客商愿意把货卖给你，你的地位一定就很重要。如果现实中买卖是这样的，当然最好。但现实中的情形往往不是这样的，就得想办法，人为地制造竞争和压力。这个压力的制造，从某种角度讲是刻意制造的，但要自然流露，绝不能让对方一眼看穿。竞争被己方制造得越逼真，己方的地位就越高。

2. 显露自己的专业能力

如果在谈判中有意无意地由第三者说出你的专业能力，那么首先给对方的印象是，你是个了不起的人才，他就会对你肃然起敬。

例如，一位营销经理自述道：在某次谈判中，对方公司的总经理以为"我"是

"零售人士"而不是"物流内行"，所以夸夸其谈，绕过具体的数据问题，谈得很感性，甚至有说教的意味。此时，"我"先作为一名倾听者，在他谈完后，再表明自己的职业经历，针对对方言谈中缺乏实际数据、强调感性认识的内容，适度给予回应。这样的方式很有效，第二次，对方的总经理和项目经理准备得很充分，亲自来"我"公司拜访，并谈了很多实际的内容。

3. 人为地提高坚持到底的韧性

如果你有一份坚持到底的韧性，那么在谈判中会是相当主动的，谈判对手一定会折服于你的韧性，从而提高你的谈判地位。

4. 显示一个放松的心态

如果在谈判过程中你很放松，对方会认为你胸有成竹，自然而然地就会赋予你更多的优势，你的谈判地位也会随即提高。另外，你越放松，你的潜能和谈判技巧就越容易充分地发挥出来。

很多时候谈判的结果在谈判开始就已经在一定程度上被决定了，其中最重要的因素就是谈判地位。一个有利的谈判地位，对谈判结果往往有很重要的影响。

 思考题

1. 共认谈判区与谈判剩余的含义是什么？
2. 双赢理念为什么是商务谈判的基本理念？
3. 马斯洛的需要层次理论在谈判中有哪些具体表现？
4. 当主管与其员工就报酬问题举行谈判时，是集体征求意见还是以单独约见的方式更有效？
5. 谈谈博弈论中的占优策略的概念，考虑在什么情况下对方会选择占优策略。
6. 如果谈判对手曾有不良信用的口碑，在社会信用体系缺失的情况下你应如何与之进行商务谈判？
7. 谈判信息情报收集的主要内容有哪些？

 案例讨论

汽车零部件
采购谈判

第二篇

商务谈判实务与操作

第三章
商务谈判的类型及内容

【学习目的及要求】

了解横向谈判与纵向谈判的优缺点；了解口头谈判和书面谈判的特点；掌握商务谈判的基本内容；掌握国际交易的贸易术语；掌握我国对外加工承揽交易中的特点；掌握技术贸易谈判中应注意的问题。

【案例导入】

中国铁矿石谈判

从 2000 年开始，国外铁矿业进行了大规模兼并和收购，形成了淡水河谷公司、力拓公司、必和必拓公司（以下简称三大矿企）"三分天下"的格局，铁矿石供应被垄断。

自 2004 年始，宝山钢铁股份有限公司主导的铁矿石谈判连败五场，特别是在 2008 年被迫签下最高 96.5% 涨价幅度的城下之盟，当时被称为"仅好过谈判破裂的结果"。于是，中国钢铁工业协会（钢企联合体，以下简称中钢协）接过了 2009 年的铁矿石谈判权，开始独挑大梁。

谈判之初，中钢协姿态高调且强硬，要求澳大利亚矿降价 45%、巴西矿降价 40%，回到 2007 年的价格水平。然而，经过数月漫长的拉锯战，甚至不惜首次将谈判拖延至"加时赛"，中钢协也没能获得对铁矿石企业的优势。这期间，国外三大铁矿石企业与除中国外的全球主要钢厂一一达成了长协基准价格。

由于铁矿石谈判没有取得进展。众多中小钢铁企业私自接洽矿企，大量进货，长协阵营中的大中型钢厂也纷纷倒戈，开始按 6.7 折，也就是基准价格支付价款，在现货市场采购，使中钢协争取"中国价格"的可能性微乎其微。

1. 兼并重组大势

中国的钢铁市场很大，但中国的钢铁企业太过分散，排名前五的钢铁企业只占据了全国

铁矿石价格谈判已开始

产能的不到 30%，这种格局不仅影响了企业自身的竞争力，也是中方在铁矿石谈判中无法获得议价权的重要因素，因为再大的市场也无法在企业身上形成合力。

随着国内港口铁矿石现货价涨过 100 美元，中国铁矿石困境背后的内伤与逻辑逐渐浮出水面。中钢协分析，海外矿业巨头首先大幅降价并对中国市场大肆倾销，其次通过让利焦煤价格诱使日本接受铁矿石首发价，最后收紧现货市场，刺激现货价飙涨，逼迫国内钢企接受降幅较小的临时价格，从而导致中方在谈判上越发被动。这是中钢协首次如此系统地解析铁矿石巨头"进攻"路线。

2. 新日铁协议暗伤国内钢铁企业

由于地方中小企业与贸易商超量进口铁矿石，国外三大铁矿石企业已将其他地方因需求下滑而减少进口的铁矿石的一半以上推向中国市场。巴西淡水河谷公司公布的 2009 年第二季度财报显示，其在中国市场的铁矿石销售已创新高，达 3 560 万吨，与上一年相比增加了 42%。

进口表现造成铁矿石需求旺盛的假象，使谈判异常艰难。据透露，矿石供应商在认识到与中国难以达成降幅较小协议的情况下，转攻日本，在提高焦煤降价幅度的条件下率先与新日铁达成协议。业内人士认为，日本企业在获得焦煤大幅降价的优惠后，对于铁矿石价格的成本承受能力增强，但中国钢厂的焦煤基本都是国内采购，价格一直较为坚挺，因此国内钢厂对铁矿石的价格承受能力弱于日本、韩国等企业。

由于这个协议价格未能体现中国钢铁企业和矿业利益共享、互利互赢的关系，仍然会使大部分企业处于亏损状态，因此中钢协在征得所有会长单位同意后明确表示不予跟进，并对国外铁矿石主要供应商的垄断行为明确表示反对。

3. 中钢协建议打击投机贸易商

与矿石供应商倾销相应，国内铁矿石贸易商也表现"疯狂"。2009 年上半年，我国共计从国外进口铁矿石 2.97 亿吨，其中钢铁企业进口 1.66 亿吨，同比增长 9.65%；而贸易商进口 1.31 亿吨，同比增幅达 90.43%。贸易商进口铁矿石数量的比重已由 2008 年同期的 29.83% 上升至 2009 年的 43.96%。2009 年 1~5 月超量进口铁矿石 4 000 余万吨，这主要是由铁矿石贸易商进口造成的。

当谈判陷入僵局，中方与澳大利亚第三大铁矿石生产商 FMG 达成新的铁矿石价格。新加入者的意外出现能否带来新的转机？尽管可能出现新的更为灵活的谈判机制，但中方在理顺种种利益关系之时注定还要面对诸多挑战。

我国铁矿石谈判处于被动方的根源：中国是最大的铁矿石进口国，进口量占全世界进口量的 43% 之多。对国外的铁矿石依存度高，使我国谈判的议价能力被削弱。

启发思考：2009 年的铁矿石谈判之所以没有达成预设目标，主要原因有：首先，我国钢铁企业对国外的铁矿石依存度高，使我国谈判的议价能力被削弱。其次，国外铁矿石企业在谈判前采用了一些手段。例如，有限度地降低价格，对中国市场大量倾销，造成国内铁矿石需求旺盛的假象；率先与新日铁公司达成协议，使中钢协陷于被动地位；

等等。再次，中国的钢铁企业太过分散，形成不了合力，这种格局使中方在铁矿石谈判中无法获得议价权。在商务谈判中，中钢协要具有对钢铁企业较强的控制力，形成较强的合力，增强议价能力。上述案例中，中钢协与国外三大铁矿石企业谈判期间，贸易进口商和较多钢铁企业与国外铁矿石企业接洽达成临时价格，大量进口铁矿石，使中钢协争取"中国价格"的可能性微乎其微，谈判失败是必然的。

第一节　商务谈判的类型

客观上谈判存在着不同的类型，认识谈判的不同类型，目的在于根据其特征和要求更好地参与谈判和采取有效的谈判策略。可以说，对谈判类型的正确把握是谈判成功的起点。商务谈判的类型一般按照以下依据划分。

一、按谈判者所在的地区范围分类

按谈判者所在的地区范围，可将商务谈判分为国内商务谈判和国际商务谈判。

1. 国内商务谈判

这类谈判是在两个或两个以上的本国经济主体之间进行的，所涉及的有形资产或无形资产无须从一国转移到另一国。国内商务谈判的双方当事人都是本国的法人；谈判过程和行为比较简单，谈判双方易于了解对方各方面的信息；在经济利益上双方无根本的冲突，大多数谈判能体现出相互合作、共同促进的精神；国内的相关经济法规自然成为谈判活动的适用法律。

2. 国际商务谈判

这类谈判是在两个或两个以上属于不同国家的经济主体之间进行的，所涉及的有形资产或无形资产需从一国转移到另一国，是跨文化的谈判。由于双方当事人分别属于不同国家的法人，谈判过程较为复杂，谈判双方难以对谈判对手的情况进行详细了解。在谈判冲突中双方不易妥协和做出让步，只看重自己一方的利益，谈判常常受到一国政府外交政策以及谈判者文化、习俗的影响。因此，谈判者需要做更多的计划工作。中国在加入世界贸易组织后以及在经济全球化的冲击下，国际贸易活动不断增加，使谈判涉及的项目更加广泛、复杂，而且合同的签订、履行也较为困难。这就要求我们的谈判人员必须通晓各国商业惯例、法律，认真签署合同，以保证国际贸易活动正常开展。

就全世界而言，到处都是材料与劳动力的市场，买主在其他国家寻找卖主的行为已变得越来越普遍，这就是国际贸易谈判的必要性和普遍性。与国外客商洽谈时应注意以下问题：

（1）在国际商务谈判中，对外商不能称为"外国人"，这很容易引起对方的反感。

（2）国际商务谈判把具有不同文化背景和习俗的人聚集在一起，这就要求买主在与卖主进行谈判之前，应当努力理解他们的习惯和办事方法，以有助于谈判的进行和合同的实施。

（3）在国际商务谈判中，谈判人员尊重对方的地位是非常重要的。由于社会文化背景不同，人们对客观事物的认识不可能一致，也就难免存在一些偏见，这种偏见在商贸活动中的流露可能会影响一方才能的施展，也可能会导致谈判失败。因此，谈判人员必须认真克服对对方国家的一切偏见，特别要尊重对方。为了与任何文化背景的人谈判，尊重对方是谈判人员必须理解并做到的。

（4）为了保证在会谈中谈判双方相互充分理解，通过翻译人员进行谈判是必需的。但谈判人员尽可能不要使用对方推荐的译员，以避免商业机密的外泄以及影响到谈判信息的正确传递。

（5）进行国际商务谈判时，谈判人员应有一个通盘的准备，如考虑技术要求、货币的支付手段、产品的运送方式和时间等。否则，它会带来比国内商务谈判更为严重的损失。

二、按谈判条款之间的逻辑联系分类

按谈判条款之间的逻辑联系，可将商务谈判分为横向谈判和纵向谈判。

1. 横向谈判

横向谈判指先确定谈判所涉及的问题，再开始逐个讨论，直到所有问题谈妥为止。当在某一问题上出现矛盾或分歧时，可先搁置此问题，去讨论其他的问题。例如，谈一笔进口生意，双方先确定一些条款，如品质、价格、支付方式、运输、保险、索赔和不可抗力等，然后开始谈其中某一项条款，一有进展便暂时放下再谈第二项条款，等这几个问题都轮流谈到后再回过头来进一步确定每项条款。

横向谈判的优点：议程灵活；方法多样；多项议题同时讨论，有利于寻找变通的解决办法；有利于更好地发挥谈判人员的创造力、想象力；可以更好地运用谈判策略和谈判技巧。横向谈判的缺点：加剧双方的讨价还价，容易促使谈判双方做出对等让步；容易使谈判人员纠缠在枝节问题上，而忽略了主要问题。

2. 纵向谈判

纵向谈判方式比较简单，是在所谈问题确定后，把条款逐项固定下来，一项条款不彻底谈妥，就不谈第二项。例如，同样一笔交易，在纵向谈判方式下，谈判者就会首先将品质确定下来，品质问题解决不了就不谈价格、支付方式、运输等其他条款。

纵向谈判的优点：程序明确，把复杂的问题简单化；每次只谈一个问题，讨论详尽，解决彻底，避免多头牵制、议而不决的弊病；适用于原则性谈判。

纵向谈判的缺点：议程死板，讨论问题时难以相互通融，当某一问题陷入僵局后，不利于其他问题的解决；不能灵活、变通地处理谈判中的问题。

三、按谈判人员的组织形式分类

由于商务谈判的内容复杂程度不同，谈判人员的组织形式也会有很大的不同，一般可将商务谈判分为一对一谈判、小组谈判和大型谈判。

1. 一对一谈判

一对一谈判是指各方只派一个代表进行单独磋商的谈判。这种谈判多以非正式谈话开始，准备工作简单，无须投入很多的时间和精力，谈判结果明确。安排这类谈判时，一定要选择有主见、有决断力和谈判能力较强且善于单人作战的谈判人员，须做充分的准备。

一对一谈判主要适合长期合作项目的谈判、原有合同的续签；谈判参与人员多、规模大的谈判在磋商某些关键问题或微妙、敏感问题时，也可安排首席代表之间进行一对一谈判。

2. 小组谈判

小组谈判是指谈判双方由多人组成一个小组进行的谈判。这种谈判大多用于正式谈判，特别是重大的或内容复杂的谈判。小组谈判的重要前提是正确选配小组成员，各成员之间有分工、有合作、取长补短、各尽所能，发挥整体优势。

在小组谈判中，必须有一位主要发言人或主持人，除特殊情况外，他是最终决策者。谈判前，小组成员应检查要讨论的所有议题，准备各种备选方案。

3. 大型谈判

重大项目的谈判必须准备充分、计划周详，不允许有半点含糊，为此必须为谈判团队配备阵容强大的队伍以及与之适应的顾问团等。这种类型的谈判程序严密、时间较长，一般分为几个层次和阶段进行。

四、按谈判的沟通方式分类

按谈判的沟通方式，可将商务谈判分为口头谈判和书面谈判。

1. 口头谈判

口头谈判是指面对面进行谈判。口头谈判的主要优点：当面陈述、解释，直接、灵活，为谈判人员展示个人魅力提供了舞台；适宜谈判人员在知识、能力、经验等方面相互补充、协同配合，提高整体谈判能力；反馈及时，利于有针对性地调整谈判策略；能够利用情感因素促进谈判的成功；等等。

口头谈判也存在某些缺陷，主要包括：利于对方察言观色，推测己方的谈判意图及达到此意图的坚定性；易于受到对方的反击，从而动摇谈判人员的主观意志；不利于复杂问题的表达；面对面谈判时一般要支付往返差旅费和礼节性招待费；容易失去主题，延长谈判的时间，甚至因用词不当而发生误会，不利于谈判的进行。

2. 书面谈判

书面谈判是指谈判人员利用文字或图表等书面语言进行交流和协商。书面谈判一般采取邮件、即时通信工具等具体方式。书面谈判通常作为口头谈判的辅助方式。

书面谈判的主要优点：①双方对问题有比较充足的考虑时间，在谈判过程中有时间同自己的助手、企业领导及决策机构进行讨论和分析，从而慎重决策；②一般无须谈判人员四处奔走，可以坐镇企业，向国内外许多单位发出信函、邮件，并对不同客户的回电进行分析比较，从中选出对自己最有利的交易对象；③由于谈判人员互不见面，他们互相代表的是本企业，双方可以都不考虑谈判人员的身份，把主要精力集中在交易条件的洽谈上，从而避免因谈判人员的级别、身份不对等而影响谈判的开展和交易的达成；④由于书面谈判只花费通信费用，不花费差旅费和招待费，因而谈判费用开支较口头谈判少。

当然，书面谈判也有不足之处。首先，书面谈判多采用信函等方式，文字要求精练，如果词不达意，就容易造成双方理解差异，引起争议和纠纷；其次，由于双方的代表不见面，因而无法通过观察对方的语态、表情、情绪以及习惯动作等来判断对方的心理活动，从而难以运用行为、语言技巧达到沟通意见的效果；再次，书面谈判所使用的信函、电报需要邮电、交通等部门的传递，如果这些部门发生差错，则会影响双方的联系，甚至丧失交易的时机；最后，书面谈判会使双方的言行成为永久的记录，若要更改，则比较困难。

需要说明的是，无论是采取口头谈判还是书面谈判达成的交易，都必须签订书面合同。交易谈判的内容复杂，每项内容都关系到双方的经济利益，把谈判的结果用书面合同反映出来，会加强签约双方的责任心，促使双方按照合同办事。一旦出现问题、发生纠纷，也有据可查，便于公平合理地处理问题。签订书面合同对口头谈判的作用显而易见，因为"口说无凭"，要"立据为证"。同样，书面谈判的成交也要以合同为证，虽然在书面谈判的过程中也采用书面形式，但这只是反映谈判过程的情况，而不能表明成交的确立。

五、按谈判的地点分类

按谈判的地点，商务谈判可分为主场谈判、客场谈判和中立地点谈判。

1. 主场谈判

主场谈判是指在自己所在地组织的谈判，包括在本国、本地、本城市或自己公司进行的谈判。由于不离开自己所熟悉的工作生活环境，不离开谈判人员为之服务的机构或企业，是在自己做主人的情况下组织的商谈，从一开始就很熟悉谈判环境，可以随时检索各种资料并充分利用，从而在心理上形成一种安全感和优越感，因此对主方有许多便利之处。

2. 客场谈判

客场谈判是指在谈判对方所在地组织的谈判，可能是外地、国外或对方企业办公场所。客场谈判有一定的好处，比如：谈判人员可以一心一意参加谈判，不受本单位琐事的干扰；必要时可借自己无权决定、需要请示、手头资料不全等理由进行拖延，甚至中断谈判；能使谈判人员在计划规定的范围内发挥自己的原则性、灵活性和创造性；等等。

客场谈判常常要克服许多困难。到客场谈判时，必须注意以下几点：

（1）入境问俗，入国问禁。要了解各地、各国不同的风情、习俗和国情、政情，以免做出伤害对方感情的事，而这些只要稍加注意就可以避免。

（2）尊重对方，有礼貌，给对方"留有面子"。由于人们对客观事物的认识有一定的局限性，难免带有个人偏见，这种偏见在谈判中的流露不但影响己方的形象，还可能造成整个谈判的破裂，所以在谈判中应尊重对方、理解对方。

（3）在国际商务谈判中不能随便接受对方推荐的人员，以防泄露机密。

3. 中立地点谈判

中立地点谈判是指谈判既不在对方的场所也不在己方的场所，而是在中立地点进行。一般情况下，当谈判双方对谈判地点的重要性都有充分的认识，或因谈判双方冲突性大、政治关系微妙等，在主场、客场谈判都不适宜的情况下，可选择中立地点谈判。在这里由于气氛冷静，不受干扰，双方都会比较注意自己的声望、礼节，以减少误会；双方都能比较客观地处理各种复杂问题和某些突发性事件，可以从接触了解，到澄清谅解，直至最后达成某种默契或协议。

【案例 3-1】

中韩贸易谈判

2014 年 5 月，中国某公司向韩国某公司出口丁苯橡胶已一年，5 月 10 日合同即将到期。5 月 1 日中方向韩方提供了下一年度合作的报价。中方公司参考国际市场行情（丁苯橡胶价格下行），将丁苯橡胶价格从 2014 年的成交价 1 200 美元/吨下调为 1 188 美元/

吨，韩方认为可以接受，建议中方到韩国首尔签约。2015 年 5 月 7 日中方人员一行两人到达韩方位于首尔的总部后，韩方说："现在国际上丁苯橡胶价格下降得很厉害，今年 1 188 美元 / 吨的价格太高，请贵方再降低些价格。具体的我们三天后再谈。"

中方人员觉得被戏弄了，感到很生气，但人已经来到首尔，谈判必须进行，并且一定要拿到合同。中方人员通过有关协会收集到韩国海关进口丁苯橡胶的数据，发现从进口量来看，哥伦比亚、比利时、南非等国进口量最大，其次是中国。但从价格来看，南非最低，哥伦比亚、比利时其次，但都高于中方。通过对韩方市场的调查，中方人员发现韩国市场上批发和零售价格均高于中方报价的 30% ~ 40%，市场价格虽然有降低趋势，但中方的报价是目前世界市场最低的价格。那么，为什么韩方人员还要压价呢？中方人员分析后认为，韩方以为中方人员既然来了首尔，一定急于顺利拿到合同，所以想借此机会试着再压低丁苯橡胶的价格。那么韩方会不会不急于订货呢？中方人员分析，如果不急于订货，韩方人员完全没有必要邀请中方人员来韩。虽然彼此合作了一年，其间也很顺利愉快，但韩方会不会突然想更换合作对象呢？中方人员分析，应该不会，中方提供的价格是世界上目前最低的，而且与其他厂商差距较大，且彼此已经合作了一年，双方已经建立了了解和信任。综上分析，中方人员认为韩方是有合作意愿的，只是想利用中方人员已经到了韩国，急于拿到合同的心理，试图借机压低价格。

2015 年 5 月 10 日，在首尔韩方总部会议室，两公司开始了第二次谈判。这次中方人员态度强硬，强调到达韩国之前，韩方已经同意中方报价，现在韩方突然单方面改变态度，中方对此表示强烈抗议，并表示虽然将一如既往地本着互相尊重、互惠互利的原则与韩方谈判，但也不惧怕空手而归的结局。

中方表示，通过对韩国市场的调查，中方人员已经了解到目前韩国主要从南非、哥伦比亚、比利时、中国进口丁苯橡胶。在国际市场上，中方给出的价格是最低的。在韩国国内，中方的价格也比市场价格低 30% ~ 40%。经讨论，中方人员决定上报中国总部要求上调出口韩国的丁苯橡胶价格，具体价格等中方总部确定后，5 月 12 日中午通知韩方。

5 月 12 日，在首尔总部会议室，中韩双方进行了第三次谈判。中方人员告诉韩方人员："总部根据韩国市场的调查结果，得出了结论。我方来首尔前的报价太低，应涨到 1 200 美元 / 吨。但考虑到彼此已经有一年的合作，并有意继续合作下去，可以把价格下调 2 美元 / 吨，请贵方考虑。"

韩方人员表示："双方之前已经谈妥，中方不应上调价格。"中方人员认为韩方失信在先，中方就可以根据市场行情调整价格。而且根据中方的调查，中方之前给出的价格远远低于韩方市场价格。为了中方利益最大化，中方应该提高价格，考虑到双方是老朋友，已经为韩方降低 2 美元 / 吨，做出了最大的让步。

谈判进入胶着状态。当天并未取得实质性进展。5 月 13 日，在首尔总部会议室经过几轮的谈判，双方同意按照之前的报价 1 188 美元 / 吨成交。最后，中方成功地让韩方放弃了压价，并签署了合同。

（资料来源：李建民. 国际商务谈判案例［M］. 北京：经济科学出版社，2016.）

启发思考：中方公司首先根据国际市场行情的变化提出降低出口产品的价格，这充分表明中方的合作诚意。然而，当中方的谈判人员到达首尔后韩方却提出进一步降价的要求。韩方之所以敢提如此要求，主要是认为中方的谈判人员已身在韩国，可能对韩国的市场行情并不了解。同时告诉中方可以调查韩国的市场，这实际上是将问题抛给中方。这里暗含了给中方的谈判代表施加压力的成分，因为谈判人员只有两名，又身在异国他乡，在给定的两天中进行市场调研谈何容易？中方谈判人员面对压力表现出足够的耐心，沉着应战，在调研韩国市场的基础上分析韩方提出继续降价的真正原因。在此基础上中方采取反抬价的策略提前进行回击，打了韩方一个措手不及。最终，韩方做出让步，按照最初中方提出的方案达成协议。

第二节　商务谈判的内容

商务谈判的内容指与产品交易有关的各项交易条件。为了有效地进行谈判，买卖双方在制订商务谈判计划时，必须把有关的内容纳入谈判的议题中。一旦在谈判内容上出现疏漏，势必会影响合同的履行或给企业带来不可估量的损失。因此，在谈判之前谈判人员应慎重考虑谈判中所要涉及的内容。只有了解了商务谈判包括的具体谈判内容，才能完成谈判的各项任务。

一、货物买卖谈判

在货物买卖谈判中，通常包括：货物部分的谈判，如标的、质量、数量、包装等；商务部分的谈判，如产品价格、支付，产品装运，产品检验与索赔等；法律部分的谈判，如不可抗力、仲裁与法律适用等。在货物买卖合同中，习惯上将货物部分和商务部分的条款列为主要条款。

1. 标的、质量、数量、包装

（1）标的。标的即谈判涉及的交易对象或交易内容。在货物买卖合同中，标的即指被交易的具体货物，应为规范化的商品名称。

（2）质量。货物的质量指货物的内在质量及外观形态。它是量度货物使用价值的依据，也是货物买卖谈判中的主要交易条件。具体表现为产品的化学成分、物理性能和造型、结构、色泽、气味等特征。根据货物的特点和交易惯例，质量表示方法通常以样品、规格、等级、品牌商标、产地名称、说明书和图样等为标准，并在表述质量标准时避免使用引起误解的概念。常见的注意事项如下所示。

第一，凡是能用科学指标说明的，适合用规格、等级、标准等表述。产品的规格是反映产品质量的技术指标，如成分、含量、纯度、长短、粗细等方面的指标。一般来说，凭规格买卖是比较明确的，在日常的产品交易活动中，大多采用此种方法。产品的等级指将同一类产品按质量差异分为若干不同的等级。根据生产和商务活动实践，通常采用一、二、三等或甲、乙、丙等或正、次等来表示同类产品中的质量差异。在制定产品等级的情况下，买卖产品只要说明产品的等级，就可以表达交易双方对产品质量提出的要求，这种表示方法是以规格表示法为基础的。产品的标准是经政府机关或商业集团统一制定并公布的规格或等级。在我国，产品标准主要分为国家标准、行业标准、地方标准和企业标准等形式。产品标准的高低反映了产品质量的差异程度，在有产品标准的条件下，买卖产品时只需要说明产品的标准就可以表达买卖双方对产品质量提出的要求。这种表示方法也是以规格表示法为基础的。

国家标准：是由国务院标准化行政主管部门制定的，在全国范围内适用的标准，代号为 GB、GB/T。

行业标准：是由行业标准化主管机关或行业标准化组织发布的，在全国范围内统一适用的技术标准，代号为 HB、HB/T。

地方标准：是由省级人民政府标准化行政主管部门制定的，并报国家技术监督局和国务院有关行政主管部门备案。地方标准在相应国家标准和行业标准出台后即行废止。其代号为 DB、DB/T。

企业标准：企业生产的产品没有国家标准或行业标准的，应当制定企业标准，并报当地政府相关行政主管部门备案。

第二，凡是难以标准化、规格化的产品用"样品"表示。样品指在产品交易中做样本的物品。在产品交易中，无论哪一方提供样品，只要双方确认下来，卖方出售的产品就必须同样品一致，否则失去了凭样品交易的意义。因为这种方法容易导致交货时因样品与出售产品质量有差异而发生纠纷，所以，实践中单凭样品交易的情况不多，一般是规定产品的某个或某几个方面的质量指标作为样品的依据，如"色彩样品""型号样品"等。

第三，对一些有特色的产品可用品牌或商标来表示。品牌是产品生产者或经营者用于标明自己生产或经营的产品，以及用于区别产品来源和产品特定质量的一种标记。商标是商品生产者或经营者在其生产、制造、加工或经销的商品上用于区别商品或者服务来源的标志。品牌和商标往往被用来表示产品的质量。在交易谈判中，只要说明品牌名或商标，交易双方就能明确产品的质量情况，不必再说明规格、等级、标准或提供样品。我国的商标由工商行政管理机关管理，只要生产厂家申请并注册了商标，就会受到国家法律的保护。在洽谈产品质量时应注意表示产品质量的方式，不可随意滥用，凡是能用一种方式表示的，一般不要用两种或两种以上的方式表示；凡是必须用两种或两种以上的方式表示的，一定在合同中注明以何种方式为主，以何种方式为参考。

（3）数量。交易产品的数量是商务谈判的主要内容。成交产品数量的多少，不仅关系到卖方的销售计划和买方的采购计划能否完成，而且也与产品的价格有关。交易产品的数量直接影响着交易双方的经济利益。

确定交易产品的数量，首先要根据产品的性质明确所采用的计量单位。产品的计量单位：表示重量单位的有吨、千克、磅等；表示数量单位的有件、双、套、打等。在国际贸易中，由于各国采用的度量衡制度不同，同一计量单位所代表的数量也各不相同，因此要掌握各种度量衡之间的换算关系，应在谈判中明确规定使用哪种度量衡制度，以免造成误会和争议。

在长期的贸易实践中，容易引起争议的是产品的重量。因为，产品的重量不仅会受自然界的影响而发生变化，而且许多产品本身就有包装与重量的问题。如果交易双方在谈判时没有明确重量的计算方法，往往在交货时就会因重量问题而发生纠纷。交易双方在谈判中以共同协商确定的包装物重量为标准进行计算。在产品交易中，以重量计量的交易产品，大部分是按净重计价的。因此，在商务谈判中如何计算产品重量，用何种方法扣除皮重，必须协商明确，以免交货时出现纠纷。

在洽谈交易数量时应注意以下几点：一是进行大宗交易时可以规定一定的溢短装条款；二是正确掌握交易的数量，数量的规定应明确、具体，在数量条款中尽量不要出现"大约""左右"等字眼，以免引起争议；三是将数量和价格挂钩以利于交易的达成。

（4）包装。在产品交易中，除散装货、裸露货外，绝大多数产品需要包装。包装具有促进销售、宣传产品、保护产品、便于储运、方便消费等作用。近年来，随着市场竞争日趋激烈，厂商为了提高自己产品的竞争能力、扩大销路，已改变了过去传统的"一等产品，二级包装"现象。产品包装不仅变化快，而且设计的档次越来越高。包装也是产品交易的重要内容。作为商务谈判人员，为了使双方满意，必须了解包装材料、包装形式、装潢设计、运输标志等要求，并在合同中做出明确的规定。包装费用一般包括在售价之内，无须在合同中另行列出。按国际惯例，运输标志一般由卖方设计确定。

在商定包装条款时应注意以下几点：一是根据产品的特性正确设计和选用产品的运输包装，做到物包一致。每种产品都有自己的特性，应根据其不同性质选用适宜的包装。包装应牢固耐用，体积不宜过大，重量应尽量减轻。同时，对不同的产品要规定不同的包装条件，做好不同的防护措施，如要对吸湿性强的产品进行防潮包装等。二是针对包装的术语（如适合"海运包装""习惯包装"等），因可以有不同理解而引起争议，除非买卖双方事先取得一致认识，否则应避免使用。尤其对设备包装，应在合同中做出具体明确的规定，如对特别精密的设备包装除必须符合运输要求外，还应规定防震措施等条件。许多商品在内包装上使用"条形码"，这样可以利用光电扫描阅读设备，读出商品"条形码"所代表的商品名称、品种、数量、生产日期、制造厂商、产地等信息。三是要注意进口国对运输包装的规定和惯例以及有关的包装标准。各国法律对包装的规定不一，若不符合进口国的包装规定，则会遭到罚款，甚至退货。例如，在包装材料方面，有的国家严格控制以玻璃、陶瓷为材料制作的包装容器，有的国家禁用稻草、木屑、报纸材料做包装衬垫，有的国家规定油脂每件净重不得超过10千克。在包装标志上，凡是不可倒置、易碎、易燃、有毒产品，必须在外包装上以醒目的文字、图形等形式标志，甚至要求一些外包装应注明生产国别、地名、厂名、商标及牌号。如果不符合上述规定和要求，则要处以罚金，甚至不准进、出口。四是包装费用一般都包括在货价内，合同条款不必列入。但若买方要求特殊包装，则可增加包装费用，如何计费及何时收费也应在条款中列明。

2. 产品价格、支付

（1）价格。货物买卖合同中的价格条款主要包括单价和金额两个项目。

第一，单价。单价中主要包括计量单位、单位价格金额、计价货币和价格术语等内容，有时还要规定作价的方法。例如，"每吨1 000美元，CIF纽约"这一单价中就表明了计量单位是吨，计价货币是美元，单位价格是1 000美元，价格术语是成本加保险费加运费，目的港是纽约。同时，由于对作价方法未作任何其他说明，因此表示该项贸易是按固定价格作价的。

表明单价时应注意如下几点：一是单价各个组成部分必须表达明确、具体、准确，并且应注意四个部分在中、外文书写上的不同及先后次序，不能任意颠倒。二是计量单位应与数量条款中所用的计量单位一致，不能发生矛盾。如原油，不能在数量条款中使用容量"桶"，在价格条款中又使用重量"公吨"。三是计价货币的名称要使用准确。四是价格术语的选择要适当。

➤ 价格术语。价格术语又称国际贸易术语。国际货物买卖并不是简单的一手交钱一手交货，在货物从一国商人向另一国商人转移的过程中，涉及货物的交货地点、运输、保险等事宜，因此，不同的贸易条件与不同的价格构成了不同的报价模式。价格术语就是用来说明在不同的报价模式下，贸易双方所需要承担的义务。

价格术语规定了买卖双方应承担的义务。价格术语所要说明的问题主要有四个：一是交货地点的确定。主要有出口国交货和进口国交货两类。进一步可以细分为运输工具上交货，如装运港船上交货、船边交货、目的港码头交货等。二是说明责任划分问题。由于交货地点不同，租船订舱、装卸货、购买保险、保管、纳税等一系列的责任划分也不尽相同。三是说明风险分担的问题。由于责任划分不同，卖方与买方所要承担的责任也有区别。四是由于交货地点、责任负担、风险划分不同，费用负担也不相同。要使用正确的价格术语说明货物的运费、装卸费、仓储费、保险费、关税及其他杂项开支由谁负担。可见，国际货物买卖中使用价格术语可以简化谈判的手续，并有利于解决履约中的争议。

价格术语的种类。根据《1990 年国际贸易术语解释通则》（以下简称《通则》）的划分，价格术语共分为 13 种。《通则》还将 13 种价格术语按交货地点和运费负担的不同分为 E、F、C、D 四组。

E 组：启运术语。

EXW——工厂交货。

F 组：运费未付术语。

FOB——装运港船上交货。主要适用于海运和内河运输。

FCA——货交承运人。适用于各种运输方式。

FAS——装运港船边交货。适用于海运和内河运输。

采用 F 组价格术语所达成的合同，称为"装运合同"。卖方有责任将货物交给买方指定的承运人，买方负担从交货地点到目的地的运费及风险。

C 组：运费已付术语。

CIF——成本加保险费、运费。适用于海运和内河运输。

CFR——成本加运费。适用于海运和内河运输。

CPT——运费付至……。适用于各种运输方式。

CIP——运费、保险费付至……。适用于各种运输方式。

采用 C 组价格术语所达成的合同，也称"装运合同"。卖方有责任在装运港将货物装上船（CFR、CIF），或将货物交付给承运人接管（CPT、CIP），并支付到达目的港或目的地的正常运费；CIF 和 CIP 术语下卖方还需负责办理投保并支付保险费；但 C 组价格术语下卖方不承担货物装船后或交承运人接管后的风险和其他费用。

D 组：到达术语。

DAF——边境交货。适用于各种运输方式。

DES——目的港船上交货。适用于海运和内河运输。

DEQ——目的港码头交货。适用于海运和内河运输。

DDU——未完税交货。适用于各种运输方式。

DDP——完税后交货。适用于各种运输方式。

采用 D 组价格术语所达成的合同，称为"到货合同"。卖方有责任把货物运送到进口国指定的目的港或目的地，并支付货物到达目的港或目的地的一切费用和承担此前的风险。

➢ 作价方法。在国际贸易中，货物买卖合同的作价方法主要有三种：一是固定价格。买卖双方在合同中明确规定具体的成交价格，在合同有效期内，未经双方一致同意，不得更改价格。固定价格多用于即时交货和短期交货的合同，至于长期交货合同，为了避免由于计价货币币值的波动而导致当事人承受意外的损失，在使用固定价格成交时，可增订黄金或外汇保值条款，明确规定如计价货币币值发生波动，价格可作相应调整。二是后定价格。即买卖双方在合同中不规定具体的成交价格，而只规定确定价格的时间和方法。后定价格多用于以交易所商品为标的物的合同中，其价格经常发生波动。在这类合同中，标的物的价格可明确规定按交货时某个交易所的行市为准。三是滑动价格。即由买卖双方在合同中规定一个基本价格，在基本价格中应包括构成价格的各项主要指标（如固定成本、可变成本在基价中所占的百分比，以及两项成本之中的各项支出所占的百分比等），如果在合同执行期间上述支出发生变化，则可对合同的基价作相应的调整。滑动价格多用于生产周期长的商品买卖合同（如大型的成套设备、船舶买卖合同等）以及长期供货合同等。

第二，金额或总金额。合同的金额是单价与数量的乘积，如果合同中有两种以上的不同单价，就会出现两个以上的金额，几个金额相加就是合同的总金额。合同中的金额或总金额除用阿拉伯数字填写外，一般还应再填写大写金额，以防涂改。填写金额或总金额时，要认真细致，计算准确，否则可能导致不必要的纠纷和麻烦。

（2）支付。按合同的支付工具、支付方式、支付时间去支付约定的金额是买方履行合同内容的一项主要义务，也是卖方在货物买卖中应得到的一项主要权利。支付条款的内容应包括支付金额、支付工具、支付方式等。

第一，支付金额。支付金额一般来说是指合同规定的总金额。但在下述情况下，支付金额与合同规定的总金额不一致。例如在分批交货、分批付款的合同中，每批支付的金额只是合同总金额的一部分；在以"后定价格"和"滑动价格"作价时，支付金额就须以最后确定的价格为准，在合同中若规定有品质优劣浮动价款或数量溢短装条款，支付金额就须按实际交货的品质和数量确定；在订立合同时，若无法确定由买方支付的附加费（港口拥挤附加费、选港附加费、特殊包装要求和附加费等），一般不列入合同总金额内，而由买方连同货款一并支付。

第二，支付工具。在国际贸易中使用最广泛的支付工具是货币和票据。货币在国际贸易中作为计价、结算和支付的手段，因此它往往成为谈判时的一个重要组成部分。在当前国际金融市场上普遍实行浮动汇率制的情况下，买卖双方都会承担一定的汇率风险。因此，卖方力求采用"硬币"（币值稳定且趋于上升的货币）计价并支付；而买方则力求使用"软币"（从成交至结汇时汇价比较不稳定且趋于下降的货币）支付。为此，买卖双方在磋商合同（特别是收汇期限长、金额大的买卖合同）时，为了避免因汇率的变动造成损失，往往需采用汇率保值的办法。随着国际金融的发展，国际贸易结算中大多使用票据作为支付工具，通过银行进行非现金结算。票据主要有三种，即本票、支票和汇票。本票也称期票，是由出票人约定见票时或于一定日期，向收款人或其指定的人无条件地支付约定金额的书面支付凭证；支票则是以银行为付款人的即期支付一定金额的支付凭证，它仅作为支付工具；汇票是由出票人向付款人开立的，要求对方于见票时或一定时间内，对收款人无条件支付一定金额的书面命令。在进出口业务中，出票人通常是出口商；付款人通常是进口商或其指定的银行；收款人通常是出口商或其指定的人。在我国进出口业务中，最常用的票据就是汇票。

第三，支付方式。支付方式是支付条款的主要内容，它包括支付的时间、地点和方法。目前，在国际贸易中常用的支付方式主要有三种：汇付、托收和信用证。汇付也称汇款，是付款人委托当地银行通过其在国外的分行或代理行将款项支付给收款人的一种国际结算方式。通常，汇付方式又分为信汇、电汇和票汇三种。托收即卖方在装运货物后，根据发票金额开立以买方为付款人的汇票，委托出口地银行（托收行）通过其在进口地的分行或代理行（代收行）代为向买方收取货款。这种卖方使用汇票，委托银行向买方收取货款的结算方式称为银行托收。此外，也有不委托银行，而由出口商在国外的分支机构或代理人代收的情况。银行信用证是银行应买方的要求，开给卖方的保证支付货款的一种凭证，它是当前国际贸易中的主要支付方式之一。信用证是根据买卖合同的规定而开立的，其种类、金额、开证日期和有效期等内容都应在买卖合同中明文规定，但它并不依附买卖合同。银行只对信用证的规定负责，而不受买卖合同的约束。银行在办理信用证业务时，只认单据，不问商品，更不管合同的履行。只要卖方提交的单据符合信用证的规定，银行就应凭单付款。这种以比较可靠的银行信用来担保的支付方式，在很大程度上解除了卖方对交货后收不回货款的顾虑。另外，对于买方来说，一旦向开证行交付了货款，即可保证取得代表货物所有权的提货单据，而无须担心付款后得不到货物。可见，采用信用证支付货款，解决了买卖双方互不信任的顾虑。所以，在我国对外贸易中，信用证支付就成了一种主要的支付方式。

3. 产品装运

在产品交易中，卖方向买方收取货款是以交付货物为条件的。产品装运是比较复杂的问题，它涉及运输方式、运输费用以及装运条款等，这些都是商务谈判的重要内容。

（1）运输方式。运输方式是产品转移到目的地所采用的方法和形式。目前，国内贸易主要采用铁路运输、公路运输、水陆运输和自运、托运，对外贸易主要采用海运、航运、托运等。随着交通运输业的发展，各种运输方式都会在货物贸易中得到广泛的应用。在商务活动中，如何使产品能够多、快、好、省地到达目的地，关键是要选择合理的运输方式。选择合理的运输方式，应该考虑的因素有两点：一是要根据产品的特点、货运量大小、自然条件、装卸地点等方面的具体情况加以选择；二是要根据各种运输方式的特点，综合分析后加以选择。例如，水陆运输具有运量大、不受路面限制、运费低等优点，适用于散装货、杂货的运输；其缺点是速度慢、易受自然条件影响等。

（2）运输费用。运输费用是产品在转移的过程中需要支付的费用。由于产品多种多样，因此产品运输费用的计算标准也不一样。目前，运输费用的计算标准大体上可以归纳为以下几种：一是按货物重量计算，即以千克或吨为计算单位。二是按货物体积计算，一般以立方米为计算单位。有时与重量单位结合使用，即一单位重量货物在超过一定体积时按体积计算，反之按重量计算。三是按货物件数计算。这是在装运重型机械、活牲畜等货物时常用的计算标准。四是按产品价格计算，即以所运产品的交易金额为基数，乘以一定的百分比计收运费，这种方法主要适用于一些贵重产品的运输。这类产品在重量和体积方面所需要的运费不高，而承运者承担的责任较大，运费只有与产品的价值金额联系起来才具有合理性。除上述产品运输的基本运费外，还有一些因运输中的特殊原因需缴纳的附加费。

商务谈判人员在进行运输费用谈判时，应注意的问题有：一是掌握交易产品所适用的运费计算标准，争取以最佳的运费计算标准计算，节省运费开支。二是争取在可能的条件下，通过改变产品包装、缩小体积来减少运费开支。三是注意划清双方费用的界限。例如，发货时的装货费以及运输中和到货后的卸货费，是完全由买方或卖方承担，还是由买方和卖方共同承担。由于这个问题涉及双方的经济利益，无论采用哪种运输方式，都必须明确这些费用的承担者。如果采用租赁工具运输，则要同出租方洽谈租金以及有关各种费用的数额和承担者。

（3）装运条款。装运期指装运货物所需要的时间。交货期是交货的时间。在产品交易过程中，卖方能否按照规定的时间装运货物和交货将直接影响买方能否及时取得货物，从而影响生产和消费以及资金的周转。如果中途市场价格发生变动，则可能使交易中的某一方遭受价格上的损失。所以应注意以下几点事项：

一是在谈判时，买方和卖方都应重视装运时间和交货时间的规定，力求把条件订得既明确又合理，防止日后发生纠纷。例如，协议中的装运期和交货期绝对不能使用"尽快装运""某日后交货"等不明确的条件，而应当把装运时间和交货时间限制在某年某月某日之前，或某月内为妥。这既可使卖方有一定的时间备货和安排运输，也有利于买方做好接货和交付货款的准备。

二是在产品交易谈判中，作为卖方，应当在正式确定装运时间和交货时间之前，考虑到是否有条件满足用户的需求时间、产品的自然属性、气候条件、运输情况等影响因素。一旦签订合同，卖方就应该按合同的时间装运和交货；如果卖方不能按规定的时间装运和交货，买方有权撤销合同，并要求卖方承担由此造成的一切经济损失。

三是装运港和目的港。在商务谈判时，装运港一般由卖方提出，买方同意；而目的港由买方提出，卖方同意。

四是装运通知。按国际惯例，在 FOB 价格条件下，卖方应在规定的装运前若干天，向买方发出准备装船的通知，以便买方及时派出船只接货。在 CFR、CIF 等价格条件下，应在货物装运后，立即将有关情况通知对方，以便买方在目的港做好准备，并及时办理报关手续。

4. 产品检验与索赔

产品检验指有关人员对交易产品的质量、数量、包装等项目按照合同规定的标准进行检查和鉴定，以确定是否收货。在国际贸易中，买方支付了货款或收到货物不等于接受货物。根据联合国《销售合同公约》第三十六、第三十八条的规定：在采用 FOB、CFR 和 CIF 等条件达成的合同下，若合同中未有相关的规定，货物到达目的地后买方有权复验，如发现品质、数量和包装等不符合合同的规定，卖方仍负有责任。为了鉴定商品的品质、数量和包装等是否符合合同规定，并以此证明卖方是否履行其交货义务，在买卖合同中通常都有检验条款。由于检验与索赔有着密切的关系，有些买卖合同把检验与索赔这两项条款合并在一起，称为检验与索赔条款。

检验条款中主要包括检验权、检验机构与检验证书、检验时间与地点、检验方法与检验标准等内容。

（1）检验权。检验权指买卖双方究竟由谁来决定商品的品质、数量及包装是否符合合同的规定。目前在国际贸易中，对检验权主要有三种规定。

一是以离岸品质、数量等为准。即由买卖双方在合同中规定，货物在装运港装船前，由卖方委托出口地买卖双方同意的商检机构进行货物的品质检验和数量的衡量等，并以上述商检机构出具的货物品质证书和数量证书等为决定货物品质、数量和包装等的最后依据。在货到目的港后，买方即使委托当地商检机构进行复检，也无权就品质或数量等向卖方提出任何异议。这种规定对卖方很有利，因为它可以使卖方免于负担货物在运输途中因品质或数量等发生变化而遭受经济损失的风险，同时它也排除了买方对货物品质、数量等提出异议的权利。

二是以到岸品质、数量等为准。即由买卖双方在合同中规定，商品的品质和数量等应在目的港卸货后进行检验衡量，并以目的港商检机构或公证机构签发的检验证书为决定商品品质、数量和包装等的最后依据。买方可凭上述证书向卖方提出到货品质和数量等有关事项的任何异议，而卖方不得以装运前的有关检验证书为抗辩理由，所以此种规定方法显然对卖方不利。此种规定方法可作如下表述："由目的地某商检机构出具的有关证书证明的品质和数量是最后的依据。"

三是以装运港的检验证书为议讨货款的依据，但货到目的地后，允许买方对货物进行复检。按此规定方法，货物在装船前应进行检验，所取得的检验合格证书只作为议付货款的单据之一，待货到目的地后，买方仍有复验权，如果复验发现货物的品质、数量等与合同不符，买方可以根据检验的结果向卖方提出索赔。这种规定原则上讲是较公平合理的，兼顾了买卖双方的利益，在国际贸易中使用比较普遍。目前我国对外贸易中也采用此种规定方法。此种规定方法可作如下表述："以某装运港商品检验机构签发的品质和数量检验证书作为有关信用证项下议付所提出单据的一部分，买方对于装运货物的任何索赔，必须于货物到达目的港某天内提出，并须提供经双方同意的公证机构或商检机构出具的检验报告。"

（2）检验机构与检验证书。在国际贸易中，进行商检的机构主要有三类：由国家设立的商检机构，由私人或同业公会、协会开设的公证机构，由厂商或使用单位设立的检验部门。在订立检验条款时，应对检验机构做出具体的规定。如在我国进行检验可规定："由中国商品检验局进行检验。"检验证书指商检机构检验货物后的结果，以证明标的物是否符合合同之规定。常见的商检证书有品质检验证书、数量检验证书、植物检疫证书、兽医检疫证书、卫生检疫证书等。因商品的特性不同导致应提供的检验证书也各异，所以在检验条款中也应对此做出明确的规定。

（3）检验时间与地点。检验时间一般指买方对货物品质、数量等的复检期限，通常又同索赔的期限联系在一起，但两者之间又有区别。例如："买方必须于货到目的港后30天内进行检验。"在此场合下，买方只有在合同规定的期限内进行检验，并取得约定的检验证书，其检验结果才能作为提出索赔的有效依据，否则会丧失检验的权利。索赔的期限是指买方经检验发现货物与合同规定不符，向卖方提出请求赔偿损失的期限。例如："买方对于装运货物的任何索赔，必须于货到目的港30天内提出，并需提供经卖方同意的公证机构出具的检验报告。"在此种场合下，买方如果在30天内对货物的品质、数量等不提出索赔，就丧失了索赔权。另外，即使在有效期间内提出索赔，也必须提供约定的检验报告。由上述可知，买方对货物必须首先委托卖方在可接受的检验机构进行检验，检验结果若证明货物达不到合同规定则能获得索赔。检验地点也是检验条款中的一个主要内容。按照国际贸易惯例，在 FOB、CFR、CIF 合同中，除双方当事人另有协议外，检验地点应是在目的港的卸货码头或关栈，而不是在货物的最后目的地或装运地点。

（4）检验方法与检验标准。对于许多商品来说，采用不同的检验方法或标准检验时，往往会导致检验结果上的差异。为了避免意外的麻烦和误解，在检验条款中还应规定适当的检验方法与检验标准。

【小故事 3-1】

该不该付款

国内某出口企业按 FCA Shanghai Airport 贸易条件向印度 A 商出口手表一批，货款为 5 万美元，规定交货期为 8 月。货物自上海运往孟买，支付条件为买方凭由孟买某银行转交的航空公司空运到货通知即期全额电汇付款。国内出口企业于 8 月 31 日将该批手表运到上海虹桥机场交由航空公司收货并出具航空运单。国内企业随即用电传向印度商人发出装运通知。航空公司于 9 月 2 日将该批手表空运至孟买，并将到货通知连同有关发票和航空运单交给孟买某银行。该银行立即通知印度商人收取单据并电汇付款。此时，国际手表价格下跌，印度商人以国内企业交货延期为由，拒绝付款、提货。国内出口企业坚持对方必须立即付款、提货。双方争执不下，遂提交仲裁。如果你是仲裁员，你认为应如何处理？

启发思考：该案例按 FCA Shanghai Airport 贸易条件成交，规定交货期为 8 月，出口企业 8 月 31 日将该批手表运到上海虹桥机场交由航空公司（承运人）即算完成交货，我方并未违反合同约定。印度商人认为 9 月 2 日到货时间为交货期，与 FCA 术语规定相矛盾。因此，仲裁员应裁决出口企业胜诉。

二、加工承揽谈判 [1]

加工承揽谈判又称生产协作谈判，是承揽方按照定做方提出的要求完成一定的工作，定做方接受承揽方完成的工作成果，并付给约定报酬的协商。这种谈判习惯上称为来料加工装配，它是简单的双方劳务合作的形式。

1. 对外加工承揽业务的特点

对外加工承揽业务具有以下特点：一是交易双方不是买卖关系，而是委托加工关系；二是承接对方来料来件，一般不拥有所有权，只有使用权，即只能对来料、来件进行加工装配，并收取一定的加工费；三是委托方接受全部加工装配合格的成品并支付与承受方约定的工缴费。

我国生产企业接受对外加工装配业务，有的是由生产企业直接和国外联系办理；有的是通过对外企业介绍、联系、协助进行；有的是由外贸企业作为承接方与国外委托方签订合同，再由外贸企业安排生产单位进行加工装配。

2. 我国承接的对外加工装配业务的形式

我国承接的对外加工装配业务主要有三种形式：一是全部来料、来件加工装配。国外委托方提供全部原材料、辅料、零部件和元器件，由承接方企业加工后，将成品交国外委托方，制件和成品均不计价，承接方按合同收取工缴费。二是部分来料、来件加工装配。国外委托方只提供部分原材料和零部件，其余部分由承接方提供，承接方除收取工缴费外，还应收取所提供的来料、来件的价款。承接方按委托方要求进行加工装配。原材料及零部件等的进口和成品出口分别计价，承接方收取两者之间的差额。相对来说，这种方式的经济效益比第一种要好，有利于带动我国产品出口的发展。因此，在条件允许的情况下，应尽量争取这种形式，尽可能提高国产料、件所占比例。三是与补偿贸易相结合的加工装配业务。国外委托方除提供全部或部分原材料、原件外，还提供加工装配必需的机器、设备和技术等，设备和技术的价款和利息将在支付成品的加工装配费中扣除。采取这种形式，己方可以不动用现汇引进一些技术和设备，用劳务补偿进口的技术和设备，有利于解决进口和外汇偿付能力之间的矛盾。

3. 对外加工装配业务谈判中应注意的事项

加工装配合同是一个规定双方的权利和义务的法律文件，一经订立就具有法律效力，对双方都有约束力。一般情况下，来料、来件进口和成品出口都应包含在一个合同内。

（1）对外加工装配商品的范围。承接对外加工装配的商品，要根据有关生产企业具有的技术设备条件和劳动力的素质确定。一般应以劳动密集型产品为主，如果条件许可，也可承接一些高级加工产品。

① 宋魁元. 商务谈判［M］. 长沙：国防科技大学出版社，2003：140–145.

（2）关于来料、来件要求和到货时间。来料、来件是加工装配业务的物质基础。按时、按质、按量来料和来件是保证按时、按质、按量交付加工装配成品的前提，也是保证承接加工装配企业按计划进行加工装配的先决条件。为了保证加工装配的生产业务有节奏地持续进行，来料、来件的均衡供应和有一定的周转量是十分有必要的。为此，在磋商交易、签订加工装配合同时，必须明确规定来料、来件的质量要求，以及数量和到达的时间要求。每批来料、来件的到货数量和期限要与成品交付期限加工装配周期相衔接，还应考虑有一定数量的合理周转储备，以免由于意外情况造成来料、来件不及时引起停工、窝工等情况的发生。对来料、来件的消耗定额应做实事求是的规定，但也应适当留有余地，以防止交付成品数量不足。

为防止在履行合同过程中发生不必要的纠纷，还要规定来料、来件的验收办法，以及如果发现来料、来件的质量、数量、到货时间不符合要求而造成承接方停工、生产中断的补救办法。例如，允许成品交货期相应推迟，停工、生产中断的损失由委托方负责赔偿以及承接方有权解除合同等。

（3）关于成品交付要求和时间。在对外加工装配业务中，国外委托方为了保证成品的适销对路，对成品的质量要求比较严格。因此，己方在承接加工装配业务洽谈中，应该详细了解委托方对成品的质量要求，充分考虑己方生产企业的技术和工艺水平，以免将来成品不符合要求。

生产企业在加工装配过程中，不可避免地会产生一些废品和次品，因此，应根据我方生产企业以往的实践经验，在确定正品率、次品率和废品率时要留有余地，以保证将来能按合同规定的质量和数量要求交付成品。为防止不必要的纠纷，谈判中还应就成品的各项技术指标、性能、功能和外观质量等要求，以及技术检验标准和验收办法等进行详细的磋商，并在合同中予以明确。一般规定由商品检验机构负责检验，必要时也可接受由委托方派人验收。

对外加工装配业务一般都属长期交易，通常在合同中需规定合同期间的加工装配总额。同时，还要规定每批的加工数量和具体的交货时间，以及发生不能按时交货或交付数量不足时的处理办法。

（4）关于工缴费的标准和支付办法。加工装配工缴费是委托、承接双方共同关心的中心问题之一。工缴费的多少直接关系到双方的经济利益，也关系到有关国家的外汇收支。就承接者一方来说，当然要争取尽可能多的工缴费收入；就委托者一方来说，他之所以愿意接受来料、来件，委托加工装配，根本原因就在于加工装配工缴费低廉，有利可图。所以在核定加工装配工缴费标准时，既要合理又要有竞争性。所谓合理，就是要与加工装配的实际生产成本（包括按工时计算的工资、设备折旧、动力、运输、仓储、保险、税费、利息和外贸交易中的手续费等支出）相符。所谓有竞争性，就是要略低于国际市场的工缴费水平。就我国而言，应稍低于邻近国家和地区加工装配同类产品的水平，但也要防止工缴费过低而冲击我国同类产品的正常出口。工缴费标准的制定，一般有以下几种方式可供参考：一是按估算的实际工缴费成本加上一定比例的利润折算成外币；二是参照邻近国家或地区同类产品工缴费，降低一定比例的价额；三是先进行试生产，在试生产的实际费用支出的基础上，双方再行商定。

加工装配业务的特点是进口与出口紧密结合，不能脱节，工缴费的结算方式也要符合此特点，既要保障己方经济权益和收汇安全，又要便利贸易，照顾到对方的资金周转。

总的来说，加工装配工缴费的支付方法有两种：一是来料、来件和成品均不计价格，由委托方按成品交付进度支付工缴费；二是对来料、来件和成品均分别计价，己方收取两者之间的差额。对于后者，必须坚持先收后付的原则，也就是用成品出口的货款来偿付来料、来件的款项，避免垫付外汇。

至于具体的支付方法，来料、来件和成品均不计价者，可采用即期付款交单托收或交货前若干天内汇付的方法，一般不采用受托方先寄单据，委托方再汇寄工缴费的方式，除非是资信可靠的老客户。来料、来件和成品均计价者，则可采用如下做法：一是来料、来件用远期信用证付款，成品出口用即期信用证付款；二是来料、来件用承兑交单托收，成品出口用即期付款交单托收或汇付。为了避免己方垫付外汇，来料、来件远期付款的期限要与加工周期内成品收款所需时间相衔接并适当留有余地。

【小故事 3-2】

区分雇佣关系与承揽关系

2014年，林某请覃某帮忙找人承接其待建房屋的砌基脚工程。覃某在联系好陈某等人后与林某口头商定：由覃某找人一起承接该工程，工程按林某的要求施工，每立方米以27元计价，施工完后按实际工程量结算付款。

2014年1月19日，覃某、陈某等7人开始施工，但工程因供料不足时断时续，春节前夕陈某从林某处领得一部分工钱，由7人根据各自的出工天数均分。

2014年2月23日，在继续施工过程中，覃某用锤子为石头修整墙面时，不慎被石子击伤左眼，被送往医院住院治疗。经诊断其左眼眼球裂伤，眼内容物脱出，经司法鉴定为七级伤残。

事故发生后，因赔偿事宜协商不成，覃某将林某诉至贵州省某县人民法院，请求依雇佣法律关系判决赔偿医疗费、误工费和残疾赔偿金等各项损失共计3万元，并承担诉讼费。

启发思考：在雇佣关系中，雇主对雇员的损害承担无过错责任，只要雇员在进行受雇工作中因工遭受伤害，雇主就应给予赔偿，雇主不存在免责事由。在承揽关系中，因双方是合同关系而不存在侵权关系，承揽人受伤不属于合同调整范围，不适用侵权责任的归责原则。承揽方在完成承揽工作过程中造成他人或自身损害的，定做方原则上是不承担责任的。

三、技术贸易谈判

技术贸易谈判指技术拥有方把生产所需要的技术和有关权利通过贸易方式提供给技术需求方加以使用。技术贸易把技术当作商品，按商业交易的条件和方式进行有偿转让，这是商品经济条件下技术转让最主要的方式。

1. 技术贸易谈判概述

在技术贸易中，特别是发达国家和发展中国家之间的技术贸易，一项交易除技术知识外，还包括引进方生产所必需的机器设备，其中技术知识常被称为软件，机器设备部分被称为硬件，有些人因此把软件交易也看作技术贸易。但应当指出：技术贸易是以无形的技术知识为对象的交易，而机器设备交易则是有形物质的买卖，属于商品贸易。联合国国际贸易与发展会议制定的《国际技术转让行动守则》中明确指出，"国际技术转让是指制造产品、应用生产方法或提供服务所需的系统知识的转让，并不延伸到货物的单纯买卖或租赁"。也就是说，单纯的机器设备的买卖或租赁是不属于技术贸易的。

技术作为特殊的商品进行买卖，有其独有的特点。

（1）技术贸易多数是技术使用权的转让。由于同一技术同时可供给众多生产企业使用，因此国际上绝大多数的技术贸易都是技术使用权的转让，而不是技术所有权的转让，技术拥有方并不因为技术转让给他人而失去所有权。他自己仍可使用或转让给其他人使用这项技术。

（2）技术贸易是一个双方较长期的密切合作过程。技术转让是知识和经验的传授，其目的是使技术引进方消化和掌握这项技术并用于生产，因此签订技术贸易合同后，履行合同一般要经过提供技术资料、技术人员培训、现场指导以及进行技术考核和验收，乃至继续提供改进技术等过程，这就需要技术贸易双方建立较长期的密切合作的关系。

（3）技术贸易双方既是合作伙伴，又是竞争对手。技术贸易双方是同行，技术转让方既想通过转让技术获取收益，同时又担心接受方获得技术后制造同类产品，成为自己的竞争对手。因此，技术转让方一般不愿意把最先进的技术转让出去，或者在转让时可能附加某些不合理的限制性条款以束缚技术接受方的手脚。

（4）技术贸易的价格较难确定。技术贸易中技术的价格不像商品价格那样主要取决于商品的成本。技术转让后，技术转让方并不失去对这项技术的所有权，转让方仍可使用这项技术或可多次转让，以获得更多的经济利益。因此，决定技术价格的主要因素是技术受让方使用这项技术后所能获得的经济效益。而技术受让方所获得的经济效益在谈判和签订合同时是难以准确预测的，这就形成了确定技术贸易价格的复杂性。

（5）技术贸易的方式。它包括许可证贸易、技术服务、技术所有权的转让等。许可证贸易是技术贸易中最主要、最常用的方式。它是技术拥有方允许技术需求方在一定条件下使用其技术，进行产品的生产和销售的一种商业性交易。许可证贸易的交易双方通常称为许可方和被许可方。许可证贸易是通过签订书面的许可证协议进行的。许可方和被许可方首先就某个技术转让项目进行磋商，其次双方就磋商的结果达成许可证协议。在许可证协议中具体规定许可证贸易的主题、内容，许可使用的权限范围、期限以及使用费和支付方式，作为日后双方共同履约的法律依据。

【案例 3-2】

技术转让费争议

1994 年 7 月，我国南方某制药厂（以下简称受让方）与美国某制药有限公司（以下简称转让方）签订了一份技术许可合同。合同中规定，转让方向受让方提供生产某一系列品种西药的配套技术，受让方从生产这一系列药品的净销售额中提取 10% 作为向转让方支付的技术使用费。合同生效之后，双方履行合约顺利，产品在国内、国际市场均打开了销路，但是关于受让方向转让方支付技术转让费出现了争议。按受让方对合同的理解，合同中所说的"产品净销售额"指产品销售总额扣除销售退回、销售折让、包装费、运输费、保险费、销售费用以及税金后的余额；而转让方则称，合同认定的"产品净销售额"指产品销售总额扣减销售退回和销售折让后的余额。双方对"产品净销售额"这一关键概念理解的争议导致双方对技术使用费的计算结果相去甚远。按受让方所理解的含义，其产品净销售额为 500 万美元，应支付转让方 50 万美元的使用费；而按转让方所下的定义，受让方的产品净销售额应为 600 万美元，受让方应支付的技术使用费应为 60 万美元。双方各持己见，就争议的 10 万美元进行了多次谈判交涉后，最终采用折中的办法，签订了和解协议。受让方向转让方支付 55 万美元，并在提成期限的余下年度中也按此方法支付技术使用费，即采用双方因对"产品净销售额"不同理解而算出的不同数额技术使用费的中间数。

（资料来源：王海云.商务谈判［M］.北京：北京航空航天大学出版社，2003.）

启发思考：本案中的争议问题十分明确，即作为该技术许可合同计价基础的"产品净销售额"这一概念的具体含义不确定，这涉及技术许可合同的价格确定方式及相关概念的明确性问题。在涉外技术许可合同中，除一些重要条款外，关键词汇的定义往往也作为独立的一个部分列出，这是涉外技术许可合同条款要求高度明确性的表现。由于当事人双方语言、法律乃至文化背景各不相同，对同一个词的解释和使用存在差异是很常见的。因此，对合同中使用的一些关键词汇如"合同产品""技术资料""产品净销售额""提成率""滑动公式"等规定做出明确的含义，可以避免在合同履行过程中为此而发生分歧，防止对方钻定义不明的空子，推卸责任。

2. 技术贸易谈判中应注意的问题

由于技术转让项目、内容和转让方式的不同，每项技术贸易谈判的内容并不完全相同。但在许可证贸易的谈判中，一般包括转让技术的内容和范围、技术改进和发展的交换、技术文件的交付、技术人员的培训、价格和支付方法、考核与验收、保证与索赔、保密与侵权、税收问题、仲裁和法律的适用、关于限制性条款的问题。在谈判中应重点处理好以下问题：

（1）关于转让技术的内容和范围。转让技术的内容和范围条款是技术贸易合同的中心内容，该条款主要规定许可方把何种技术转让给被许可方使用，被许可方对该项技术的使用权、制造权和销售权所拥有的权力范围等。在确定转让技术的内容和范围的谈判中主要应明确以下几个问题。

一是明确合同产品的型号、规格和性能。这实际上是对转让技术的具体内容、技术参数和指标的要求。确定合同产品的型号、规格和性能主要取决于市场对该产品的需求。市场需求既关系到引进技术项目的成立，又决定着该项目的生存。因此，要在调查研究的基础上，对市场需求进行预测，看合同产品具有多大的竞争能力，能获得多大的市场份额。

二是对转让技术本身的选定，要考虑技术的先进性、适用性和可靠性。先进性是指从引进技术的发展水平看虽不一定是尖端的，但对于引进方来说应该是一流的、高水平的，有利于缩短本国与世界技术水平的差距。适用性是指引进的技术要适合国情，要与本国的消化吸收能力、资源状况、设施配套能力以及现有技术体系相适应。可靠性是指引进的技术是经过生产验证的，具有可靠的成效，是可以直接应用于生产实践的。

三是转让专利技术使用权时要注意三个方面：①注意专利技术的地域性。专利权是受专利法保护的，但任何专利法都是国内法，迄今为止并不存在国际性的超国家的专利法，因此专利的保护是有地域性的。我国已于1985年4月1日起实施《中华人民共和国专利法》。因此，准备引进的技术，应该是已在我国专利主管机关申请登记并经批准的；或虽未在我国登记和批准，但应用此项技术生产的产品要向一些国家出口，而在其中一些国家，专利权所有人享有专利，因而有必要购买此项专利。②注意专利的时效。专利权具有时效性，在法律规定的期限内，所有人既可以自行使用，也可以出售转让给他人使用，从而取得利益和报酬。过了法定有效期，其技术内容从专有领域进入公有领域，任何人都可实施利用。所以期满或即将期满的专利价值大大下降。③分清专利与非专利的范围。受保护的专利技术是有一定范围的，所以应该了解许可人是在何时、何地取得该项专利权的，以及该项专利的编号、保护范围和有效期等。然后，查阅公开发表的专利文献上的技术资料，查明是否属于申请登记并经批准的专利技术。

四是确定许可方授权的范围。授权范围指许可方授予被许可方使用权的种类、范围和性质等。①许可使用权的种类。许可使用权包括技术的使用权、产品的制造权和产品的销售权。应明确确定许可使用上述哪几种权利。②许可地域。它包括使用和制造的地域范围和销售的地域范围。③使用权的性质是指许可证的性质。例如，排他许可证、普通许可证、独占许可证、分许可证和交叉许可证等。就转让价格而言，普通许可证比较便宜，排他许可证比较昂贵，独占许可证就更贵一些。选择许可证种类时主要考虑许可地区的市场性质、容量以及专利技术、专有技术的特点。

（2）关于转让技术价格的作价和支付方式。

一是技术价格的作价。影响技术价格高低的因素是多方面的。技术转让方因技术转让所花费的直接费用及其预期的最低利润，以及技术受让方因引进技术可能获得的最低经济效益是两个最重要的因素，也是技术价格的上下限，最终的技术价格的作价就处在两者之间，由双方讨价还价的力量对比所决定。

对于技术受让方来说，技术价格是从引进技术所增值的利润中分给技术转让方的份额，所以估定技术价格一般按利润分成原则来作价。这是国际技术贸易中应用较广的一种做法，被称为 LSLP 原则，用公式表示为

$$利润分成率（LSLP\%）= \frac{技术转让方得到的费用}{技术受让方得到的增值利润} \times 100\%$$

$$技术价格 = 技术受让方的利润 \times 利润分成率$$

所以，技术受让方在实际估定价格时，首先估算引进技术所增值的利润，其次考虑拿出多少份额给技术转让方。技术受让方的利润可以根据引进技术后生产的产品、产量、销售额、成本和产品寿命期等预测计算。而利润分成率则没有计算方法，只有一些经验数字。联合国工发组织（UNIDO）曾调查、统计、分析过许多合同的技术价格和实际利润率，认为利润分成率一般在 16% ~ 27%，即 20% 上下比较合理，超过 30% 就过高了。当然，不同工业、不同的技术产品，引进技术的急需程度，以及技术项目的宏观经济效益和合同条款等因素都会影响技术价格，有的可能超过 30%，而有的 15% 就已经很高了。因此，应根据不同情况确定较为合理的利润分成率。

对于技术供方来说，在对外报价时，并不以利润分成原理为基础，主要是用成本加成的方法估价，同时考虑到利润分成原理的影响。供方技术转让的成本费用一般包括：①签约前的费用支出，包括技术交流、交流谈判、接待考察等费用支出；②签约后履行协定义务的费用支出，包括提供资料、接受培训、派遣专家、继续援助等业务活动所发生的费用支出；③履行协定义务所必须缴纳的税金；④技术开发成本的分摊。

另外，供方在报价中还要考虑包括对技术转让的预期利润在内的加成费用。加成多少要依据技术来源的多少、水平的高低，特别是技术受让方需要的迫切程度和未来市场情况的估计，以及技术转让承担的风险和损失等来计算。供方的成本加成法必须考虑技术受让方支付能力与利润分成原则，否则报价过高只会失去技术转让的机会。例如，2006 年，就在以"着力自主创新，保护知识产权"为主题的世界知

识产权日的第二天，美国 MPEG 专利技术管理公司，即 MPEGLA 与中国电子音响工业协会签署了谅解备忘录，中方企业同意每销售一台 DVD 播放机向 MPEG 缴纳 2.5 美元的专利费。这样，我国 DVD 企业每销售一台 DVD 就要向 6C、3C、汤姆逊、杜比、MPEGLA 5 家专利所属企业缴纳 10 多美元的专利许可使用费。

二是技术价格的支付方式。技术价格的支付方式有以下几种基本类型：①一次总算。即双方在磋商技术转让协议时，根据估计可能获得的经济效益，确定应付的总金额，一次付清或分期支付。其特点是技术转让方不必过问产量、销量或利润的多少，也没有义务继续援助，提供改进技术。只有在协议成立时，技术才可能被全部转让，技术受让方才能全部吸收使用，而且引进技术投产后产量大、单价高、利润多、合同期长的情况下可采用一次总算的方法。②提成支付。提成支付的方式是在技术项目投产后，技术受让方定期按合同规定的提成费或提成率向技术转让方支付技术使用费。提成支付与一次总算比较，技术受让方可以不必提前支付技术使用费，可将资金用于生产流通，有利于企业生产的扩大和技术的改进。此外，由于技术引进项目的成功与否直接影响到技术转让方的利益，所以提成支付还能加强技术供方对技术受让方生产经营的责任感。但是，采用提成支付，技术转让方所冒的风险较大，而且要待到生产或销售后才能取得经济利益，其技术开发成本和技术转让所需的各种开支也无法在一开始就得到回收，因此技术转让方通常不太愿意采用单纯的提成支付方式。③入门费加提成费。这种方式是指协议签订后先付一笔入门费，合同产品正式投产销售后再按提成办法支付提成费。入门费加提成费的支付方式是一次总算与提成支付两种方式的结合。采用这种方式，既可以使技术转让方的成本和开支较早地得到部分补偿，减少风险，又可以使技术受让方按对他有利的提成方式支付费用。所以，这种方式是目前国际上许可证贸易使用最普遍的方式，也是我国技术引进合同较常见的一种支付方式。

三是关于提成支付的几个问题。采用提成支付，首先必须确定提成基础。一般来说，提成基础有以下四种。①产量。以产量为提成基础，即技术受让方按产品的生产数量支付提成费。采用这种提成基础时，双方也应该商定每一单位产品的固定提成金额。这种提成方式，只要技术受让方进行生产及销售情况，不管有无利润，都要支付提成费。②销售量。即技术受让方按产品的销售数量支付提成费。采取这种提成基础时，双方也应该商定一个固定的销售每一单位产品的提成金额。这种提成方式，只要产品销售出去，不管有无利润，技术受让方都要支付提成费。③销售额。即以产品的销售额为基础，按双方商定的提成率计算提成费。国际上通常采用以净销售额为提成的基础。净销售额是指从总销售额中扣除不属于该转让技术所带来价值的那部分金额，如产品的包装、广告、运输、保险等费用，以及营业费、服务费和各种税款等。按净销售额提成比较真实地反映了引进技术所带来的经济效益，是一种比按总销售额提成更合理的支付方式，因而在国际技术贸易中得到普遍使用。④利润。即以企业的销售利润为基础，按双方商定的提成率提成。与其他几种提成基础相比较，按利润提成对技术受让方最为合算，但由于技术转让方有时对技术受让方企业的利润很难准确把握，因此不愿采用以利润为基础的提成方式。

提成率的计算。提成的基础不同，计算提成率的基数也不同。现以净销售额作为提成基础为例，计算提成率的公式为：

$$提成率 = \frac{提成率}{净销售额} \times 100\%$$

按照利润分成原则：

$$技术价格 = 提成费 = 技术受让方的利润 \times 利润分成率$$

所以，提成率的计算公式也可以为：

$$提成率 = \frac{技术受让方的利润 \times 利润分成率}{净销售额} \times 100\%$$

如前所述，联合国工发组织认为利润分成率一般在 16% ~ 27%，即 20% 左右。许多发展中国家如墨西哥、哥伦比亚等规定，提成率一般不得超过净销售额的 5%。一般情况下我国不允许超过 5%，从已签订的几百项技术转让协议看，绝大多数提成率在 3% ~ 5%。

四是特殊的提成支付的规定。①最低提成费。最低提成费是指在一定时间内，无论技术受让方是否使用许可技术进行生产和销售，也无论是否盈利，都必须向技术转让方支付一笔最低限度的提成费。规定最低提成费是为了保护技术转让方的利益，防止技术受让方不生产或无盈利而给技术转让方带来经济损失。对技术受让方来说，接受最低提成费的条款是不利的。②最高提成费。最高提成费是指在一定时间内，技术受让方的产品产量、销售量或销售额达到合同规定的水平后，对于超过部分技术受让方可以不再支付提成费。最高提成费的规定对技术受让方有利，常被技术受让方用来作为最低提成费的对等条款。③递减提成费。递减提成费规定提成费或提成率随着产量、销售量或销售额的增加而减少。这种规定是为鼓励技术受让方增加生产和扩大市场销售，对技术转让双方都有利。

（3）关于转让技术的考核与验收。技术转让是一个传授和掌握技术的过程，一般要通过人员培训和技术指导等方式由技术转让方传授给技术受让方。这种技术的转让过程，必须通过考核和验收来判定技术转让方是否完整无误地转让和传授了技术，技术受让方是否掌握了技术，转让的技术是否达成了预定的目标。因此，技术转让合同都有考核与验收条款，它主要包括技术资料的验收和合同产品的考核验收两个方面的内容。

一是技术资料的验收。技术资料按期、按质、按量地由技术转让方交付给技术受让方是技术转让的一个重要环节。技术转让方应保证所提供的技术资料的完整性、准确性和有效性，保证能达成合同规定的技术目标，技术文件交付的时间应符合技术受让方工程或生产计划的进度要求。因此，技术资料的验收条款主要是要求技术转让方按照协议规定的资料交付时间和资料的内容，正确无误地提交给技术受让方。技术受让方收到资料后，应立即按合同规定清点资料内容和数量，如无缺损，即出具技术资料已收到的证明。如发现技术资料短缺、丢失或损坏，技术转让方应在收到技术受让方通知后在一定期限内补充提供短缺、丢失或损坏的部分，费用由技术转让方负担。

二是合同产品的考核验收。技术资料是否完整、准确、有效，只能在试制出样品后最终验收，所以合同产品的验收才是验证技术转让是否成功的最重要的方法，应有专门条款予以规定。

在产品考核条款中，应对考核内容、标准、地点、时间、次数、考核使用的设备及原材料等做出明确、具体的规定，并对双方在考核验收中的责任、考核不合格的处理办法、补救措施和费用负担等做出规定。对合同产品的考核，应有双方人员参加，一般可以允许进行两三次。考核合格后，由双方签署验收合格证书，如不合格，应分清责任，限期进行再次考核，所需费用应由责任方负担。如合同规定的最后一次考核仍不合格，其责任在技术转让方的，技术受让方有权要求技术转让方给予经济补偿，有权因转让方违约而终止合同，并确定赔偿办法；如责任在技术受让方，则应验收，但转让方仍有义务协助技术受让方改进，直到考核合格为止。

 思考题

1. 口头谈判、书面谈判各有什么优缺点？
2. 在进行国际商务谈判时应注意什么问题？
3. 商务谈判的主要内容包括什么？
4. 在洽谈产品的检验条款时应注意什么问题？
5. 买卖合同有效成立的条件包括哪些？
6. 签订国际货物买卖合同时应注意的事项有哪些？
7. 技术贸易的主要方式包括哪些？
8. 技术贸易的特点有哪些？

 案例讨论

国际贸易谈判

第四章

商务谈判前的准备

【学习目的及要求】

　　掌握商务谈判需要收集的信息；掌握商务谈判计划的撰写；合理选择商务谈判地点，把握对自己有利的因素；熟悉布置商务谈判场所相关事宜。

【案例导入】

A 通信公司业务谈判

　　A 通信公司为了抢占市场，特别是政府、金融、企业等行业性质的市场，成立了集团客户部，集中精力应对当前激烈的市场竞争。H 是 A 通信公司的区域经理，负责政府部门的全业务开拓工作。

　　政府部门相对于其他行业来说有着本质的不同。第一，政府属于非营利性质的部门，所有的项目建设经费都需要财政拨款；第二，政府如果有专线类业务的需求，需要层层上报，获得上级批准后方可实现，时间周期较长，考虑因素较多；第三，政府对于信息化产品的需求并不强烈，政府领导最关心的是引入该项目对政府部门能否起到表率作用，相比企业，其目的完全不能用利润最大化来解释；第四，由于政府部门与电信的历史遗留关系，政府部门目前使用的都是电信的宽带和固定电话，虽然也签订固定期限合同，但是免费使用，想要拓展这一业务非常困难。因此，综合以上几个特点，要想让政府部门对 A 通信公司的产品心动，仅依靠优惠政策所起作用不大，关键要让政府部门看到使用 A 通信公司的产品会带来哪些积极影响。所以，初期的营销造势很重要。

　　H 经理推行驻点服务，每隔两个月将收集的集团客户意见整理之后，就带着这些问题及 A 通信公司对集团客户的优惠政策上门拜访，开展集中两日的服务驻点活动，目的是为集团单位客户提供咨询、办理优惠业务，这样很快融入了 B 政府部门这个大集体。经过大半年的营销造势，H 经理得到了 B 政府办公室工作人员及高层领导的认可。

前阶段的努力没有白费。B 政府部门两年前正在酝酿信息化改造项目，由于 H 经理前期与关键部门的接触，B 政府部门信息处主动找到 H 经理，希望 A 通信公司能参与此次项目。H 经理将消息上报至主管，主管要求召开谈判流程商讨会，并要求掌握竞争者电信公司的动向，以便在后期项目沟通时不处于弱势地位。

前期市场调查。A 通信公司派人员上门了解 B 政府部门对于信息化改造项目的具体要求和相关政策，召集部门主管、产品经理开会研讨。

客户拜访。H 经理同部门主管拜访信息处，对前期了解到的具体情况及要求给予答复，并进一步就信息化建设事宜进行积极沟通，达到信息传递一致。

经过近半个月的资料收集，H 经理了解到电信公司也在争取该项目。由于电信公司的参与，H 经理同主管再次拜访集团单位领导，该领导表示让电信参与也符合政策要求。就目前形势来看，A 通信公司优势并不明显。

先发制人。A 通信公司高层领导会同集团客户部相关人员召开紧急会议。会议提出，应尽快提交相关方案到 B 政府部门，并邀请 B 政府部门相关人员进行全业务研讨、政策说明。A 通信公司又特别安排时间邀请 B 政府部门领导一行参观 A 通信公司信息化体验厅，之后，A 通信公司副总与 B 政府部门主要领导对后续事项做了进一步的安排。

正式谈判开始。首先，H 经理介绍了 A 通信公司的全业务与电信公司的不同之处，突出自己的优势，说明公司的全业务可以同其他产品融合，完全可以满足 B 政府部门的要求。

在前几次的沟通过程中，B 政府部门对于电信还是颇为信任的。由于历史原因，从技术安全方面考虑，B 政府部门多次表示电信公司可靠。A 通信公司领导对于这次合作极为重视，表示电信公司能做到的，A 通信公司也完全可以做到，并保证后续的新产品会更安全、技术更成熟、操作更简便。同时，A 通信公司领导还为 B 政府部门领导介绍了几个典型的成功案例，并获得了认可。最终，B 政府部门决定将项目交由 A 通信公司。

启发思考：本次商务谈判中，由于 B 政府部门前期与电信公司有过合作并仍在使用其产品，因此 A 通信公司并不具有优势。然后，A 通信公司与 B 政府部门通过多次接触，获取了 B 政府部门领导的认可；前期收集了许多资料，进行了充分的准备；利用营销手段造势，从外部给 B 政府部门留下较好的印象。商务谈判处在被动状态时，要想办法创造自己的优势。在 B 政府部门强调电信公司的产品安全性能高的情况下，A 通信公司意识到不能顺着客户思路走，要有自己的特色。所以，A 通信公司表明自己公司的新产品更安全、技术更成熟、操作更简便，并以成功的典型案例说服了 B 政府部门领导。

第一节　商务谈判前的信息准备[①]

收集谈判对手的信息资料尤其重要。商务谈判的成败、谈判者地位的强弱，往往取决于其中一方对信息资料掌握程度的高低。

一、商务谈判相关环境信息

商务谈判是在特定的社会环境中进行的。社会环境中的各种因素都会直接或间接地影响谈判。谈判人员必须对上述各种环境因素进行全面、系统、正确的调查和分析，这样才能因地制宜地制定出正确的谈判方针和策略。社会环境中的因素主要包括以下几个方面。

1. 政治环境

（1）国家与企业的关系。这涉及参加谈判的企业自主权的大小问题。如果国家对企业管理程度较高，政府就会干预或限定谈判内容及谈判过程，决策可能要由政府部门人员做出，企业人员没有太多的决定权；相反，如果国家对企业的管理程度较低，企业有较大的自主权，企业人员就可以自主决定谈判所涉及的问题。

（2）国家的政治制度。如果是中央集权制，那么中央政府权力较集中；如果是地方分治制，那么地方政府和企业权力较大。在计划管理体制下，企业只有争取到计划指标，才可能在计划范围里实施谈判，谈判的灵活性较差；在市场经济条件下，企业有独立的管理机制，有较大的经营自主权，谈判的灵活性较好。

（3）项目受政治因素影响的程度。应考虑的问题有：哪些领导人对此比较关注？这些领导人各自的权力如何？商务谈判可能会受到政治因素的影响，政治因素将影响甚至决定谈判的结果，而商业因素或技术因素则要让步于政治因素。关系国家大局的重要贸易项目，涉及影响两国外交的敏感性很强的贸易往来，都会受到政治因素的影响。尤其是在集权程度较高的国家，领导人的权力将会影响谈判的结果。

（4）政局的稳定性。应考虑的问题有：在谈判项目上马期间，政局是否会发生变动？总统大选的日子是否在谈判期间？总统大选是否与所谈项目有关？谈判国与邻国关系如何，是否处于敌对状态，有无战争风险？一旦政局发生动乱或者爆发战争，谈判就会被迫中止，或者使已达成的协议变成一张废纸，合同不能履行，给签约的某一方造成极大的损失。

① 樊建廷. 商务谈判［M］. 大连：东北财经大学出版社，2007：82-87.

（5）国际关系。如果两国政府关系友好，那么谈判双方的贸易是受欢迎的，谈判将是顺利的；如果两国政府之间存在敌对关系，那么谈判双方的贸易会受到政府的干预甚至禁止，谈判中的障碍会很多。

（6）商业经营手段。在国内外市场竞争较为激烈的今天，有些国家和公司会在商务谈判中采取一些间谍手段，如在客人房间安装窃听器、偷听电话、偷录谈话内容等。对此谈判人员应该提高警惕，防止对方采用各种手段窃取信息或设置陷阱，造成己方谈判被动的局面。

2. 宗教信仰

（1）主要的宗教信仰。世界上有多种宗教信仰，如佛教、伊斯兰教、基督教等。宗教信仰对人的道德观、价值观、行为方式都有直接的影响。首先要了解谈判对手所属国家或地区占主导地位的宗教信仰是什么，其次要研究这种占主导地位的宗教信仰对谈判人的思想行为会产生哪些影响。

（2）宗教信仰的具体影响。由于宗教信仰不同，一些国家在对外贸易上会制定国别政策，如对于宗教信仰相同的国家实施优惠政策，对于宗教信仰不同的国家，尤其是有宗教歧视和冲突的国家施加种种限制。宗教信仰不仅对社会交往的规范、方式、范围有一定的影响，还对个人的社会工作、社交活动、言行举止有一些限制。这些都会对谈判者的思维模式、价值取向和行为选择产生影响。此外，不同宗教信仰的国家都有自己的宗教节日和活动，谈判日期不应与该国的宗教节日、祷告日、礼拜日相冲突，应该尊重对方的宗教习惯。

3. 法律制度

了解谈判对手所属国家的法律制度、法律的执行情况、法院受理案件的效率等。

法律执行情况将直接影响谈判成果能否受到保护。如果谈判对手所在国的执法部门能做到有法可依，执法严格，违法必究，则有利于谈判按照法律原则和程度进行，也能保证谈判签订的协议不会受到任意的侵犯。

法院受理案件的效率直接影响谈判双方的经济利益。当谈判双方在交易过程中以及合同履行过程中发生争议，经调解无效，诉至法院时，法院受理案件的速度越快，对谈判双方争议的解决越有利，损失就越小。

跨国商务谈判活动必然会涉及两国法律适用问题，必须清楚该国执行国外法律仲裁判决需要哪些条件和程序。

4. 商业做法

对于商业做法，要了解的问题有：该国企业是如何经营的？是各公司主要的负责人经营还是公司各级人员均可参与？是否有真正的权威代表？例如，阿拉伯国家的公司大多是由公司负责人负责的；而日本企业的决策必须经过各级人员互相沟通，共同参与，达成一致意见后再由高级主管做出决策。

是否只有文字协议才具有约束力？合同具有何等重要意义？在谈判和签约过程

中，律师等专业顾问是否始终出场？律师是负责审核合同的合法性并签字，还是只起到一种附属作用？

正式的谈判会见场合是否只是为双方领导安排的，其他出席作陪的成员是否只有当问到具体问题时才能讲话？如果是这样，那么谈判成员的职权不是很大，领导人的意志对谈判会产生较大的影响。该国是否有工业间谍活动？应该如何妥善保存机要文件以免谈判机密被对方窃取？在工作中是否有贿赂现象？我们不赞成靠行贿来做生意，但是必须了解这方面的情况。

一个项目是否可以同时与几家公司谈判并从中选择最优惠的条件达成交易？如果可以，那么保证交易成功的关键因素是什么？是否仅仅是价格问题？当几家公司同时竞争一笔生意时，谈判是最复杂、最艰难的，必须紧紧抓住影响交易成功的关键因素来开展工作，才有成功的希望。

业务谈判的常用语言是什么？如使用当地的语言，有无安全可靠的翻译？合同文件是否可以用两种文字来表示？两种文字是否具有同等的法律效力？谈判是用语言来进行交流，靠语言来表达意思的，因此必须选择合适的谈判语言。在最后签订合同时，如果使用第三国文字，那么对谈判双方都是公平的。如果不是这样，一般应规定双方的文字具有同等效力。

5. 社会习俗

谈判者必须了解和尊重该国家或地区的社会风俗习惯，并且善于利用这些社会习俗为己方服务。比如，该国家或地区人们在称呼和衣着方面，什么才是合乎规范的标准？是否只能在工作时间谈业务？在业余时间是否也可谈业务？社交场合中是否应该带妻子？是不是所有的款待、娱乐活动都在饭店、俱乐部等地进行？人们是如何看待荣誉、名声等问题的？这涉及双方意见交流的方式和策略。女性是否参与经营业务？如参与，是否与男性具有同等的权利？这些社会习俗都会对人们的行为产生影响和约束力，必须了解和适应。

6. 基础设施

该国的人力资源情况如何？专业技术人员的情况如何？该国在物力方面，如材料、设备、维修，情况如何？在财力方面有无资金雄厚、实力相当的分包商？在聘用外籍工人、进口原材料、引进设备等方面有无限制？该国的邮电通信、交通运输状况如何？这些都需要加以考虑。

7. 谈判对手的情况

谈判对手的情况是复杂多样的，主要应调查分析对方的客商身份、谈判对手的资信状况、对方谈判人员的权限、对方的谈判时限，了解对方谈判人员的其他情况等。

（1）客商身份。首先应清楚谈判对手属于哪一类客商，避免错误估计对方，使己方失误甚至受骗上当。要警惕子公司借母公司招牌虚报资产的现象。如果是子公司，它不具备独立的法人资格，公司资产属于母公司，无权独自签约。

（2）谈判对手的资信状况。如果缺少必要的资信状况分析，谈判对手主体资格不合格或不具备与合同要求基本相当的履约能力，那么所签订的协议是无效协议或者没有履行保障的协议，谈判者就会前功尽弃，遭受巨大的损失。对谈判对手资信情况的调查包括两方面的内容：一是对方主体的合法资格，二是对方的资本信用与履约能力。

（3）对方谈判人员的权限。己方应了解对方参加谈判人员是否得到授权，对方参谈人员在多大程度上能独立做出决定，有无决定是否让步的权力。明确对方谈判人员的权限有多大，对谈判获得多少实质性的结果有重要影响。若不了解谈判对手的权力范围，则没有足够决策权的人作为谈判对象，不仅是在浪费时间，而且可能会错过更好的交易机会。

（4）对方的谈判时限。谈判时限与谈判任务量、谈判策略、谈判结果都有重要关系。可供谈判的时间长短与谈判者的技能发挥状况成正比。时间越短，对谈判者而言，用于完成谈判任务的选择机会就越少，哪一方可供谈判的时间更长，其就拥有更大的主动权。了解对方的谈判时限，就可以了解对方在谈判中会采取何种态度、何种策略，己方就可制定相应的策略。

（5）了解对方谈判人员的其他情况。要从多方面收集对方的信息，以便全面掌握谈判对手的情况。比如：谈判对手、谈判团队的组成情况，即主谈人背景、谈判班子内部的相互关系、成员的个人情况，包括谈判成员的资历、能力、信念、性格、心理、个人作风、爱好与禁忌等；谈判对手的谈判目标，所追求的中心利益和特殊利益；谈判对手对己方的信任程度，包括对己方经营与财务状况、付款能力、谈判能力等多种因素的评价；等等。

8. 谈判者自身的情况

在谈判前的准备工作中，还应该正确了解和评估谈判者自身的状况。古人云："欲胜人者，必先自胜；欲论人者，必先自论；欲知人者，必先自知。"孟子云："知人者智，自知者明。"谈判者一定要有自知之明。但自我评估很容易出现两种偏差：一是过高估计自身的实力，看不到自身的弱点；二是过低评估自身实力，看不到自身的优势。自我评估首先要看到自身所具备的实力和优势，同时要客观地分析自己的需要和实现需要缺少的优势条件。

（1）谈判信心的确立。谈判信心来自对自己实力以及优势的了解，也来自谈判工作的充分准备。谈判者应该了解自己是否准备好支持自己说服对方的足够的依据，是否对可能遇到的困难有充分的思想准备，一旦谈判破裂是否会找到新的途径实现自己的目标。若对谈判成功缺乏足够的信心，则应寻找足够的信心依据，或者修正原有的谈判目标和方案。

（2）自我需要的认定。满足需要是谈判的目的，只有清楚自我需要的各方面情况，才能制定出切实可行的谈判目标和谈判策略。

【小故事 4-1】

中西方人际交往观念

以中国为代表的东方人，在人际交往中是非常看重感情和人情的，这源于中国古老文化中的和谐相处、友好往来、团结共事、合作互利的精神和观念。这种处世态度和人际关系有利于交往双方的进一步合作，对商人说来则有利于交易的成功。从这方面讲，这种观念和行为有其有益的一面。

利奈尔·戴维斯说："在宴席上，人们常常谈论食品，交换一些十分正式的、表示敬意或友谊的词语。从低语境文化的视角出发，人们所谈论的事都不是与个人有关的，也不含有多少信息。人们只是在比其他场合更为精确地遵循一套礼仪规范。这包括彼此敬酒，同时使用一些与相互关系和当时场景相适宜的套话。交谈是愉悦而轻松的，来自高语境文化的赴宴者将此情景解释为：彼此之间的关系已经发展到可以开始谈生意了。

"合同属于低语境文化的文件类型。对于西方人来说，合同的含义全在于文字之中。在签署合同之前，一位西方人肯定会审读小号字体印刷部分，这意味着他会十分仔细地关注合同细节以确保没有不利的条款隐藏在用以撰写合同的专用法律术语中。一旦表示赞同，合同就将牢牢约束签约双方，即使签约之后发生了双方都未曾预料的事也不可违约。

"假如签约双方有了争议，则低语境文化的交际者就会竭力通过参照合同条款来解决分歧。而高语境文化的交际者则会更有可能在精确的合同条款之外去考虑公关因素和情景因素。事实上，对于高语境文化的交际者说来，情景因素要比严密的合同条款更为重要。"

（资料来源：廖国强.中西方文化差异与商务交际［M］.北京：外语教学与研究出版社，2015.）

启发思考：在谈判中，人际关系处于重要的地位。在西方人的谈判桌上，只有自主自利，不会受到过多环境因素的干扰。而中国人则重关系、重人情，总希望在谈判中能够多交朋友，达成交易，注重建立长远关系，或者利用自己的人际关系在谈判中获得更有利的地位。

二、商务谈判背景调查的手段

在商务谈判中，企业应该不断地收集各种信息，为制定战略目标提供可靠依据；同时，对于某一具体谈判，又要有针对性地调查具体情况。调查要寻求多种信息渠道和调查方法，确保调查的结果能全面、真实、准确地反映现实情况。企业信息收集主要有以下几种渠道：

1. 背景调查的渠道

（1）印刷媒体。主要通过报纸、杂志、内部刊物和专业书籍中登载的消息、图表、数字、照片来获取信息。这个渠道可提供比较丰富的各种环境信息、竞争对手信息和市场行情的信息。

（2）互联网。互联网是21世纪非常重要的获取资料的渠道。在网络上可以方便快捷地查阅国内外许多公司信息、产品信息、市场信息等。

（3）电视媒介。可通过电视播放的有关新闻资料，如政治新闻、经济动态、市场行情、广告等获取相关信息。其优点是迅速、准确、现场感强；缺点是信息转瞬即逝，不易保存。

（4）统计资料。统计资料主要包括各国政府或国际组织的各类统计年鉴，也包括各银行组织、国际信息咨询公司、各大企业的统计数据和各类报表。其特点是材料详尽，而且往往是原始数据。

（5）会议。通过参加各种商品交易会、展览会、订货会、企业界联谊会、经济组织专题研讨会来获取资料。其特点是信息新鲜度高，获得的信息有价值。

（6）各种专门机构。各种专门机构包括国内贸易部、对外贸易部、对外经济贸易促进会、各类银行、进出口公司、本公司在国外的办事处、分公司、驻各国的大使馆等。

（7）知情人士。例如，各类记者、公司的商务代理人，以及当地的华人、华侨、驻外使馆人员、留学生等。

2. 资料的加工整理

（1）资料的鉴别和分析。应剔除某些不真实的信息、没有足够证据证明的信息、带有较多主观臆断色彩的信息，保存那些可靠的、有可比性的信息，避免造成错误的判断和决策。

（2）资料归纳和分类。将原始资料按时间顺序、问题性质、反映问题角度等要求分门别类地排序，以便更明确地反映问题的各个侧面和整体面貌。

（3）资料的研究分析。从表面现象探求其内在本质，运用正确的逻辑由此问题推理到彼问题，由感性认识上升到理性认识，然后做出正确的分析。

（4）问题的判断和结论。对谈判决策提出有指导意义的意见，供企业领导和谈判者参考。

（5）写出背景调查报告。调查报告是调查工作的最终成果，对谈判有直接的指导作用。调查报告不仅要有充足的事实、准确的数据，还要对谈判工作起指导作用。

通过对谈判资料的整理，可以对谈判双方在谈判中所处的地位、各自最大的需求及让步的范围和幅度、谈判的时限等有一个清醒的认识。这样，在谈判中就能做到审时度势、进退自如。

【案例 4-1】

二手资料的重要性

1964年4月20日《人民日报》登载了题为《大庆精神大庆人》的文章，肯定了中国有大庆油田。但是大庆油田在哪里呢？

以后《中国画报》又刊登了大庆油田"王铁人"的照片。日本人从"王铁人"戴的皮帽及周围景象推断：大庆地处 −30 摄氏度以下的东北地区，大概在哈尔滨和齐齐哈尔之间。

日本人通过测量运送原油火车上灰土的厚度，证实了这个油田到北京之间的距离。

之后，《人民中国》杂志有一篇关于"王铁人"的文章，提到了马家窑这个地方，并且还提到钻机是用人推、肩扛运至现场的。日本人推测此油田距车站不远，并进一步推断就在安达车站附近。日本人对中国东北的地图非常清楚，从地图上，他们找到了马家窑，它是中国黑龙江省海伦县东南的一个小村庄，并依据马家窑推测出大庆油田的地址。进而日本人又从一篇报道王铁人 1959 年国庆节在天安门广场观礼的消息中分析出，1959 年 9 月王铁人还在甘肃省玉门油田，以后便消失了，这就证明大庆油田的开发时间自 1959 年 9 月开始。

日本人对《中国画报》上刊登的一张炼油厂的照片进行研究，那张照片上没有人，也没有尺寸，但有一个扶手栏杆。依照常规，栏杆高 1 米左右，按比例，日本人推断了油罐的外径，换算出内径为 5 米，并推算出大庆油田的年产量约为 360 万吨。

（资料来源：聂元昆 . 商务谈判学［M］. 北京：高等教育出版社，2008.）

启发思考：谈判成功与否和掌握的信息息息相关。所有信息的收集和管理，可以说是影响谈判顺利与否、成功与否的关键。案例中日本人通过报纸、杂志、内部刊物所透露的图片和文字等来获取信息。因此，商务谈判者要多阅读有关报刊，从中获取有用的信息，并进行收集和整理；在日常的工作和生活中应该时刻关注相关行业信息的演变并持续进行系统性的收集，其中同行企业和潜在合作者的信息尤为重要。谈判对手信息的收集不是一日之功，只有日积月累、坚持不懈才会有最终的收获。

第二节　商务谈判计划的制订

一、商务谈判计划的要求

1. 商务谈判计划的合理性

商务谈判计划要有一定的合理性，必须基于周密、细致的调查和准确、科学的分析，真正体现出企业的根本利益和发展战略，并能对谈判人员起到纲领性指导作用。谈判计划的合理性需要考虑以下几个方面的问题。

（1）合理只能是相对合理，而不能做到绝对合理。现实中任何一个可行方案都难以达到绝对合理的要求。这是由于制订计划前所掌握的资料和各类信息不可能绝对准确和全面，对社会环境、经济环境、谈判对手的评价和预测不可能绝对正确，谈判过程中会发生偶然因素的影响，会出现意外的变化，谈判人员的思想水平、认识能力都有一定的局限性。所以，很难制订出一个绝对合理的谈判计划，谈判计划的合理性也只能是一个相对概念。

（2）"合理"是一个应该从理性角度把握的概念。任何谈判都不可能十全十美，也不容易达成最满意的目标。幻想没有任何妥协和让步，而获得全盘胜利是不现实的。谈判不能以最理想的方案为目标，而只能以比较令人满意的目标为评估标准。如果符合国家大政方针和企业根本利益，有利于企业长远合作和发展，能够在确保可接受的最低限度的基础上实现期待的目标值，就是一个合理的计划。

（3）合理是谈判双方都能接受的合理。谈判计划虽然是己方人员制订给内部成员的，但它应该是和对方进行过多次接触和交流之后，并在一些关键性问题达成共识之后制订的，因此其合理性已经体现了对方的意愿。此外，计划目标能否实现，谈判策略能否奏效，让步幅度是否合适等均受到对方态度的影响，如果只顾己方利益和条件，而不考虑对方各种因素，那么这个计划的合理性无从谈起。

2. 商务谈判计划的实用性

商务谈判计划要力求简明、具体、清楚，要尽量使谈判人员容易记住其主要内容和基本原则。商务谈判计划涉及的概念、原则、方法、数字、目标一定要明确，不要因为含糊而导致理解上的混乱。计划内容还要做到具体，不能过于空泛和抽象。

3. 商务谈判计划的灵活性

谈判过程中各种情况都可能突然发生变化，要使谈判人员在复杂多变的形势中取得比较理想的结果，就必须使谈判计划具有一定的灵活性。谈判人员在不违背根本原则的情况下，根据情况的变化，在其权限允许的范围内灵活处理有关问题，取得较为有利的谈判结果。谈判计划的灵活性表现在以下几方面：要有多个可供选择的目标；根据实际情况可选择某一种方案；指标有上下浮动的余地，还要把可能发生的情况考虑在计划中，如果情况变动较大，原计划不适合，则可以实施备用计划。

二、商务谈判计划的内容

商务谈判计划主要包括谈判目标的确定、谈判策略的部署、谈判议程的安排等内容。

1. 谈判目标的确定

谈判目标指谈判要达成的具体目标。它指明了谈判的方向和需要达到的目的、企业对本次谈判的期望水平。商务谈判的目标主要是以满意的条件达成交易，确定正确的谈判目标是保证谈判成功的基础。谈判目标可分为以下三个层次：

（1）最低限度目标。最低限度目标是在谈判中对己方而言毫无退让余地，必须达成的最基本的目标。对己方而言，宁愿谈判破裂，放弃商贸合作项目，也不愿接受比最低限度目标更低的条件。因此，也可以说最低限度目标是谈判者必须坚守的最后一道防线。

（2）可接受的目标。可接受的目标是谈判人员根据各种主、客观因素，经过对谈判对手的全面评估，对企业利益的全面考虑、科学论证后所确定的目标。这个目标是一个区间或范围，即己方可努力争取或做出让步的范围，谈判中的讨价还价就是在争取实现可接受的目标，所以，可接受目标的实现往往意味着谈判取得成功。

（3）最高期望目标。最高期望目标是对谈判者最有利的一种理想目标，实现这个目标，将最大化地满足己方利益。当然己方的最高期望目标可能是对方最不愿接受的条件，因此很难实现。但确立最高期望目标是很有必要的，它既可以激励谈判人员尽最大努力去实现高期望目标，也可以很清楚地评价出谈判最终结果与最高期望目标存在多大差距。在谈判开始时，以最高期望目标为报价起点，有利于在讨价还价中使己方处于主动地位。

谈判目标的确定是一项非常关键的工作。首先，不能盲目乐观地将全部精力放在争取最高期望目标上，而很少考虑谈判过程中会出现的种种困难，以免造成让己方束手无策的被动局面。谈判目标要有一定的弹性，要确定上、中、下限目标，根据谈判实际情况随机应变、调整目标。其次，最高期望目标不止一个，可能同时有多个目标，在这种情况下就要对各个目标进行排序，朝最重要的目标努力，可在其他次要目标上进行让步。最后，对于己方最低限度目标要严格保密，绝对不可透露给谈判对手，因为这是商业机密。一旦疏忽大意透露了己方最低限度目标，就会使对方主动出击，使己方陷于被动。

2. 谈判策略的部署

谈判目标明确之后，就要拟定实现这些目标所采取的基本途径和策略。谈判策略一般包括开局策略、报价策略、磋商策略、成交策略、让步策略、打破僵局策略、进攻策略、防守策略、语言策略等，要根据谈判过程可能出现的情况，事先有所准备，做到心中有数，在谈判中灵活运用这些策略。

3. 谈判议程的安排

谈判议程的安排对谈判双方都非常重要，议程本身就是一种谈判策略，必须高度重视这项工作。一般谈判议程要说明谈判时间的安排和谈判议题的确定。谈判议程可由一方准备，也可由双方协商确定。

（1）时间安排。时间安排即确定谈判在什么时间举行、需要多长时间、各个阶段时间如何分配、议题出现的时间顺序等。谈判的时间安排是议程中的重要环节。如果时间安排得很仓促，准备不充分，匆忙上阵，谈判者就会心浮气躁，很难沉着冷静地在谈判中实施各种策略；时间安排得拖沓，不仅会耗费大量的时间和精力，而且随着时间的推迟，各种环境因素都会发生变化，还可能错过一些重要的机遇。从"时间就是金钱，效率就是生命"的观点来看，精心安排好谈判时间是很有必要的。

谈判过程中时间的安排要讲究策略。一是对于主要的议题或争执较大的焦点问题，最好安排在总谈判时间进行到 3/5 时提出，这样既经过了一定程度的交换意见，有一定基础，又不会使其拖延得太晚而显得仓促。二是合理安排好己方各谈判人员发言的顺序和时间，尤其是关键人物的发言和关键问题的提出应选择最成熟的时机，当然也要给对方人员足够的时间表达意向和提出问题。三是对于不太重要的议题、容易达成一致的议题可以放在谈判的开始阶段或即将结束阶段，把大部分时间用在关键性问题的磋商上。四是己方的具体谈判期限要在谈判开始前保密，如果对方摸清了己方的谈判期限，就会在时间上用各种方法拖延，待到谈判期限临近时才开始谈论正题，迫使己方为急于结束谈判而匆忙接受不理想的结果。

（2）确定谈判议题。谈判议题就是谈判双方提出和讨论的各种问题。确定谈判议题要明确己方应提出哪些问题、讨论哪些问题。要把所有问题进行全盘比较和分析。要明确哪些问题是主要议题，列入重点讨论范围；哪些问题是非重点问题；哪些问题可以忽略；这些问题之间是什么关系，在逻辑上有什么联系。要预测对方会提出哪些问题，哪些问题是需要己方必须认真对待、全力以赴去解决的；哪些问题可以根据情况做出让步；哪些问题是可以不予讨论的。

（3）通则议程与细则议程的内容。通则议程是谈判双方共同遵照使用的日程安排，一般要经过双方协商同意后方能正式生效。在通则议程中，通常应确定以下一些内容：一是谈判总体时间及各分阶段时间的安排；二是双方谈判讨论的中心议题，尤其是第一阶段谈判的安排；三是列入谈判范围的各种问题，问题讨论的顺序；四是谈判中各类人员的安排；五是谈判地点及招待事宜。

细则议程是对己方参加谈判策略的具体安排，只供己方人员使用，具有保密性。其内容一般包括以下几个方面：一是谈判中的统一口径，如发言的观点、文件资料的说明等；二是对谈判过程中可能出现的各种情况的对策安排；三是己方发言的策略，如何提出问题、提什么问题、向何人提问、谁来提问、谁来补充、谁来回答对方问题、谁来反驳对方提问、什么情况下要求暂时停止谈判等；四是谈判人员更换的预先安排；五是己方谈判时间的策略安排、谈判时间期限。

【案例 4-2】

谈判目标

成立于 1984 年，由中国科学院计算所投资 20 万元，11 名科技人员创办的联想公司于 2002 年 3 月斥资 5 500 万港元，以现金形式入股汉普管理咨询（中国）有限公司（以下简称汉普），取得汉普 51% 股权，这次并购活动无论是对联想还是汉普来说都是有利的。但在双方的谈判过程中，还是出现了许多冲突。就联想而言，他们是想借助汉普的力量来推动联想其他层面服务的运转，还想以此带动 PC、服务器等产品的销售。可以说，利用资本手段进入一个新的市场，依靠收购和兼并完成自己在 PC 领域的战略布局是联想这次并购活动的主要目标。

1997 年成立的汉普，在成立前五年当中一直以每年 200% 以上的速度飞速增长，到了 2002 年，汉普已经成为国内最具影响力的管理咨询公司之一。汉普拥有一支了解中国文化并掌握国际先进理念的专业管理人才队伍，兼具强大的信息系统和本地化研发能力。多年来，汉普与多家国际领先 IT 企业建立了密切的合作关系，具有良好的客户基础。在联想并购汉普成功后的所有利润都归联想所有，而且联想还以一个较低的价格拥有了新汉普 51% 的股权。

最终的并购协议证明，联想的确实现了自己的主要目标，但是也因此付出了相当大的代价：新公司保留汉普品牌；汉普原来的总裁依旧是新汉普的总裁；联想账上 20 亿元资金，可以由汉普合理使用。联想做出的这些让步确实很合汉普的胃口，不过联想也因此实现了最重要的目标。这就是商务合作过程中的一般规律——有得必有失。

启发思考：在谈判中，任何一方都想实现更多的目标。但事情往往不遂人愿，于是为了实现主要目标，只能牺牲次要目标。商务谈判者不仅应分清己方的主次目标，还应设法明确谈判对手最想实现的目标以及其他谈判目标，只有这样，才能更好地掌握妥协的方式和力度，最终达成以最小的让步换取最大利益的核心目标。

第三节　商务谈判地点的选定

商务谈判地点的选定，往往涉及一个谈判的环境心理因素问题，有利的场所能提高己方的谈判地位，增加己方的谈判信心。人们发现动物在自己的"领域"内最善于保卫自己。人也是一种有领域感的动物，他与自己处的场所、所拥有的物品等有着密不可分的联系，离开了这些，他就会产生无所依附之感。美国心理学家泰勒尔及其助手兰尼做过一个有趣的实验，证明人在自己客厅里谈话更能说服对方。因为人们有一种心理倾向：在自己所属的领域内交谈，无须分心去熟悉环境或适应环境；而在自己不熟悉的环境中交谈，往往会变得无所适从，导致出现正常情况下不该有的错误。可是，很多人都将注意力集中在谈判的关键问题上，却忽略了外部环境对谈判氛围的影响。谈判地点将对谈判产生积极的还是消极的影响？这可能取决于当初对谈判地点所作的决定。

商务谈判地点的选定一般有以下几种方式：一是在己方地点谈判，二是在对方地点谈判，三是在双方地点之外的第三地点谈判，四是在双方所在地交叉谈判。不同地点均有其优缺点，需要谈判者充分利用地点的优势，克服地点的劣势，变不利为有利。

一、在己方地点谈判

（1）对己方的有利因素。一是谈判者在家门口谈判，有较好的心理态势，自信心比较强。二是己方谈判者无须耗费精力去适应新的地理环境、社会环境和人际关系，从而可以把精力更集中地用于谈判。三是可以选择己方较为熟悉的谈判场所进行谈判，按照自身的文化习惯和喜好布置谈判场所。四是作为东道主，可以通过安排谈判之余的活动来主动掌握谈判进程，并且从文化上、心理上对对方施加潜移默化的影响。五是"台上"人员与"台下"人员的沟通联系比较方便，谈判队伍可以非常便捷地随时与高层领导联络，获取所需的资料和指示，谈判人员的心理压力相对比较小。六是谈判人员免去了车马劳顿，以逸待劳，能够以饱满的精神和充沛的体力去参加谈判。七是可以节省去外地谈判的差旅费用和旅途时间。

（2）对己方的不利因素。一是谈判人员由于身处公司所在地，不易与公司工作彻底脱钩，经常会由于公司事务需要解决而受到干扰，分散注意力。二是由于离高层领导近，联系方便，会产生依赖心理，一些问题不能自主决断而频繁地请示领导，也会造成失误和被动。三是己方作为东道主要负责安排谈判会场以及谈判中的各种事宜，要负责对方人员的接待工作，安排宴请、游览等活动，所以己方负担比较重。

二、在对方地点谈判

（1）对己方的有利因素。一是己方谈判人员可以全身心投入谈判，避免主场谈判时来自工作单位和家庭事务等方面的干扰。二是在高层领导规定的范围，更有利于发挥谈判人员的主观能动性，减少谈判人员的依赖性，不必频繁地请示领导。三是可以实地考察对方公司的产品情况，获取直接的信息资料。四是己方省却了作为东道主所必须承担的招待宾客、布置场所、安排活动等项事务。

（2）对己方的不利因素。一是由于谈判地点与公司本部相距遥远，某些信息的传递、资料的获取比较困难，某些重要问题也不易及时与领导磋商。二是谈判人员对当地环境、气候、风俗、饮食等不适应，加之旅途劳累、时差不适等因素，会使谈判人员身体状况受到不利影响。三是在谈判场所的安排、谈判日程的安排等方面处于被动地位。另外，己方也要防止对方过多安排活动而消磨谈判人员的精力和时间。

三、在双方地点之外的第三地点谈判

第三地点谈判通常被相互关系不融洽、信任程度不高的谈判双方所选用。

（1）对双方的有利因素。在双方所在地之外的地点谈判，对双方来讲是平等的，不存在偏向，双方均无东道主优势，也无作客他乡的劣势，策略运用的条件相当。

（2）对双方的不利因素。双方首先要为谈判地点的确定而谈判，地点的确定要使双方都满意也不是一件容易的事，在这方面要花费不少时间和精力。

四、在双方所在地交叉谈判

有些多轮谈判可以采用在双方所在地轮流交叉谈判的办法。这样做的好处是对双方都是公平的，也可以各自考察对方的实际情况，各自担当东道主和客人的角色，对增进双方相互了解、融洽感情有好处。

【案例 4-3】

日本人的谈判智慧

日本的钢铁和煤炭资源短缺，而澳大利亚盛产铁和煤，在国际贸易中澳大利亚不担心其销售情况。按理说，日方谈判地位低于澳方，澳方在谈判桌上占据主动权。可是，日方经常把澳方的谈判人员请到日本去谈生意。一旦澳方人员到了日本，他们的行为都比较谨慎，讲究礼仪，而不至于过分侵犯东道主的利益，因而日方和澳方在谈判桌上的相互地位就发生了显著的变化。澳方过惯了富裕舒适的生活，派出的谈判代表到了日方不过几天，就急于回到故乡，所以在谈判桌上常表现出急躁的情绪，而作为东道主的日方谈判代表可以不慌不忙地讨价还价，他们掌握了谈判桌上的主动权，结果日方仅以少量招待费作"鱼饵"，就钓到了"大鱼"，取得了很好的谈判效果。

（资料来源：聂元昆. 商务谈判学［M］. 北京：高等教育出版社，2008.）

启发思考：谈判地点的选定，往往涉及一个谈判的环境心理因素问题，它对于谈判效果具有一定的影响。谈判地点的合理选定会大大增强谈判桌上取胜的砝码。人总是置身于一定环境中，并与环境互相作用、互相影响。人能够很敏感地接收到环境所释放出来的信息，同时，人自身才华的发挥和能量的释放，也与自己所处的环境密切相关。

第四节　商务谈判场所的选择与布置

一、商务谈判场所的选择

商务谈判场所的选择应该满足以下几个方面要求：①所在地交通、通信方便，便于有关人员往来，便于满足双方通信要求；②环境优美安静，避免外界干扰；③生活设施良好，使双方在谈判中不会感到不方便、不舒服；④医疗卫生、安全条件良好，使双方能精力充沛、安心地参加谈判；⑤作为东道主应当尽量征求客方人员的意见，使客方满意。

【小故事 4-2】

谈判场所的选择

1958 年阿登纳访问法国并与戴高乐举行会晤，戴高乐选择了他在科隆贝的私人别墅接待阿登纳。这个别墅的环境十分优雅，房屋的布置虽说不上华丽，但能给人非常舒适的感觉。会谈在戴高乐的书房里举行。阿登纳进入书房后，举目四望，周围都是书橱，收藏有各种史学、哲学、法学著作。阿登纳认为，从一个人的书房陈设就可以了解这个人的很多方面。后来他多次向其左右谈到戴高乐的书房给他留下的良好印象。首次会谈给双方留下的良好而深刻的印象，奠定了之后签订法国—德国友好条约的基础。

启发思考：商务谈判的环境布置很重要。选择谈判环境，一般看自己是否感到有压力，如果有，说明环境是不利的。不利的谈判场所包括嘈杂的环境、极不舒适的座位、谈判房间的温度过高或过低等。心理学家 N.L. 明茨早在 20 世纪 50 年代就敬过这样一个实验：他把实验对象分别安排到两个房间里，一间窗明几净，典雅庄重；另一间凌乱不堪。他要求每人必须对 10 张相片上的人做出判断，说出他（或她）是"精力旺盛的"还是"疲乏无力的"，是"满足的"还是"不满足的"。结果在洁净典雅房间里的实验对象倾向于把相片上的人看成"精力旺盛的"和"满足的"；在凌乱不堪房间里的实验对象则倾向于把相片上的人看成"疲乏无力的"和"不满足的"。这个实验表明环境是会影响人的感知的。

从礼仪要求讲，一般合作式谈判应安排布置好谈判环境，使之有利于双方谈判的顺利进行。

二、商务谈判场所的布置

较为正规的谈判场所可以有三类：一是主谈室，二是密谈室，三是休息室。

1. 主谈室的布置

主谈室应当宽大舒适，光线充足，色调柔和，空气流通，温度适宜，使双方能心情愉快、精神饱满地参加谈判。主谈室一般不宜装设电话，以免干扰谈判进程，

或泄露相关机密。主谈室也不要安装录音设备，录音设备对谈判双方都会产生心理压力，使之难以畅所欲言，从而影响谈判的正常进行。但如果双方经协商需要录音，也可专门配备录音设备。

2. 密谈室的布置

密谈室是供谈判双方内部协商机密问题单独使用的房间。它最好靠近主谈室，有较好的隔音性能，室内应配备黑板、桌子、笔记本等物品，窗户上要有窗帘，光线不宜太亮。作为东道主，绝不允许在密谈室安装微型录音设施偷录对方密谈信息。作为客户在对方场所谈判，使用密谈室时一定要提高警惕。

3. 休息室的布置

休息室是供谈判双方在紧张的谈判间隙休息用的，应该布置得轻松、舒适，以放松双方紧张的神经。室内最好布置一些鲜花，放一些轻柔的音乐，准备一些茶点，以便调节谈判双方的心情，舒缓气氛。

4. 谈判双方座位的安排

谈判双方座位的安排对谈判气氛，对内部人员之间的交流，对谈判双方便于工作都有重要的影响。谈判座位的安排也要遵循国际惯例，讲究礼节。通常可安排两种方式就座。

（1）双方各居谈判桌的一边，相对而坐（见图4-1）。谈判桌一般采用长方形条桌。按照国际惯例，以正门为准，主人应坐在背门一侧，客人则面向正门而坐。主谈人或负责人居中而坐，翻译安排在紧靠主谈人右侧的座位上，其他人员依职位或分工分两侧就座。

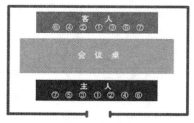

这种座位安排方法适用于比较正规、严肃的谈判。它的好处是双方相对而坐，中间有桌子相隔，有利于己方信息的保密，一方谈判人员相互接近，便于商谈和交流意见，也可形成心理上的安全感和凝聚力。它的不利之处在于人为地造成双方对立感，容易形成紧张、呆滞的谈判气氛，对融洽双方关系有不利的影响，需要运用语言、表情等手段缓和这种紧张对立的气氛。

图4-1 横桌式谈判排位

【小故事 4-3】

在球场谈判

在运动成为时尚的今天，越来越多的人选择在球场进行谈判，这样，可以一边谈判，一边休闲。但是，在球场谈判时，一定要调查清楚对方有多在乎运动的胜负，从而决定了为了顺利开展谈判，是否需要"放水"。

高尔夫球、网球、台球、保龄球等，是很多商务人士青睐的运动，很多生意都是在球场上谈出来的。因此，想要成为一名出色的谈判者，就必须学会这些球类运动。壳牌石油公司在进行新员工训练时，每周都有两个晚上专门让员工练习打高尔夫球。

启发思考：从心理学角度分析，影响人的情感因素有很多，其中特定的环境往往起着很大的作用。有什么样的谈判气氛，就会产生什么样的谈判结果，轻松、和谐和友善的谈判环境便于使双方建立融洽的感情，从而使谈判得以顺利进行。正是由于谈判气氛在整个谈判过程中的重要性，所以谈判者要善于创造有利的谈判气氛。

（2）双方人员混杂交叉就座。可用圆形桌或不用桌子，双方在围成一圈的沙发上混合就座。这种就座方式适合于双方比较了解、关系比较融洽的谈判。它的有利之处是双方不表现为对立的两个阵营，有利于融洽关系，活跃谈判气氛，减轻心理对立情绪。其不利之处是双方人员被分开，每名成员有一种被分割、被孤立的感觉。同时，也不利于己方谈判人员之间协商问题和资料保密。

总之，谈判场景的选择和布置要服从谈判的需要，要根据谈判的性质、特点，以及双方之间的关系、谈判策略的要求而决定。

 思考题

1. 社会环境中的各种因素对商务谈判会产生哪些影响？
2. 背景调查有哪几种方法？
3. 谈判通则议程与细则议程有何异同点？
4. 谈判信息情报收集的主要内容有哪些？
5. 怎样确定谈判目标？谈判目标的基本内容包括哪些？
6. 制订谈判计划主要考虑哪些因素？

 推荐阅读

商务谈判前的准备、座位安排、签字仪式

第五章
商务谈判人员的气质、性格与素质能力

【学习目的及要求】

了解商务谈判人员应具备的气质和性格，以及对商务谈判人员的素质要求。

【案例导入】

病人与强盗的故事

美国作家欧·亨利笔下的这个故事十分精彩。一天晚上，一个人由于生病躺在床上，突然，一个蒙面大汉跳进阳台，几步就来到床边。他手中握着一把手枪，对床上的人厉声道："举起手！起来！把你的钱都拿出来！"躺在床上的病人哭丧着脸说："我患了十分严重的风湿病，手臂疼痛难忍，哪里举得起来啊！"强盗听后一愣，口气马上变了："哎，老哥！我也有风湿病，可是比你的轻多了。你得这种病多长时间了？都吃过什么药？"躺在床上的病人从水杨酸钠到各类激素药都说了一遍。强盗说："水杨酸钠不是好药，那是医生骗钱的药，吃了它不见好也不坏。"两人热烈讨论起来，尤其对一些骗钱的药物的看法颇为一致。两人越谈越投机，强盗早已在不知不觉中坐在床上，并扶病人坐了起来。突然强盗发现自己还拿着手枪，面对手无缚鸡之力的病人，他觉得十分尴尬，赶紧偷偷地将手枪放进衣袋之中。为了弥补自己的罪过，强盗问道："有什么需要帮忙的吗？"病人说："咱们也算有缘分，我那边的酒柜里有酒和酒杯，你拿过来，庆祝一下咱们的相识吧。"强盗说："干脆咱们到外边酒馆喝个痛快，怎样？"病人苦着脸说："可是我的手臂太疼了，穿不上衣服。"强盗说："没事，我能帮忙。"于是，他帮病人穿戴整齐，然后扶着他向酒馆走去。可刚出门，病人就大叫："噢，我还没带钱呢！""没关系，我请客。"强盗答道。

启发思考：一名成功的谈判者应具有良好的心理调控能力。特别是在逆境下，谈判人员要有足够的耐心，控制好情绪，善于进行自我调节，临危不乱。案例中的病人在整个谈判过程中始终头脑清醒、冷静，保持灵敏的反应能力，用智慧来应对，具有较好的心理素质，从而成功地摆脱了危险的处境。

商务谈判是一种沟通活动，人是其活动的主体，因此对谈判人员的素质要求就更加不可忽视。

商务谈判是双方为了满足各自的经济利益需要，对涉及各方切身利益的分歧交换意见并进行磋商，谋求取得一致和达成协议，从而达到双赢的经济活动。谈判作为一门科学，需要谈判人员具备良好的谈判技巧和策略；作为一门艺术，要求谈判人员具备良好的素质。

由于商务谈判的特殊性，因而对商务谈判人员具有较高的要求。一名优秀的商务谈判人员可以使企业在谈判中取得成功，从竞争中胜出。优秀的商务谈判人员不仅要具备良好的品德和丰富的知识，还要具备杰出的心理素质和能力，所以，商务谈判人员的综合素质是企业取得谈判成功的关键。

第一节　商务谈判人员需要具备良好的气质和性格

作为一名合格的商务谈判人员，其良好的气质和性格可以充分赢得对方的尊重，使其在谈判过程中能够表现得大方、爽快、活泼、严肃、谨慎、老练、幽默和热情，而一个内向、多疑、刻薄、急躁及心胸狭窄的人则不适宜作为一名合格的谈判人员。良好的气质和性格是谈判人员获得谈判成功的有利条件。

一、气质

有的人性情急躁、易发脾气，有的人沉着冷静、三思而行，有的人动作伶俐、思维敏捷，有的人动作迟缓、语言乏力，这些都是人们气质特征的表现。

气质从生理机制上说是由神经系统的兴奋和抑制的强度、平衡性和灵活性决定的，同时也受到内分泌系统的影响，所以气质具有明显的"天赋性"。既然是天赋，一般就是稳定的，不太容易改变，这也就是我们平常所说的"江山易改，本性难移"。当然这种稳定也是相对的，在生活环境和教育的影响下，气质可以在一定程度上改变，这就是气质的可塑性。

保加利亚的心理学工作者皮罗夫发现气质特点是随年龄变化的。在心理学上，一般将人的气质划分为多血质、胆汁质、黏液质和抑郁质四种典型的类型，这四种类型具有不同的行为表现。

多血质：活泼好动、思维敏捷、反应迅速，喜欢与人交往，注意力易转移，兴趣易变换，具有外倾性。

胆汁质：直率、热情，精力旺盛，反应迅速，行为刻板，情绪易冲动，心境变化剧烈，具有外倾性。

黏液质：安静、稳重，反应缓慢，沉默寡言，情绪不易外露，注意力稳定，但难以转移，善于忍耐，具有内倾性。

抑郁质：孤僻迟缓，情绪体验深刻，善于觉察他人不易觉察的细节，具有内倾性。

心理学研究表明：不同的活动或工作对人的心理及其特点有不同的要求。一般来说，多血质的人较适合做社交性、文艺性、多样性、要求反应敏捷且均衡的工作，而不太适应做需要细心钻研的工作。他们可从事范围广泛的职业，如外交人员、律师、运动员、演员等。胆汁质的人适合从事反应迅速、动作有力、应急性强、冒险性大、难度高而费力的工作。黏液质的人适合从事有条不紊、按部就班、平静、耐受性高的工作。抑郁质的人适合从事持久而细致的工作。但心理学上有一条公理，即气质没有好坏优劣之分，不能说这种气质好，那种气质不好，只是由于人的神经活动的动力特点不同而已。

气质的类型一般不能决定人们成就的高低和事业的成败，每种气质都有自己的优点，也都有自己的不足。

从商务谈判角度看，气质理论具有两个方面的重要意义。

（1）商务谈判人员应充分了解自己的气质特点，发挥优势，克服不足。作为一名商务谈判人员，首先应当充分了解自己的气质特点。如果自己属于胆汁质的谈判者，就要充分运用自身精力充沛、反应迅速的特点，同时尽可能给谈判营造直率热情的谈判氛围，但又要自觉地防止在谈判遇到阻力或出现僵局时沉不住气，感情冲动。如果自己是多血质的谈判者，就应该充分发挥自己思维敏捷、反应迅速、善于交际的特点，同时尽量克服自己注意力不稳定、兴趣容易转移的缺点。如果自己属于黏液质或抑郁质的谈判者，就应当充分发挥自己沉着镇静、认真细心的特点，自觉克服语言迟钝、反应缓慢的缺点，从而做到扬长避短。不仅如此，如果谈判是以团队的形式进行的，就要了解己方谈判团队人员的气质特点，以便使己方谈判人员达到气质上的互补，从而获得"1+1>2"的效应。

（2）根据对手不同气质特征，采用不同的谈判策略。作为一个商务谈判者，不仅要对自己的气质特点了如指掌，而且应当准确把握谈判对手的气质特点，以便根据谈判对手不同的气质类型采用不同的谈判策略。

一个高明的商务谈判者应当在谈判一开始就能根据对方的语速、行为动作的快慢以及眼神和面部表情对对方的气质特点做出比较准确的判断，从而使己方谈判策略或谈判战术的使用更具有针对性。

如果一个商务谈判者对自身气质特点的了解是为了充分发挥优势、克服不足，对谈判对手气质特点的把握则是为了有效地利用其缺点，从而使谈判朝着有利于己方的方向发展。一般来说，如果对手是一个胆汁质的谈判者，在谈判中容易性情急躁、刚愎自用，甚至不计后果，针对这些弱点，己方可适时适当地采用休会策略和疲劳战术，逐渐消磨其锐气，使己方谈判目标顺利实现。当然有时也可根据情况采用"激将法"，使其失去意志控制，从而达到己方的目的。如果对手是多血质的谈判者，在谈判中往往容易转移注意力，兴趣容易变化，针对这些弱点，己方可以采用后发制人和声东击西的策略，即把重要问题放在稍后一段时间进行谈判。在讨价还价阶段，可有意将对方的注意力引导或转移到己方的次要问题上去，从而提高议题在对方心目中的价值。如果对手是黏液质或抑郁质的谈判者，他们往往思维缓慢，语言行为迟钝，而且常常优柔寡断，但非常细心，注意力稳定，针对这些特点，己方可以适当采用速战速决或"最后通牒"战术，即根据己方需要向对方规定谈判截止的最后时限。

二、性格

性格是一个人表现在对待现实的态度和行为方式上比较稳定的心理特征。比如，一个人是积极还是消极，是认真负责还是粗心大意，是满腔热情还是尖酸刻薄，是谦虚谨慎还是高傲自负等。

性格主要是后天习得的。与气质相比较，性格确有好坏优劣之分。性格既具有稳定性也具有可塑性。性格是由诸多特征构成的。

有表现在对待现实态度的特征，包括对社会、集体、他人的态度，也包括对劳动、工作、学习的态度，还包括对自己的态度。有表现在意志方面的特征，既包括有无明确的行为目标，还包括对行为的自觉控制能力，乃至在紧急或困难条件下处理问题的能力。有表现在情绪方面的特征，包括情绪活动的强度、情绪活动的稳定性、情绪的持久性和主导心境。有表现在理智方面的特征，即在感知、记忆、想象、思维等认识过程中的态度和活动方式上的差异。

一名谈判人员应当努力获得和培养自己具有如下几种性格品质：

（1）热情主动。作为一名谈判人员，必须具备热情主动的性格品质，这对于营造良好的谈判氛围，把握和驾驭谈判过程是必不可少的。我们认为无论谈判出现何种局面，具有热情主动性都是有益无害的。与热情主动相反的是冷漠被动，一个冷若冰霜、满脸"阶级斗争"的谈判者是很难获得良好的谈判效果的。所以，一名商务谈判人员应当努力培养锻炼自己热情主动的性格，这种培养和锻炼不仅是在谈判实践中进行，而且还应在日常生活中进行。

（2）沉着冷静。作为一名商务谈判人员，沉着冷静的性格特征也是必备的。在谈判中会遇到各种复杂的谈判局面，有些局面对己方来说是不愉快的，如谈判对手的讽刺、挖苦，在讨价还价过程中对方依仗某种优势盛气凌人、不可一世都是可能遇到的。越是在这种时候，就越需要己方谈判人员沉着冷静，做到"猝然临之而不惊，无故加之而不怒"，甚至"泰山崩于前而色不变"。一名谈判人员如果缺乏沉着冷静的性格，遇事慌张冲动，手足无措，就难以获得应有的谈判成果。心理学研究表明，一个人的思维、智力只有在"清风徐来，水波不兴"的平静心理背景下才能有效地发挥作用。

如果遇事紧张冲动，人的意志监督作用就会失调，做出的事情和说出的话往往缺乏理智，容易给谈判目标的实现带来不良后果。另外，己方谈判人员是否沉着冷静也会给对方谈判人员造成不同的心理效应。

如果己方谈判人员在谈判遇到麻烦时能够沉着冷静、临阵不乱，就会使对方感到高深莫测并肃然起敬；反之，如果己方谈判人员遇到困难时惊慌失措、大发雷霆，就会使对方感到己方有失风度，缺少见识，从而失去与己方合作的兴趣。

所以，作为一名商务谈判人员，应当努力培养和锻炼自己沉着冷静的性格。

（3）勇敢果断。作为一名商务谈判人员，在谈判中可能会遇到各种各样棘手的问题，特别是一些事先没有预料的临时出现的新情况，这时能否做到随机应变、冷静处理十分重要。

某公司一位经理介绍，俄罗斯的市场变化非常大，他本来与那里的客户约好去谈木材或化肥项目，可到了目的地对方突然要改谈汽车项目，对这些他事前毫无准备。这时就需要根据市场行情当机立断，如果此时他优柔寡断、犹豫不决，生意就会被他人抢走。在讨价还价时也存在这种问题。有一次，黑河边贸某公司进行羽绒服（中方物资）与汽车（俄方物资）的易货贸易谈判，俄方坚持22万元一台，而我方的限价是21万元一台，这时如果我方硬要坚持21万元，根据市场情况，对方可能终止谈判，另觅新伙伴，而我方就会失去一个难得的机会。此时我方经理当机立断、拍板定案，获得谈判的成功。勇敢果断与盲目武断和优柔寡断是截然不同的。勇敢果断是一种自觉的、理智的决断，而武断是一种盲目的、缺乏自制的不得已的行为。

（4）不卑不亢。作为商务谈判人员，无论在何种情况下都应保持不卑不亢的品格。所谓不卑不亢，就是在谈判活动中既不高傲自负，盛气凌人，拒人于千里之外，也不卑躬屈膝，奴颜媚骨，仰人鼻息。在谈判中，要做到谦虚而不失自尊，自信而不高傲，落落大方又不失礼节。特别是在国际商务谈判中，这一点尤其重要。正如黑河边贸某公司经理所说，"我们在国外，一是代表个人，二是代表公司，三是代表国家，因此我们对自己的言谈举止要十分注意"。据我们对一些谈判负责人的了解，他们普遍认为"做买卖不能不要人格，不能不要自尊"，这就是不卑不亢品格的具体体现。

（5）独立自强。在心理学中按照个体独立性的程度，可以将性格划分为独立型和顺从型。独立型的人遇事有主见，善于独立思考，不易受他人意见的暗示和干扰；顺从型的人遇事缺乏主见，不善于独立思考，易受他人意见的暗示和干扰。

对于个体对个体的谈判，必须要求己方谈判人员具有独立的个性，有主见，能通过自己的独立思考做出决断，不被环境因素所左右。

如果是一个谈判集体，那么其成员中可以有顺从型的人，提供专业和技术方面的知识，但其主要领导必须具有独立型品格，能够统一全体成员的意志，做出决断。也就是说，在一个谈判集体中，作为一个具体成员可以是顺从型人格，但整个谈判集体必须具有独立性，不受谈判对手的暗示和干扰，从而保证谈判按照既定的目标进行。

此外，商务谈判人员还应具备精益求精、一丝不苟、持之以恒的性格品质。

【小故事 5-1】

不同性格的人沟通

A 问 B："现在是什么时间了？"

B 回答："很晚了。"

A 有些吃惊，说："我问的是时间！"

但 B 仍然坚持说："到了该走的时间了。"

A 有些不耐烦了："喂，看着我的嘴，告诉我现在的时间！"

B 同样不耐烦了："五点刚过！"

A 恼羞成怒，大吼道："我问你的是具体时间，我要明确的回答！"

怎料到，B 自以为是地说："你为什么总要这么挑别呢？"

启发思考：对于同一件事，不同性格的人描述的结果也会不同。案例中两个人的问答差异来源于不同的思维和行为倾向，也就是性格本质不同。不同性格之间的差异是客观存在的，每个人都应该在认识和尊重这种差异性的基础上进行沟通，这样才能构建良好的人际关系。

第二节　商务谈判人员应具有良好的素质

商务谈判是企业之间的业务沟通活动，谈判人员的素质则直接关系到谈判的成败。素质是人的品质与技能的综合，指人们在先天因素的基础上，通过接受后天的教育和客观实践锻炼形成的，经过有选择、有目标、有阶段的努力训练而产生的结果。在商务谈判过程中，对方会设置更多的阻力进行对抗，也会有各种突发情况出现，在这种情况下，需要谈判人员具有良好的素质，能够在各种压力和挑战面前沉着冷静地应对，从而在谈判中取得胜利。

一、谈判人员要有自信和开拓精神

优秀的谈判者往往有一定的创造力，有丰富的想象力，有勇于拼搏的精神、顽强的意志和毅力。他们愿意接受不确定性，敢于冒险，把谈判看成一个竞技场，要大展身手，与对手好好较量一番。

在他们看来，拒绝是谈判的开始，越有竞争性，他们会变得越勇敢，从而争取更好的目标。所以，他们从来不在谈判之前就锁定自己的方案。在认真执行计划的同时，他们也会努力拓展自己的想象空间。即便是在双方达成一致的基础上，他们也会寻找达成协议的更好选择。

二、谈判人员要有高度的责任感和原则性

谈判人员必须有高度的责任心和原则性，自觉遵守组织纪律，维护组织利益；必须严守组织机密，不能自作主张，毫无防范，口无遮拦；要一致对外，积极主动。优秀的谈判人员的理念：一旦坐到谈判桌前，谈判者就要彼此尊重，并在此基础上展开智勇较量。但最终目的不是压倒对方，也不是置对方于死地，而是为了沟通和调整，使双方都能满足己方的基本要求，达成一致意见。

作为一名合格的谈判人员，首先要尊重国家和民族的利益，只有这样才能更好地为实现企业的利益而努力；其次要做到维护国家的主权和民族的尊严，这点对涉外谈判人员尤为重要；再次要具有高度的责任感、事业心、原则性和纪律性；最后要有高尚的品格，能够廉洁奉公、不谋私利。

三、谈判人员需要坚韧精神并尊重对手

商务谈判桌上就好比战场，只是这是一场没有硝烟的战争，在谈判过程中出现紧张、对立和争执都是不可避免的。当这种局面出现时，如果谈判者不具有良好的自制力，无法控制自己的情绪，则会导致举止失态、言行不当，从而破坏谈判的气氛，导致谈判的失败。一个合格的商务谈判人员，在谈判过程中要具有良好的自制力，不会由于谈判顺利而过于乐观，也不会因为对手的刁难而灰心丧气，能够克制自己的脾气，从而避免双方发生言语上的冲突。

要懂得尊重对方。谈判双方谈判的目的是进行更好的合作，所以谈判就应该建立在相互尊重、平等相待的基础上，只有这样才能确保合作的成功。作为谈判人员，不仅要懂得自尊，还要尊重对手，不要为了交易成功而出卖自己的尊严。另外，谈判时应充分尊重对方的利益和意见，尊重对方的民族信仰和生活习惯。

四、谈判人员要具有丰富的知识

作为一名优秀的谈判人员，不仅要具备扎实的基础知识，还要具备较强的专业知识，因为基础知识是一块基石，可以充分发挥一个人的智慧和才能，而专业知识则代表其能够胜任这项工作的能力。所以，作为优秀的谈判人员，其知识应越发广博，不仅要具有良好的适应能力，还要具有较强的工作能力。在谈判桌上，谈判人员时刻会面临突发局面，这就需要其具有良好的应变能力，而应变能力的高低与知识面的宽窄具有直接的关系，而且随着知识面的拓宽，其对谈判需求的适应性也不断增强。作为一名商务谈判人员，必须掌握经济学、民俗学、行为科学、地理知识、心理学等丰富的基础知识。同时，应具备必要的商贸理论和经济理论知识，掌握商务谈判的有关理论和技巧，熟悉商品学、市场营销学、经营策略、商品运输、贸易知识、财务经营管理知识等，熟悉并了解本专业范围内的产品性能、维修服务、成本核算等专业知识，精通各国文化习俗和谈判思维，精通 WTO 规则，能够解决贸易争端，善于组织国际商务谈判等。

五、谈判人员要具有较好的身体素质

谈判工作并不是简单地只凭"说"就能完成任务的，很多谈判在时间和任务上都有要求，而在谈判过程中不仅消耗体力，而且消耗脑力，所以健康的身体对于一名谈判人员来说极其重要。谈判人员的年龄应有一个适当的跨度，通常以 35～55 岁为宜，因为这个年龄段的人不仅具有充沛的精力，而且拥有丰富的工作经验，处于事业心、进取心和责任心上升的阶段，思路敏捷，可以更好地胜任谈判工作。但在实际谈判工作中，由于谈判内容和要求具有较大的差异性，所以对谈判人员的年龄结构需要灵活掌握。

在现代企业经营过程中，商务谈判作为一门科学，由于涉及的学科较多，所以已成为企业经营中的重要一环。企业在市场经济中面临着激烈的竞争，而优秀的商务谈判人员又是企业在竞争中取得优势的前提条件，所以企业需要加强谈判人员的培养，而谈判人员也需要在自身的基础上加强理论修养和实践的磨炼，不断地利用知识来充实和丰富自己，从而成为一名具有良好素质的优秀谈判人员。

第三节　商务谈判人员的能力要求

从某种程度上讲，商务谈判是双方谈判人员的实力较量，是刚毅的手腕和谋略的巧妙设计的结合，谈判的成效如何，很多时候取决于谈判人员的能力。

在波澜壮阔的历史进程中，许多重大历史事件无不闪耀着谈判者超人的智慧和令人赞叹的谈判技巧。例如：古代苏秦、张仪合纵连横；晏子使楚，不辱使命；蔺相如完璧归赵；等等。他们的个人形象和谈判风格都给我们留下了深刻的印象。

一名优秀的谈判人员需要具备良好的能力，具体表现在以下几个方面：

一、观察判断能力

在谈判过程中谈判人员应该注意观察对方的行为，从而发现对方的想法。通过对方表现出来的手势、眼神、面部表情判断其内心活动，有针对性地展开谈判策略。依据交易双方的经济实力在双方交锋的谈判桌上灵活应变，能根据谈判的内外环境和主客观条件，正确判断谈判的发展趋势。谈判是双方心理和智慧的较量过程，一个人的心理活动可以通过表情、身体姿势等表现出来。谈判者观察对方的相关情况，大到遣词造句、态度立场，小到观察肢体语言暗示，读懂对方一个手势、一个眼神的潜台词，洞察对方的心理世界，进而随机应变。同时，能迅速根据掌握的信息和对方的言谈举止对谈判对手的真实意图加以分析，做出合理判断，从而取得谈判的优势。尽管观察能力在谈判中非常重要，但是许多谈判人员在商战中缺乏应有的警惕性。原因在于，他们太过于在意自己的想法，而无暇倾听他人的意见；过于沉湎于自己的思考中，不能顾及或注意不到他人做的事情。这在某种程度上大大地影响了谈判的效率，影响了谈判者臆测的准确性。谈判人员不但要善于察言观色，还要具备对现场情况做出正确分析和判断的能力，观察判断是商务谈判中了解对方的主要途径。

在第二次世界大战中，德军的一位参谋根据法国阵地坟地上出现的一只波斯猫，判断出坟墓下肯定有法国的指挥部，从而一举摧毁了法国的阵地。因为在战争期间，普通士兵是不会养这种高贵的猫的，而这只猫每天上午九点会准时到坟地上晒太阳，他的主人肯定距离坟地不远。可见，只有通过准确、仔细的观察判断，才能为了解对方、辨别信息真伪提供强有力的依据。

二、较强的逻辑思维能力

商务谈判人员要思路开阔敏捷，判断力强，决策果断。对方往往会用许多细枝末节的问题进行纠缠，而把主要的或重要的问题掩盖起来，或故意混淆事物之间的前后、因果关系。作为谈判人员应具备抓住事物主要矛盾和主要方面的能力。同时要思路开阔，不要被某一事物或某一方面所局限，而要从多方面考虑问题。判断准确、决策及时，这些能力对于谈判人员来说格外重要，提高这方面的能力就要善于倾听对方的意见并把握对方的意图。谈判是双方相互交换意见，但有些人思维敏捷，容易冲动，往往对方的话刚说一半，就自以为领会了对方的意思，而迫不及待地发表自己的意见，这是不可取的。在风云变幻的谈判场上，不要忽视任何蛛丝马迹，掌握谈判对手的动向，抓住稍纵即逝的机会，果断地决策，以免贻误良机。

三、灵活的现场调控能力

善于应变、权宜通达、机动进取是谈判者必备的能力。随着双方力量的变化和谈判的进展，谈判中可能会出现比较大的变动。如果谈判人员墨守成规，谈判要么陷入僵局，要么走向破裂。所以，优秀的谈判人员要善于因时、因地、因势而随机应变。著名的主持人杨澜在现场调控能力方面的表现令人拍案叫绝。一次，杨澜在广州天河体育中心主持大型文艺晚会，节目进行到中途，她在下台阶时不小心摔倒，正当观众为这种意外情况吃惊时，她从容地站起来，诙谐地说："真是人有失足、马有失蹄啊！刚才我这个狮子滚绣球的表演还不太到位，看来，我这次表演的台阶还不太好下，不过，台上的表演比我精彩得多，不信，你看他们！"观众听到她略带自嘲的即兴发挥，忍不住笑起来。就这样，杨澜巧妙地把观众的注意力吸引到了台上。

四、巧妙的语言表达能力

实质上谈判是人与人之间思想观念、意愿感情的交流过程，是重要的社交活动。谈判人员不仅要善于与不同的人打交道，也要善于应对各种社交场合。这就要求谈判人员应该有较强的口语表达能力。简洁、准确的表达能力是谈判人员的基本功。谈判高手往往说话准确，技巧性与说服力强，表达方式富有艺术感染力，并且熟悉专业用语、合同用语等。谈判高手与素不相识的对手坐在一起，可以通过恰如其分的表达打破沉默，扭转僵局；情理交融的说理常可以起到力挽狂澜、转危为安的奇效；巧妙的拒绝就像航船避开暗礁，可以避免出现难堪的窘境；理直气壮地反驳可以把被动转为主动、将劣势转为优势。要对对手的表达字斟句酌地加以推敲，同时要善于言谈，口齿清晰，思维敏捷，措辞周全，善于驾驭语言，有理、有利、有节地表达己方的观点。谈判人员还要具备较强的文字表达能力，要精通与谈判相关的各种公文、协议、合同、报告书的写作，要有较强的对书面文件的理解能力，以及独立起草协议、合同的能力。谈判重在谈，谈判的过程也就是谈话的过程，得体的谈判语言很有分量。所以，谈判人员必须有能娴熟驾驭语言的能力。古今中外，许多著名的谈判大师也是出色的语言艺术家。

有一次，美国和苏联关于限制战略武器的协定刚刚签署，基辛格向随行的美国记者介绍情况。当谈到苏联生产的导弹大约每年有 250 枚时，一位记者问："我们的呢？"基辛格回答说："数目我虽知道，但不知道是否需要保密。"该记者回答："不需要保密。"基辛格立即反问道："那么，请你告诉我，是多少呢？"在回答那些应该回避的问题时，为了使自己不陷入尴尬的境地，巧妙地运用语言可以避免对抗性谈判。

五、心理承受能力

谈判人员宽广的心胸、良好的修养能为双方进行观点的表述搭建一个稳固的平台。通常，他们都具有极高的涵养，在顺境时不骄不躁，不目中无人；在逆境时会保持良好的进取心态，不把自己的缺点和错误强加给他人；当他人侮辱自己时，不以牙还牙，而是宽大为怀，以智慧来应对。具有这种非凡气质的谈判人员，言行举止中自然流露出来的力量会使对方在心理上不敢轻视。

六、注重礼仪礼节

礼仪礼节作为一种道德规范，是人类文明的重要表现形式。任何行业都有一定的礼仪规范。在谈判中，礼仪礼节作为交际规范，是对客人表示尊重，也是谈判人员必备的基本素养。

在谈判桌上，一名谈判者的彬彬有礼、举止坦诚、格调高雅，往往能给人带来赏心悦目的感觉，能为谈判营造一种和平友好的气氛。反之，谈判者的无知和疏忽不仅会使谈判破裂，还会产生恶劣的影响。因此，谈判的不同阶段要遵循一定的礼仪礼节。

商务谈判涉及巨大的经济利益，所以谈判人员必须博学多才，掌握一定的谈判技能，将彼此的利益置于首位，努力实现双赢。

 思考题

1. 一名商务谈判者为什么要了解对手的气质特征？
2. 对商务谈判人员有哪些素质要求？
3. 谈谈对商业谈判人员现场调控能力的要求。
4. 谈谈自己的性格特征。

第六章
商务谈判组织与管理

【学习目的及要求】

掌握商务谈判团队构成的原则；做到在模拟谈判中进行良好的合作与分工；了解商务谈判团队的管理。

【案例导入】

范蠡救子

范蠡是战国时期越王勾践的谋士，一次他的次子因杀人被囚禁在楚国的监狱里，他决定派自己最小的儿子携带一千两黄金到楚国去通融一下，以便把二儿子救出来。范蠡的大儿子因父亲派小弟而没派他而觉得被轻视，竟然要自杀。范蠡见此，不得不改变主意，只好派长子前去楚国，并写了一封书信带给自己的好友庄生。同时告诫长子，到了楚国一定要把这一千两黄金送到庄生家，由他赎回次子，万万不能与庄生因为任何事情发生争执，否则会坏事。范蠡的长子来到楚国后，把一千两黄金送到庄生家。庄生看了书信后明白了他的意思，于是让他马上离开楚国，一刻都不要耽搁，而且保证他弟弟会立即被保释出来。范蠡的长子听了之后，假装离去，然后自作主张偷偷地留了下来，藏在一个朋友家里。

一天，庄生觐见楚王，对楚王说自己夜观天象，发现楚国将有一场大灾难，只有实施仁政才能够消除这场大灾难。庄生建议楚王大赦天下，把监狱里的囚犯全部释放，这样就可以避免这场灾难。楚王听了庄生的话，下令赦免囚徒。范蠡的长子听说以后认为既然楚王要大赦天下，自己的弟弟也应该被释放，自己带来的一千两黄金就白费了。于是他又来到庄生家里。庄生问他为什么没有回越国，他说听说弟弟马上就要被释放了，特地前来辞行，庄生立即明白了他的来意，就让他把那一千两黄金带了回去。等范蠡的长子离开后，庄生非常愤怒，心想被他骗了："我把你弟弟给救出来了，为什么还要把黄金要回去？既然你这样，那我也不客气了。"于是庄生又一次去见楚王，他对楚王说："大王本来是想实施仁政以消除灾祸，但现在人们传说范蠡的儿子因为杀人被囚禁在楚国，他家拿了好多黄金贿赂大王手下，所以大王的赦免不是为楚国的百姓，而是范蠡使用了黄金的原因，消息一旦传开，大王您的威望可就大大降低了。"楚王听了以后，心想，范蠡竟敢在我国如此放肆，立即下令先依罪把范蠡的二儿子杀掉，然后再赦免监狱里的其他犯人。

（资料来源：《史记·货殖列传》。）

启发思考：选择谈判人员应根据谈判内容、谈判人员的素质和能力要求而定，该例中范蠡迫于大儿子的压力调换使者，导致事情失败。在当时情况下，要求对使者具有善于应变、权宜通达的能力。案例中提到的庄生，是一个自尊心极强的人，范蠡大儿子对庄生的性格缺少了解，对当时内外环境和条件没有做出正确的分析和判断，缺少"进退有据"的智慧。

在商务谈判中，人的作用占第一位。在同等条件下，不同的人出面谈判得到的结果可能大不相同。对谈判活动的有效组织和管理将会放大个人的力量，并且形成一种新的力量，这就是组织的总体效应。组织力量的来源，一方面是组织成员的个人素质和能力，另一方面是组织成员之间的协同能力。

第一节　商务谈判团队的构成 ①

一、商务谈判团队的规模

组建商务谈判团队首先应考虑的就是规模问题，即商务谈判团队的规模多大才是最合适的。

根据商务谈判团队的规模，可将商务谈判分为一对一的个体谈判和多人参加的集体谈判。个体谈判即参加谈判的双方各派出一名谈判人员完成谈判的过程。美国人常采取此种方式进行谈判，他们喜欢单独或在谈判桌上只有极少数人的情况下谈判，并风趣地称之为"孤独的守林人"。个体谈判的好处在于：在授权范围内，谈判者可以随时根据谈判桌上的风云变幻做出自己的判断，不失时机地做出决策以捕获转瞬即逝的机遇，而不必像集体谈判那样，对某一问题的处理要先在内部取得一致意见，然后再做出反应，导致贻误战机；也不必担心对方向己方谈判成员中较弱的一人发动攻势以求个别突破，或利用计谋在己方谈判人员之间制造意见分歧，从中渔利。一个人参加谈判独担责任，不会依赖他人和推诿责任，可以全力以赴，因此会有较高的谈判效率。

---

① 樊建廷. 商务谈判［M］. 大连：东北财经大学出版社，2007.

只有一个谈判者也有缺点，即它只适用于谈判内容比较简单的情况。在现代社会里，谈判往往是比较复杂的，涉及面很广。谈判涉及的知识领域包括商业、贸易、金融、运输、保险、海关、法律等多方面，谈判中所要运用及收集的资料也非常多，这些绝非个人的精力、知识、能力所能胜任的。

通常情况下，谈判团队的人数在三人以上。首先，由多人组成谈判团队，可以满足谈判多学科、多专业的知识需要，谈判人员之间可以取得知识结构上的互补，发挥综合的整体优势。其次，谈判人员分工合作、集思广益、群策群力，形成集体智慧的优势。常言道，"三个臭皮匠，顶过一个诸葛亮""一个人是一条虫，齐心协力一条龙"。因此，成功的谈判有赖于谈判人员集体智慧的发挥。

谈判团队人数的多少没有统一的标准，谈判的具体内容、性质、规模以及谈判人员的知识、经验、能力不同，谈判团队的规模也不同。实践表明，直接上谈判桌的人不宜过多。若谈判涉及的内容较广泛、较复杂，需要由各方面的专家参加，则可以把谈判人员分为两部分，一部分主要从事背景材料的准备，人数可适当多一些；另一部分直接上谈判桌，这部分人数与对方人数相当为宜。从现代谈判研究来看，谈判组织以四人为宜，当然这里指的四人是动态的，因谈判的需要，四人是可以调换的。在谈判中应注意避免对方出场人数很多，而己方人数很少的情况。

二、商务谈判团队构成的原则

1. 知识互补

知识互补，一是指谈判人员需要具备良好的专业基础知识，能迅速有效地解决可能出现的各种问题，在知识方面相互补充，形成整体的优势。例如，谈判人员分别精通商业、外贸、金融、法律、专业技术等知识，就会组成一支知识全面又各自精通一门专业的谈判队伍。二是谈判人员理论知识与工作经验的互补。谈判队伍中既要有精通某方面理论的学者，也要有身经百战具有丰富实践经验的谈判老手，学者或专家可以发挥理论知识和专业技术特长，谈判老手可以发挥见多识广、成熟老练的优势，这样知识与经验互补，才能提高谈判队伍的整体战斗力。

2. 性格协调

谈判队伍中的谈判人员性格要互补协调，发挥不同性格的优势，互相弥补不足，这样才能发挥出整体队伍的最大优势。性格活泼开朗的人具有善于表达、反应敏捷、处事果断的优点，但是性情可能比较急躁，认识问题也可能不够深刻，甚至会疏忽大意；稳重沉静的人，办事认真细致，说话比较谨慎，原则性较强，看问题比较深刻，善于观察和思考，理性思维较明显，但是他们缺少热情，不善于表达，反应相对较迟钝，处理问题不够果断，灵活性较差。若这两类性格的人组合在一起，分别担任不同的角色，可以发挥出各自的性格特长，实现优势互补、协调合作。

3. 分工明确

谈判团队中每个人都要有明确的分工，担任不同的角色。每个人都有自己特殊的任务，不能工作越位，角色混淆。遇到争论不能七嘴八舌、争先恐后地发言，发言时要有主角和配角，要有中心和外围，要有台上和台下。当然，分工明确的同时要注意，大家都是为一个共同的目标通力合作、协同作战。

三、商务谈判团队成员的构成

1. 谈判人员配备

谈判团队要成为精明能干、配合默契的一支强有力的队伍，要求每名谈判成员不仅精通其专业方面的知识，对其他领域的知识也要熟悉，这样才能彼此密切配合。例如，商务人员要懂得一些法律、金融方面的知识，法律人员要懂得一些技术方面的知识，技术人员要懂得一些商务和贸易方面的知识，等等。

（1）谈判负责人。他负责整个谈判工作，领导谈判队伍，有领导权和决策权。有时谈判负责人也是主谈人。

（2）商务人员。由熟悉商业贸易、市场行情、价格形势的贸易专家担任，负责经济贸易的对外联络工作。

（3）技术人员。由熟悉生产技术、产品标准和科技发展动态的工程师担任，在谈判中负责有关生产技术、产品性能、质量标准、产品验收、技术服务等问题的谈判，也可作为商务谈判中价格决策的技术顾问。

（4）财务人员。由熟悉财务会计业务和金融知识，具有较强的财务核算能力的财会人员担任。其主要职责是对谈判中的价格核算、支付条件、支付方式、结算货币等与财务相关的问题把关。

（5）法律人员。由精通经济贸易相关的各种法律条款及法律执行事宜的专职律师、法律顾问或本企业熟悉法律的人员担任。职责是做好合同条款的合法性、完整性、严谨性的把关工作。

（6）翻译。由精通外语、熟悉业务的专职或兼职翻译担任，主要负责口头与文字翻译工作，沟通双方意图，配合谈判运用语言策略。在涉外商务谈判中，翻译的水平将直接影响谈判双方的有效沟通和磋商。

除以上几类人员外，还可配备其他辅助人员，但是人员数量要适当，要与谈判规模、谈判内容相适应，尽量避免不必要的人员设置。

2. 谈判人员的分工与配合

谈判人员的分工是指每名谈判者都有明确的工作范围，都有自己适当的角色，各司其职。谈判人员的配合是指谈判人员之间思路、语言、策略的互相协调，步调一致，要确定各类人员之间的主从关系、呼应关系和配合关系。

（1）主谈与辅谈的分工与配合。主谈指在谈判的某一阶段，或针对某些方面的议题时的主要发言人，或称谈判首席代表；除主谈以外的小组其他成员处于辅助配合的位置上，故称为辅谈或陪谈。

主谈是谈判工作能否达成预期目标的关键性人物，其主要职责是将已确定的谈判目标和谈判策略在谈判中加以实现。主谈需要深刻理解各项方针政策和法律法规、本企业的战略目标和商贸策略，具备熟练的专业技术知识和较广泛的相关知识，有较丰富的商务谈判经验，思维敏捷，善于分析和决断，有较强的表达能力和驾驭谈判进程的能力。另外，有权威气度和大将胸怀，并能与谈判组织中其他成员团结协作、默契配合，统领谈判队伍共同为实现谈判目标而努力。

主谈必须与辅谈密切配合才能真正发挥主谈的作用。在谈判中己方一切重要的观点和意见都应由主谈表达，尤其是一些关键的评价和结论更要由主谈表述，辅谈绝不能随意发表个人观点或与主谈不一致的结论。辅谈要配合主谈起到参谋和支持作用。在主谈发言时，辅谈自始至终都应对其提供支持。例如，通过口头语言或身体语言做出赞同的表示，并随时拿出相关证据证明主谈观点的正确性等。当对方集中火力，多人多角度刁难主谈时，辅谈要尽力帮主谈摆脱困境，从不同角度对抗对方的攻击，加强主谈的谈判实力。当主谈谈到辅谈所熟知的专业问题时，辅谈应给予主谈更详尽、更充足的证据支持。例如，在进行合同条款谈判时，商务人员为主谈，其他人员处于辅谈地位；在进行合同条款谈判时，专业技术人员和法律人员应从技术的角度和法律的角度对谈判问题进行论证，提供依据，给予主谈有力的支持。在协商合同的条款时，有关条件的提出和对方条件的接受与否都应以主谈为主。主谈与辅谈的身份、地位、职能不能发生角色越位，否则谈判会因为己方乱了阵脚而陷于被动。

（2）"台上"和"台下"的分工与配合。在比较复杂的谈判中，为了提高谈判的效果，可组织"台上"和"台下"两套班子。台上人员是直接在谈判桌上谈判的人员，台下人员是不直接参与谈判，而是为台上谈判人员出谋划策或准备各种必需的资料和证据的人员。一种台下人员是负责该项谈判业务的主管领导，可以指导和监督台上人员按既定目标和准则行事，维护企业利益，他们往往是幕后操纵者，台上人员在大的原则和总体目标上接受台下团队的指挥，谈判成交时也必须征得台下人员的认可，但是台上人员在谈判过程中仍然具有随机应变的战术权利。另一种台下人员是具有专业水平的各种参谋，如法律专家、贸易专家、技术专家等，他们主要发挥参谋职能，向台上人员提供专业方面的参谋和建议，台上人员有权对其意见进行取舍或选择。当然台下人员不能过多、过滥，也不能过多地干预台上人员，要充分发挥台上人员的职责权力和主观能动性，争取实现谈判目标。

【案例 6-1】

沃尔玛的谈判团队

广东一家乐器制造厂的邹经理惴惴不安地走进会议室，谈判桌前坐着五位沃尔玛的谈判代表。邹经理的需求很简单，他有一个约 6000 人的工厂，他需要沃尔玛 20 万把吉他的订单，以维持工厂的运转和盈利。但是谈判对手显然是有备而来，他们已经掌握了足够多的信息。

邹经理一开始便被沃尔玛谈判团队的气势所压倒——沃尔玛的谈判代表侃侃而谈，他们能清楚地说出中国现在有多少家乐器厂、规模多大、各自生产哪些产品和半成品。"他们是非常职业化的商人。"邹经理开始深呼吸，"虽然沃尔玛的谈判队伍中没有乐器圈的人，但显然，他们对这一行业的市场有足够的了解。"更重要的是，沃尔玛的谈判队伍透露给邹经理一个重要信息——同行的企业都在争做这批订单。由于沃尔玛的采购量大，邹经理还是接受了沃尔玛开出的条件。沃尔玛的报价让邹经理每把吉他获得的利润只有之前普通订单的一半。但这还不是沃尔玛所要求条件的全部，更让邹经理不可思议的是，沃尔玛提出，要把电吉他的音箱部分订单交给另一家工厂生产，而只让邹经理的企业生产吉他机身和负责组装，这让邹经理的利润再减少 5%。最后，邹经理了解到了沃尔玛的"良苦用心"，"一家在香港地区注册的公司以来料加工的名义，找到上海一家工厂生产音箱，由于电吉他是销往美国的，因此沃尔玛直接和这家公司签订采购协议，可以免除进口关税。如果直接从上海工厂采购则需要加增进口关税"。邹经理认为自己在和沃尔玛谈判团队的交手中，对方确实是有备而来，没想到他们的谈判队伍对专业知识如此了解，他们利用产品的特点分解了订单，获得了更大的利润空间。

（资料来源：盛安之 . 成大事必备的 99 个谈判技巧［M］. 北京：企业管理出版社，2008.）

启发思考：沃尔玛谈判团队在谈判前充分掌握了谈判对手、竞争者、市场行情及企业自身等方面信息，知彼知己，从而取得谈判的成功。谈判专家首先应当是业务专家，谈判人员必须熟悉本次谈判所涉及的有关交易方面的内容和信息。仅熟悉谈判技巧，对市场及专业方面的知识一无所知的谈判者，在谈判中是不可能占到上风的。

第二节　商务谈判团队的管理

要使谈判取得成功，不仅要组建一支优秀的谈判队伍，还要通过有效的管理，使谈判团队提高谈判力，从而使整个队伍朝着正确的方向工作，实现谈判的最终目标。谈判团队的管理包括谈判团队负责人对谈判团队的直接管理和高层领导对谈判过程的宏观管理。

一、商务谈判团队负责人对谈判团队的直接管理

1. 商务谈判团队负责人的挑选和要求

商务谈判团队负责人应当根据谈判的具体内容，参与谈判人员的数量和级别，从企业内部有关部门中挑选，既可以是某一个部门的主管，也可以是企业最高领导。商务谈判团队负责人并不一定是己方主谈人员，但他必须是直接领导和管理谈判的人。在选择团队负责人时要从以下几个方面考虑：

一是具备较全面的知识。谈判负责人本身除应具有较高的思想政治素质和业务素质外，还必须掌握谈判所涉及的多方面知识。只有这样才能针对谈判中出现的问题提出正确的见解、制定正确的策略，使谈判朝着正确的方向发展。

二是具备果断的决策能力。当谈判遇到机遇或是障碍时，谈判负责人能够敏锐地利用机遇，解决问题，做出果断的判断和正确的决策。

三是具备较强的管理能力。谈判负责人必须具备授权能力、用人能力、协调能力、激励能力、总结能力，使谈判队伍成为具备高度凝聚力和战斗力的集体。

四是具备一定的权威地位。谈判负责人要具备权威性，有较大的权力，如决策权、用人权、否决权、签字权等；要有丰富的管理经验和领导威信，能胜任对谈判队伍的管理工作。谈判负责人一般由高层管理人员或某方面的专家担任，最好与对方谈判负责人具有相应的地位。

2. 商务谈判团队负责人管理职责

一是负责挑选谈判人员，组建谈判团队，并就谈判过程中的人员变动与上层领导进行协调。二是管理谈判队伍，调整好谈判队伍各成员的心理状态和精神状态，处理好成员间的人际关系，增强队伍凝聚力，使成员团结一致、共同努力，以实现谈判目标。三是领导制订谈判计划，确定谈判各阶段目标和策略，并根据谈判过程中的实际情况灵活调整。四是主管己方谈判策略的实施，对具体的让步时间、幅度、谈判节奏的掌握、决策的时机和方案做出安排。五是负责向上级或者有关的利益各方汇报谈判进展情况，获得上级的指示，贯彻执行上级的决策方案，圆满完成谈判使命。

二、高层领导对商务谈判过程的宏观管理

1. 确定商务谈判的基本方针和要求

在商务谈判开始前，高层领导人应向谈判负责人和其他人员指出明确的谈判方针和要求，使谈判人员有明确的方向和工作目标。必须使谈判人员明确这次谈判的使命和责任是什么，谈判的成功或失败将会给企业带来怎样的影响，谈判的必达目标是什么，领导的满意目标是什么，谈判的期限是什么，谈判中哪些可以由谈判团队根据实际情况自行裁决，权限范围有多大，哪些问题必须请示上级才可以决定。对以上诸问题每个谈判者要做到心中有数、目标明确。

2. 在谈判过程中对谈判人员进行指导和调控

高层领导应与谈判者保持密切联系，随时给予谈判人员指导和调控。在谈判过程中情况会不断发展变化，有些重要决策需要高层领导批准；有时谈判外部形势发生变化，企业决策有重大调整，高层领导要及时给予谈判者指导或建议，发挥出指挥谈判团队的作用。一般来说，在遇到下述情况时，就有关问题与谈判人员进行联系是十分必要的。

一是当谈判过程中出现重大变化，与预料的情况差异很大，交易条件变化已超出授权界限时，需要高层领导做出策略调整，确定新的目标和策略。

二是当企业谈判团队获得某些重要的新信息，需要对谈判目标、策略做重大调整时，高层领导应及时根据新信息做出决定，授权谈判团队执行。

三是当谈判团队人员发生变动时，尤其是主谈人发生变动时，要任命新的主谈人，并明确调整后的分工和职责。

3. 关键时刻适当干预谈判

当谈判陷入僵局时，高层领导可以主动出面干预，可以会见谈判对方的高层领导或谈判团队，表达友好合作意愿，调解矛盾，创造条件使谈判走出僵局，顺利实现理想目标。

 思考题

1. 商务谈判一般有哪些人员参加？他们之间如何划分职责，又如何进行协调？

2. 谈判人员应具备哪些素质？你自己初步具备了哪些素质，还需要做哪些方面的努力？

3. 确定谈判组织规模的原则是什么？

4. 商务谈判队伍的最佳规模是多大？为什么？

5. 商务翻译人员应该具备哪些素质？

6. 谈判组织构成原则和人员配备方式是什么？

 案例讨论

如何组建高效的谈判团队

第七章
商务谈判中的价格谈判

【学习目的及要求】

了解影响价格形成的因素；掌握报价的原则并理解其内涵；了解报价先后的利弊，掌握其运用的条件；掌握如何确定还价的起点；掌握价格磋商中的8种让步方法及其适用条件。

【案例导入】

M公司的原材料采购谈判

来自法国里昂的M公司是一家高科技企业，拥有独特的全球液体透镜产品生产技术。为了降低生产成本，提高产品的市场竞争力，M公司将其液体透镜的生产全部放在中国进行，由承包商按照签约制造的合作模式代工生产。

在中国市场采购的原材料中，滤光片是金额最大、要求最高、技术最复杂的一项。M公司除了要满足在中国的大批量商品化生产的需求，还要满足在里昂总部的新产品研发的需求，因此除几个规格的滤光片属于大批量采购外，还有许多规格的滤光片只能做少量的零星采购。M公司的目标是将大批量采购的滤光片单价压到10美分以内，并且让零星采购的滤光片享有同样的单价。

滤光片生产技术已非常成熟，中国的制造商供应了全球90%以上的滤光片，生产者之间的竞争非常激烈。按照M公司的规格，其滤光片单价可以在5美分以下，但是M公司对滤光片的性能，尤其是镀膜性能以及产品品质提出了很高的要求，一般的小制造商由于技术、设备力量以及质量管理能力的不足，无法满足这些要求。国内少数几家大型滤光片制造商对高性能光学镀膜生产技术的掌控使他们对采用这种镀膜的滤光片的要价也提高了不少，而且他们似乎形成了价格同盟，共同抵抗客户的降价要求。M公司先后联系了具有相应生产能力的上海J公司、苏州A公司、杭州K公司、福州T公司，结果发现他们对大批量采购的报价均高于30美分，小批量采购的报价都超过了1美元，与M公司的期望值相去甚远。

经过审慎的分析，M公司认为，当前的高报价是少数供应商对生产技术的垄断造成的，而这种垄断的形成是以不同的供应商之间的价格同盟为基础的，一旦这种价格同盟被打破，报价必定会大幅跳水。进一步分析发现，这几家供应商彼此之间完全独立。因此，他们的价格同盟非常不稳固，完全可以通过某些策略来打破。

综合各种条件和信息后，M公司决定维持既定的价格目标，采取逐个击破的方法，瓦解中国供应商的价格同盟，为本公司获取最大化利益。

确定好战略目标和战术方针后，M公司首先邀约这几家供应商一起参加9月在上海举办的中国光博会精密光学展。在该展会上，M公司与几家重量级的液体透镜产品的应用客户一起，向所有的参展商展现了液体透镜及其应用产品无可比拟的技术的优越性和极其广阔的市场前景。由于这些应用客户都是诸如霍尼韦尔、三星电子这样的国际知名大企业，他们的现身说法极具说服力，立刻使这些滤光片制造商相信为M公司的液体透镜提供窗口滤光片将是一个可以长期获得巨额利润的商业机会。但是，尽管如此，为了获得更大的获利机会，一开始在展会上他们并没有急于向M公司表达降价供货的意愿。

为确保向客户提供品质卓越的液体透镜产品，M公司将执行与供应商分享利益的策略。具体将表现为针对每个类别的原材料，只保留一家合格供应商，只要供应商的产品及服务品质不出现合同中约定的不可接受的情形，M公司将不发展第二家供应商。另外，为了应对即将到来的产品销售的爆发式增长，合格供应商将在次年3月之前全部确定。

这下几家滤光片供应商按捺不住了，他们纷纷寻找机会向M公司总裁表达希望进一步商洽的意思，而此时总裁却表示展会期间事务繁忙，无法接待，请他们在会后安排时间单独来谈。展会一结束总裁就飞回了里昂，与滤光片供应商的谈判被顺理成章地延迟至11月。进入11月后供应商发现，12月法国公司将忙于年终总结和准备圣诞及新年假期，1月中国公司在忙同样的事情，1月和2月又是M公司对供应商资格评审及合同条款作分析和确认的时间，因此，每家供应商实际上只有一次谈判的机会。

高端滤光片的镀膜生产工艺复杂，设备投资巨大，运行和维护成本高昂。虽然这种滤光片的利润可观，但是它们的主要用户都在国外，欧、美、日三个区域的市场需求支撑着高端滤光片行业企业的生存和发展，尤以日本市场为甚，其需求占比超过50%。美国的金融危机基本上摧毁了北美市场，当前虽已进入恢复期，但是步履维艰；欧债危机的蔓延使欧洲市场的需求一落千丈，并且还在持续下滑。到2012年底，这几家企业全部因需求不足而陷入经营困境。M公司的需求对他们来说无异于沙漠中的一壶水，独饮则独生，无法分享。

接下来的谈判过程既简单又顺利，四家公司之间的价格同盟在谈判开始之前就土崩瓦解了，大家都争相让步以求成交。国有企业背景的上海J公司被安排第一个洽谈，J公司给出的底价是15美分，无法再让；接下来外资背景的福州T公司愿意做单价12美分的大批量订单，但是拒绝做小批量零星订单；民企苏州A公司直接答应了M公司的单价10美分的要求，但是同时要求大批量生产的最小订单量不低于500万片，零星采购量不低于1万片；同为民企的杭州K公司是M公司最心仪的对象，作为最后出场的对手，K 公司把单价进一步压缩到 9.8 美分，大批量订单量只要求 50 万片，零星采购量只要求 1 000 片。毫无疑问，M 公司选择了对自己最有利的 K 公司。

启发思考：M 公司准确地分析了自己和谈判对手之间的博弈态势，借助外部环境提供的机会，巧妙地运用了谈判技巧，步步为营，实现了预期的谈判利益。

首先，M 公司通过恰当的方法让供应商确信，M 公司的滤光片需求巨大，与之合作将获得可观的收益。在展会中借助大客户国际知名企业的业界权威身份，掩盖了 M 公司本身规模不大、知名度不高的短板，使自己想表达的意思成为不容置疑的信息。

其次，抓住外部机会，瞄准供应商之间与生俱来的竞争本性，以连横之术破其合纵，瓦解了对手的价格同盟。

最后，设定谈判的最后期限。大多数商务谈判是到了最后时刻才能成交的。M 公司的这种做法还使谈判的效率大大提高，以仅有的一次机会逼迫对手亮出自己的底价。

第一节　报　价

商务谈判报价指谈判一方向对方提出的有关整个交易的各项条件，包括标的物的质量、数量、价格、包装、运输、保险、支付、商检、索赔、仲裁等，其中价格条款是核心部分。

一、影响价格形成的因素

商品价格是商品价值的货币表现，是在市场交换过程中实现的。对于具体的商品来说，影响价格形成的直接因素主要有商品本身的价值、货币的价值以及市场的供求状况。上述每种因素本身是由许多因素决定的，而这些因素又处于相互联系、相互制约和不断变化之中，这就造成价格形成的复杂多变和具体把握价格问题的困难。从商务谈判的角度看，至少有以下一些影响价格的因素需要认真考虑。

1. 顾客的评价

某种商品是好是坏，价格是贵还是便宜，不同的顾客会有不同的评价标准。例如，一件款式新颖的时装，年轻人或以年轻人为主的销售对象认为，穿上这样的衣服潇洒、气派，与众不同，价格高点也可以接受；而老年人则偏重考虑面料质地如何，是否结实耐穿，并以此来评价价格是否合适。

2. 需求的急切程度

当"等米下锅"时，人们就不太计较价格了。所以，如果对方带着迫切需要某种原材料、产品、技术或工程项目的心情来谈判，那么他首先考虑的可能是交货期、供货数量以及能否尽快签约，而不是价格高低的问题。

3. 产品的复杂程度

产品越复杂、越高级，价格问题就越不突出。因为产品结构、性能越复杂，档次越高，其制作技术越复杂，生产工艺越精细，核算成本和估算价值就越困难。

4. 交易的性质

大宗交易或一揽子交易比那些小笔生意或单一买卖更能减小价格水平在谈判中的阻力。几万元在大宗交易中可能只是个零头，而在小本生意中却举足轻重。

5. 销售的时机

旺季畅销，淡季滞销。畅销时产品可以卖个好价钱，滞销时则往往不得不削价贱卖，以免造成产品积压，影响资金周转。

6. 产品或企业的声誉

产品或企业的声誉，以及谈判者的名声、信誉都会对产品价格产生影响。一般来说，人们都愿意花钱买好货或与重合同、守信誉的企业合作，对优质名牌产品的价格或声誉良好的企业的报价有信任感。

7. 购买方所得到的安全感

销售方向购买方展示产品的可靠性或做出承诺，提供某种保证或服务时，如能给对方一种安全感，则可以降低或冲淡价格问题在其心目中的重要性。

8. 货款的支付方式

在商品买卖或其他经济业务往来中，货款支付方式很多，按分类方式不同可分为现金结算、支票计算、信用卡结算或产品抵偿；一次性结清货款、赊账、分期付款、延期付款等。不同的货款支付方式对价格产生的影响有一定的差异。

9. 竞争者的价格

从卖方角度来看，如果竞争者的价格比较低，买方就会以此价格为参照和讨价还价的条件，逼迫卖方降价；反之，如果买方竞争者出价较高，则会使卖方在价格谈判中处于有利地位。

报价决策不是由报价一方随心所欲制定的，报价时需要考虑对方对这一报价的认可程度，即报价的有效性。报价的有效性首先取决于双方价格谈判的合理范围，同时还受市场供求状况、双方利益需求、产品复杂程度、交货期要求、支付方式等多方面因素影响。

在商务谈判中，谈判双方处于对立统一体中，他们既相互制约又相互统一，只有在对方接受的情况下，报价才能产生预期的结果。遵循报价原则有助于提高报价的有效性：通过反复比较和权衡，设法找出报价者所得利益与该报价被接受的概率之间的最佳组合点。

【案例 7-1】

技术费用谈判

甲公司是国内某著名商用车公司，在进行某型号商用车开发时，要进行整车外流场仿真设计（CFD），然而公司没有 CFD 分析工程师，也缺乏分析的软件与硬件设施，但这项工作事关整车产品的性能，必须做。因此，甲公司产品开发经理开始在国内外寻找有能力的 CFD 分析合作方，并展开了与多家设计咨询公司的多轮谈判。从技术谈判开始，到最终筛选出乙公司，历时半年。技术方案与实施方案谈判完成后，进入最后的商务谈判阶段。

乙公司虽然在澳大利亚享有盛誉，但从来没有在中国市场实施过项目，因此甲公司担心项目花费巨资后达不到预期效果。因此，甲公司希望在与乙公司的首次合作中，乙公司能免费给甲公司做一次 CFD 分析，如果首次合作效果良好，则考虑与乙公司进行长期合作。而乙公司在金融危机的背景下，急于拓展中国新业务以缓解企业财务危机，摆脱破产的风险，因此乙公司想凭借自己在 CFD 方面丰富的经验和口碑，在中国第一个项目中获得较高的利润。

谈判就在这样的背景下开始了。

第一轮价格谈判，会议地点为甲公司会议室。乙公司开价 300 万欧元，甲公司无法接受。甲公司坚持首次合作是尝试性合作，乙公司应该放眼长远利益。双方各持己见，未能达成一致意见。

第二轮谈判，会议地点改在某五星级酒店，会议前甲公司派技术部副经理开车亲自前往机场接机，并安排外方所有参会人员入住该酒店，会议所产生的一切费用（包括机票和酒店花费）均由甲公司承担。谈判前一天，甲公司的总经理亲自宴请乙公司所有谈判人员。在晚宴上，双方相谈甚欢。第二天，谈判开始，外方调整报价，由原来的300 万欧元调整为 250 万欧元。甲公司对此报价仍不满意，但还是很礼貌地进一步交涉，坚持首次合作为尝试性合作，双方仍僵持不下。谈判间歇，甲公司的翻译向乙方解释，250 万欧元这个报价不符合中国国情，并向对方解释"250"在中文中的含义。乙方对中国的国情有所了解，但可能是顾及澳大利亚人一贯的高姿态，此轮他们仍然坚持此报价，不做让步。

第三轮谈判，由甲方提出邀请，选择在 A 市谈判。原因在于：一方面甲公司在 A市有生产企业，另一方面正值 A 市啤酒节。乙公司的谈判代表多数为澳大利亚人，对啤酒有深厚的感情。一下飞机，乙方代表团就被直接带到啤酒节现场，谈判地点也被安排在一家德式风格的酒店里，乙方代表显然很高兴。此轮谈判甲方最高领导人与乙方最高领导人同时出席，还请来了当地政府部门工作人员。谈判当天上午，甲公司带着乙方代表团参观 A 市的工厂车间。下午谈判正式开始，不等乙方报价，甲方领导人首先发言，表示此次合作是在当地政府部门工作人员见证下的友好合作，希望合作成功，甲方愿意承担因此项目乙方代表往来于中国的全部费用，希望乙公司考虑将来在中国长期开展业务，并与中方合作；同时表示首次合作一旦成功，将会与其签署五年的合同，价格按照国际惯例支付。最后，乙公司领导人决定，免费为甲公司做一次CFD分析，但是硬件由双方一起采购，并同意培养中方工程师为CFD工程师；约定此次合作的成果双方共享，乙方有权利将相关项目信息作为后续的宣传资料。最后双方在A市签订了友好合作协议。

启发思考：技术贸易与一般的商品贸易在许多方面有明显区别，技术贸易是双方一个较长期的密切合作过程。案例中甲公司比较重视双方关系的维护。技术转让是知识和经验的传授，其目的是使引进方消化和掌握这项技术并用于生产。因此，签订技术贸易合同后，履行合同一般要经过提供技术资料、培训技术人员、现场指导以及进行技术验收等过程，这就需要双方建立较长期的密切合作关系。

技术贸易的价格较难确定。在案例中，对于技术价格双方出现了多次分歧。技术贸易中技术的价格不像商品那样主要取决于商品的成本，决定技术价格的主要因素是接受方使用这项技术后所能获得的经济效益；而接受方所获得的经济效益在谈判和签订合同时往往又难以准确预测，这就形成了确定技术贸易价格的复杂性。

二、报价的类型及原则

报价是把进行交易的所有条件提出来，以便进行探讨，报价不是定价而是建议，是一整套相关联交易条件的表现。

1. 报价的类型

商务谈判报价根据有两种类型：一种是欧式报价，另一种是日式报价。

（1）欧式报价。欧式报价的一般模式是，首先提出留有较大余地的价格，其次根据买卖双方的实力对比和该笔交易的外部竞争状况，通过给予各种优惠，如数量折扣、价格折扣、佣金和支付条件上的优惠（如延长支付期限、提供优惠信贷等）来逐步软化和接近买方的市场和条件，最终达到成交的目的。实践证明，这种报价方法只要能够稳住买方，往往会有一个不错的结果。

（2）日式报价。日式报价的一般做法是，将最低价格列在价格表上，以求首先引起买主的兴趣。由于这种低价格一般是以对卖方最有利的结算条件为前提条件的，因此，在这种低价格交易条件下，卖方很难全部满足买方的需求，如果买主要求改变有关条件，卖主就会相应提高价格。所以，买卖双方最后成交的价格，往往高于价格表中的价格。

在面临众多外部对手时，日式报价是一种比较具有艺术性和策略性的报价方式。因为一方面，可以排斥竞争对手而将买方吸引过来，在与其他卖主竞争中取得优势和胜利；另一方面，当其他卖主败下阵来时，变成了一个买主对一个卖主的情况，双方谁也不占优势，从而可以坐下来细谈。避免陷入日式报价的最好做法就是，把对方的报价内容与其他客商的报价内容进行比较，看看它们所包含的内容是否一样，从而判断其报价与其他客商的报价是否具有可比性。

另外，商务谈判报价根据呈现形式可分为书面报价和口头报价。

书面报价通常是谈判一方先提供较详尽的文字材料、数据和图表等，以书面形式表达。书面报价留下的白纸黑字客观上成为该企业承担责任的记录，限制了企业在谈判后期的让步和变化。

口头报价具有很大的灵活性，谈判人员可根据进程来调整，变更自己的谈判战术，先磋商，后承担义务，从而没有义务约束感。口头报价可充分利用个人沟通技巧，利用感情因素促成交易。察言观色、见机行事，建立某种个人关系来融洽谈判的气氛是这种方式的最大长处。但谈判中统计数字、计划图表等难以用口头阐述清楚。

2. 报价的原则

价格虽然不是谈判的全部，但毫无疑问，有关价格的讨论依然是谈判的主要组成部分，在任何一次商务谈判中价格的协商通常会占据 70% 以上的时间，很多没有结局的谈判也是因为双方价格上的分歧而最终导致不欢而散。

简单地说，作为卖方希望以较高的价格成交，而作为买方则期盼以较低的价格合作，这是一个普遍规律，它存在于任何领域的谈判中。这虽然听起来很容易，但在实际的谈判中做到双方都满意，最终达到双赢的局面并不是一件容易的事情，这需要一定的谈判技巧和胆略。第一次报价尤为关键，好的开始是成功的一半。第一次向客户报价时的确需要花费一些时间来进行全盘考虑。报价高可能导致一场不成功的交易，而报价低对方也不会因此停止讨价还价，因为他们并不知道你的价格底线，也猜不出你的谈判策略，所以依然会认定你在漫天要价，一定会在价格上与你针锋相对，直到接近或者低于你的价格底线为止，这当然是一次不折不扣失败的谈判。

那么究竟如何掌握好第一次报价呢？一条黄金法则是：报价一定要高于最低可接受的价格。

在报价阶段，各方都应先把分歧摆明，然后以坦诚的态度，心平气和地进行讨论，以便妥善解决问题，将彼此不同的意见纳入共同利益的轨道。为此要做到：对己方所求要合理，不要过分；对对方所求不要谴责；彼此所求，尽量使对方认清并接受，对尚未表露出来的内涵需求，要待时机成熟、条件允许时提出。在报价阶段，可以在一些非原则问题上做一些适当的让步。这种让步要表现在明处，让对方知道己方的诚意。对原则性的问题则要坚持，不能有丝毫让步。在满足己方需求的同时也满足对方的需求，是最终达成协议的基础。

（1）第一次报价为己方设定一个最低可接受的水平，这是报价的首要原则。最低可接受水平是指最差的但可以勉强接受的谈判终极结果。

（2）开盘价。首先，开盘价意味着规定了一个上限或下限，只要能够找到理由加以解释说明，则报出的价格应尽量提高。卖方的初始报价，事实上对谈判的最后结果设立了一个无法逾越的上限，因此报价一定要高。其次，报价的高低影响着对方对己方潜力的评价，开盘价会影响对方对己方提供商品或劳务的印象和评价。"一分价钱一分货"是大多数人信奉的观点。开价高，人们就会认为商品质量好、服务水平高；开价低，人们就会认为商品质量一般（有瑕疵、样式过时、服务水平低等）。报价是给予对方的期望值，期望的水平越高，谈判成功的可能性就越大。再次，开盘价高，可为以后磋商留下充分的回旋余地，使己方在谈判中更富有弹性，以便掌握成交时机。最后，开盘价对最终成交价具有实质性影响。一般而言，开盘价高，最终成交价的水平就较高；相反，开盘价低，最终成交价的水平就较低。

（3）开盘价必须合情合理。开盘价要报得高一些，但不是毫无道理、毫无依据；恰恰相反，高报价必须合乎情理，不能漫天要价。如果报价过高，又讲不出道理，对方必然认为你缺少谈判的诚意，或者被逼无奈而中止谈判；或者以其人之道还治其人之身，相应地也来个"漫天还价"；或者提出疑问，而己方又无法解释，其结果只能是被迫无条件让步。因此，开盘价过高将会有损于谈判。

同时，报价留出虚头的主要目的是为以后谈判留出余地，报价过高或过低将会给谈判造成困难。虚头留出多少，要视具体情况而定；竞争对手的多少、货源的情况、对手要货的用途、双方关系的远近等都会影响虚头的大小。

（4）报价时的态度。报价时态度要坚定、果断。只有这样，才能显示出报价者的信心，并给对方留下己方认真而诚实的好印象。开盘报价通常包括一系列内容，如价格、交货条件、支付手段、质量标准等。开盘报价要明确、清晰而完整，这样可以使对方能够准确了解己方的期望，以免产生不必要的误解。

除遵循上述原则外，报价时还必须考虑当时的谈判环境和与对方的关系状况。如果对方为了自己的利益而向己方施加压力，则己方就必须以高价向对方施加压力，以保护己方的利益；如果双方关系比较友好，特别是有过较长的合作关系，那么报价应当稳妥一些，出价过高会有损于双方的关系；如果己方有很多竞争对手，就必须把报价压低，这样至少能受到邀请而继续谈判，否则会被淘汰出局，失去谈判的机会。

【小故事 7-1】

史密斯夫妇买钟

史密斯夫妇在一家刊物的封面上看到一只造型十分精美的古玩钟，这正是他们喜欢的款式。他们甚至开始商量把它摆在壁炉上还是客厅的桌上。他们决定立刻出发去买这只钟，并希望能用 500 美元买下它。他们找了很久，总算在一家古董店找到了，"就是它！"妻子兴奋地叫起来。但钟的标价吓住了他们，那是 800 美元。试一下吧！

丈夫带着沮丧的神态和老板商量，"这只钟……我和妻子都很喜欢，能不能优惠点卖给我们。我想给它出个价，你看 400 美元怎么样？"说完，他下意识地往后缩了一下，因为他怕老板愤怒的声音湮没了他。但是，老板连眼睛都没眨一下，说道："好吧，给你啦！"史密斯夫妇闷闷不乐地拿着钟回到家。他们一直在想"假设我们出价再低一点……"，从此，他们带着这个念头，郁郁寡欢。

启发思考：商务谈判中的讨价还价是商业交易中的普遍规则。本例中的史密斯夫妇还价后，老板马上做出最大让步，以史密斯夫妇的出价成交，老板的让步方法没有遵守让步的原则和策略。在讨价还价中，即使己方决定做出让步，也要让对方觉得不是轻而易举的事，如此他才会珍惜所得到的让步，并且一次让步不宜过大，节奏也不宜过快。

三、报价的先后及解释

商务谈判中，报价有先后之别。报价的顺序不同，谈判的结果也不一样。一般来讲，先报价的好处在于对谈判影响较大，而且为谈判划定了一个框架，只要对方能进行谈判，一般就会在己方划定的框架内进行，因而结果往往对先报价者有利。然而，先报价也有不利之处，因为一方一旦先报价，首先显示了报价与对方事先掌握的价格之间的距离。如果报价比对方掌握的价格低，那么使自己失去了本来可以获得的更大利益；如果报价比对方掌握的价格高，那么对方会集中力量对报价发起攻击，迫使报价方降价，从而因报价方不知道对方的价格底线而遭受不必要的损失。因此，在商务谈判中何时先报价、何时后报价具有很强的技巧性。

1. 报价的先后

谈判双方谁先报价是一个比较微妙的问题。报价的先后在某种程度上对谈判结果会产生实际性的影响，因此谈判人员一般对此比较重视。

一般来说，先报价比后报价更有影响力。先报价为谈判确定了一个框架，将或多或少地支配对手的期望水平。但是先报价也有不利之处，主要表现在两个方面：对方听了报价后，对报价方的价格起点有所了解，因此可以修改、调整他们原先的预期，可能会获得本来得不到的好处；对方在报价方报过价后，并不还价，常集中力量对报价方的报价发起进攻，迫使其进一步降价，而不泄露他们究竟打算出多高的价格，可以做到后发制人。

总之，谁先报价，应视具体情况而定。如果预计谈判将会出现激烈竞争的场面，或者在冲突气氛较浓的场合，则要"先下手为强"。

一般来说，如果谈判对手不是内行，不熟悉市场行情，或在高度冲突的场合，那么先报价占据主动；如果谈判对手是内行而己方是外行，那么以后报价为好，因为通过对方的报价可以了解更多的信息，以便后发制人；如果是在友好合作的谈判背景下或谈判双方都是内行的情况下，那么先报价、后报价对双方的影响都不大。

【案例 7-2】

后发制人

有位跨国公司的高级工程师，他的某项发明获得了发明专利权。一天，公司总经理派人把他找来，表示愿意购买他的发明专利，并问他愿意以什么价格转让。他对自己的发明到底值多少钱心中没数，心想只要能卖 10 万美元就不错了，可他的妻子却事先告诉他至少要卖 30 万美元。到了公司总经理的办公室，因为一怕老婆，二怕经理不接受，所以胆怯，一直不愿正面说出自己的报价，而是说："我的发明专利在社会上有多大作用，能给公司带来多少价值，我并不十分清楚，还是先请您说一说吧！"这样无形中把问题抛给了对方，让总经理先报价。

总经理只好先报价："50 万美元，怎么样？"这位工程师简直不敢相信自己的耳朵，直到总经理又说了一次以后，才相信这是真的。经过一番装模作样的讨价还价，双方最后以 50 万美元达成了协议。

启发思考：本案例中经理采用先报价策略。其不利之处：对方听了报价后，可以对自己原有的想法进行最后的调整，要么修改原先准备的报价，使他获得本来得不到的好处；要么集中力量攻击报价方的价格，逼迫报价方一步一步地降价，而不泄露他究竟出多高的价。

· ·

2. 如何对待对方的报价

在对方报价过程中，要认真倾听并尽力完整、准确、清楚地把握住对方报价的内容。

在对方报价结束后，对某些不清楚的地方可以要求对方予以解答。此时，比较明智的做法是不急于还价，而是要求对方对其价格构成、报价依据，以及计算基础、方式和方法等做出详细解释，即所谓的价格解释。通过对方的价格解释，可以了解对方报价的实质、意图及其诚意，以便从中寻找破绽，从而动摇对方报价的基础，为己方争取更多的利益。

3. 报价时不要做过多的解释、说明

报价时不要对己方所报价格做过多的解释、说明和辩解，因为无论己方报价多少，对方都会提出疑问。如果在对方还未提出问题之前便主动加以说明，会提醒对方意识到己方最关心的问题，而这种问题有可能是对方尚未考虑过的。因此，有时过多地说明和解释，会使对方从中找出破绽或突破口，向己方猛烈地反击，有时甚至会使己方十分难堪，无法收场。

在对报价进行解释时，应该遵循以下原则：一是不问不答。对对方不主动问及的问题不要回答，以免言多必失。二是有问必答。对对方提出的问题都要一一做出回答，并且要很流畅、痛快地予以回答。因为任何吞吞吐吐、欲言又止的回答都

极易引起对方的怀疑。三是能言不书。能口头解释的就不写，更不附加评论，书面留下的白纸黑字很难改动。四是避虚就实。对己方报价中比较实质的部分应多讲一些；对比较虚的部分或者水分含量较大的部分应该少讲，甚至不讲。

【案例 7-3】

金盾大厦设计方案谈判

1995 年 7 月下旬，中外合资的重庆某房地产开发有限公司张总经理获悉澳大利亚著名设计师尼克·博谢先生将在上海作短暂停留。张总经理认为，澳大利亚的建筑汇聚了世界建筑的经典，何况尼克·博谢先生是当代著名的建筑设计师，为了把正在建设中的金盾大厦建设成豪华、气派，既方便商务办公，又适合家居生活的现代化综合商住楼，必须使之设计科学、合理，不落后于时代新潮。于是，具有长远发展眼光的张总经理委派高级工程师丁副总经理作为全权代表飞赴上海与尼克·博谢洽谈，请他帮助设计金盾大厦的方案。

丁副总经理一行肩负重担，风尘仆仆地赶到上海。一下飞机，就马上与尼克·博谢先生的秘书取得联系，确定当天晚上在银星假日饭店的会议室见面会谈。

下午 5 点，双方代表按时赴约，并在宾馆门口巧遇。双方互致问候，一同进入 21楼的会议室。

根据张总经理的交代，丁副总经理介绍了金盾大厦的现状。他说："金盾大厦的建设方案是在几年前设计的，其外形、外观、立面等方面都有些不合时宜。我们慕名而来，恳请贵方支持合作。"丁副总经理一边介绍，一边将事先准备的有关资料，如施工现场的照片、图纸、国内有关单位的原设计方案、修正资料等递给尼克·博谢一方的代表。尼克·博谢在中国注册了"博谢联合建筑设计有限公司"，该公司是多次获得过大奖的国际甲级建筑设计公司。在上海注册后，尼克·博谢很快在上海建筑市场站稳脚跟。但是，除上海以外的大部分内地市场还未深入发展。这是一个良好的机会，尼克·博谢对这一项目很感兴趣。他们接受委托，决定设计金盾大厦 8 楼以上的方案。

可以说，双方都愿意合作。然而，博谢联合建筑设计有限公司的报价是 40 万元，这一报价让丁副总经理代表的重庆某房地产开发有限公司难以接受。博谢联合建筑设计有限公司的理由如下：本公司是一家讲求质量、注重信誉，在世界上有名气的公司，报价稍高是理所当然的。但是鉴于重庆地区的工程造价，以及中国的实际情况，这一价格已经是最优惠的了。

据重庆方面的谈判代表了解，博谢联合建筑设计有限公司在上海的设计价格为每平方米 6.5 美元。若按此价格计算，重庆金盾大厦 2.5 万平方米的设计费应为 16.26 万美元，根据当天的外汇牌价，折算成人民币为 136.95 万元。的确，40 万元已经是最优惠的报价。

"40 万元是充分考虑了中国的情况，按每平方米设计费为 16 元计算的。"尼克·博谢说道。但是，考虑到公司的利益，丁副总经理还价为 20 万元。对方感到吃惊。丁副总经理顺势解释道："在来上海之前，张总经理授权我们 10 万元左右的签约权限。出价

20 万元，已经超过了我们的权力范围。如果再增加，就必须请示正在重庆的张总经理了。"双方僵持不下，尼克·博谢提议暂时休会。

第二天晚上 7 点，双方又重新坐到谈判桌前，开始谈对建筑方案的设想和构思，之后接着又谈到价格。这次博谢联合建筑设计有限公司主动降价，由 40 万元降到 35 万元，并一再声称："这是最优惠的价格了。"

重庆方面的代表坚持说："太高了，我们无法接受，经过请示，公司同意支付 20 万元，不能再高了。请贵公司再考虑考虑。"对方代表讨论后说："鉴于你们的实际情况和贵公司的条件，我们再降价 5 万元，即 30 万元。低于这个价格，我们就退出。"

重庆方面的代表分析，对方舍不得丢掉这次与本公司的合作机会，很可能还会降价。所以，重庆方面仍坚持出价 20 万元。于是，博谢联合建筑设计有限公司的代表根本不说话，直接收拾笔记本等用具，准备退场。

眼看谈判再次陷入僵局，这时，重庆方面的蒋工程师急忙说："请贵公司与我们的张总经理通话，等张总经理决定并给我们指示后再谈如何？"由于这样的提议，紧张的气氛才缓和下来。博谢联合建筑设计有限公司的代女士与张总经理取得了联系。其实在此之前，丁副总经理已经与张总经理通过电话，详细汇报了谈判的情况及对谈判的分析与看法。张总经理要求丁副总经理："不卑不亢，不轻易让步。"所以当代女士与张总经理通话后，张总经理做出了具体的指示。在双方报价与还价的基础上，重庆方面再次出价 25 万元，博谢联合建筑设计有限公司对此基本同意，但提出两个月后才能提供图纸，比原计划延期两周左右。经过协商，双方在当晚草签了协议，第二天签订了正式协议。

启发思考：整个金盾大厦设计方案谈判围绕谈判价格曾两次陷入僵局。第一次是 40 万元与 20 万元之争，当双方相持不下陷入僵局时，尼克·博谢提议暂时休会，通过休会来缓解激动紧张的气氛。第二次是 35 万元与 20 万元之争，双方僵持不下整个谈判即将陷入僵局时，蒋总工程师提议对方与己方的张总经理通话，这实际上是一种典型的利用中间调解人来避免僵局的做法，这里借助的调解人是公司内部的人员。从谈判中可以看出，调解人的调解有效地缓和了紧张的气氛，使整个谈判起死回生。

第二节　价格磋商

一、卖方与买方的价格目标

价格磋商开始之前，卖方与买方都会为各自准备几种价格的选择方案，从而确定谈判的价格目标，以便为讨价还价和最终达成成交价格做准备。

一般来说，卖方与买方的价格目标都有三个层次，即临界目标、理想目标和最高目标。第一个层次的价格目标是双方的临界目标，即由双方各自的临界价格规定的目标。如前所述，临界价格即卖方的最低售价或买方的最高买价，这是双方的保留价格，也是价格谈判各自坚守的最后一道防线和被迫接受的底价，一般不能突破。由此，确定了价格谈判的合理范围。

第二个层次的价格目标是双方的理想目标，即由双方各自的理想价格所规定的目标。这一目标有重要意义。它不仅是谈判双方根据各种因素所确定的最佳价格备选方案和双方谈判所期望达成的目标，而且通常是双方通过价格磋商达成的接近理想目标的实际目标，并决定双方盈余分割。

第三个层次的价格目标是双方的最高目标，即双方初始报价的价格目标。这一目标实际上是在双方理想价格及理想目标的基础上，加上策略性虚报部分形成的。它一般不会为对方所接受，因而不能实现，但由此可展开双方的讨价还价，成为价格谈判中的讨价还价范围。

二、讨价

讨价是指要求报价方改善报价的行为。商务谈判中，一般卖方首先投价并进行价格解释之后，买方如认为距自己的期望目标太远或不符合自己的期望目标，必然在价格讨论的基础上要求对方改善报价。讨价主要包括讨价方式、讨价次数、讨价技巧等。

（1）讨价方式。讨价方式有全面讨价、分别讨价和针对性讨价三种。全面讨价，常用于价格分析之后对于较复杂的交易的首次讨价。分别讨价，常月于较复杂的交易，对方第一次改善报价之后，或不便采用全面讨价方式，就报价的条件逐项讨价的方法。 针对性讨价，常用于在全面讨价和分别讨价的基础上，是针对价格仍明显不合理和水分较大的个别部分的进一步讨价。

（2）讨价次数。讨价次数是指要求报价方改善报价的有效次数，即讨价后对方降价的次数。一般来说，对于讨价，从心理因素角度来看，一般可以顺利地进行两三次讨价。

（3）讨价技巧。首先，应本着尊重对方以说理的方式进行，特别是初期、中期的讨价，务必保持信赖平和的气氛，充分说理，以理服人。其次，要善于通过分析抓住对方报价及其解释的矛盾和漏洞。最后，当遇到对方毫不松动、己方无计可施的情况时，可以"投石问路"来进行试探。

三、还价

还价也称还盘，是指买方针对卖方的报价做出的反应性报价。还价以讨价为基础，在经过一次或几次讨价之后，为了达成交易，买方就要根据估算的卖方保留价格和己方的理想价格及策略性虚报部分，并按照既定策略与技巧，提出自己的反应性报价，即做出还价。

如果卖方的报价规定了价格谈判中讨价还价范围的一个边界，那么买方的还价将规定与其对立的另一个边界。如此，双方即在这两条边界所规定的范围内展开激烈的讨价还价。还价的运用包括还价前的筹划、还价方式、还价起点的确定等。

1. 还价前的筹划

还价的精髓在于后发制人。为此，就必须针对卖方的报价结合讨价过程对己方准备做出的还价进行周密的筹划。首先，应根据卖方的报价和对讨价做出的反应运用自己所掌握的各种信息、资料，对报价内容进行全面的分析，从中找出报价中的薄弱环节和突破口，作为己方还价的筹码。其次，在此基础上认真估算卖方的保留价格和对己方的期望值，确定己方还价方案的起点、理想价格和底线等重要的目标。最后，根据己方的谈判目标从还价方式、还价技巧等各方面设计出几种不同的备选方案，以保证己方在谈判中的主动性和灵活性。

还价力求给对方造成较大的压力并影响或改变对方的期望，同时应着眼于使对方有接受的可能，并愿意向双方互利性的协议靠拢。因此，还价前的筹划就是要通过对报价内容的分析、计算，设计出各种相应的方案、对策，以使谈判者在还价过程中得以贯彻，发挥后发制人的威力。

2. 还价方式

按照谈判中还价的依据，还价方式有按可比价还价和按成本还价两种。按可比价还价是指己方无法准确了解商品本身的价值，而只能以相近的同类商品的价格或竞争者商品的价格为参照进行还价。这种还价方式的关键是所选择的用于参照的商品的可比性及价格的合理性，只有可比价格合理，还价才能使对方信服。按成本还价是指己方能计算出所谈商品的成本，在此基础上再加上一定比率的利润作为依据进行还价。这种还价方式的关键是所计算成本的准确性，成本计算得越准确，还价的说服力就越强。

3. 还价起点的确定

还价方式确定后，关键的问题是要确定还价的起点。还价起点即买方的初始报价。它是买方第一次公开报出的打算成交的条件，其高低直接关系到自己的经济利益，也影响着价格谈判的进程和成败。

（1）还价起点的确定从原则上讲有两条：①起点要低。还价起点低，能给对方造成压力并影响和改变对方的判断及盈余要求，能利用其策略性虚报部分为价格磋商提供充分的回旋余地和准备必要的交易筹码，对最终达成成交价格和实现既定的利益目标具有不可忽视的作用。②起点不能太低。还价起点要低，但也不是越低越好。还价起点要接近成交目标，至少要接近对方的保留价格，以使对方有接受的可能性。否则，对方会失去交易兴趣而退出谈判，或者己方不得不重新还价而陷于被动。

（2）还价起点的确定从量上来讲有三个参照因素：①报价中的水分。在价格磋商时，虽然经过讨价，报价方对其报价做出了改善，但改善的程度各不相同。因此重新报价中的水分是确定还价起点的第一项参照因素。对于所含水分较少的报价，还价起点应当较高，以使对方同样感到交易诚意；对于所含水分较多的报价，或者对方报价只做出很小的改善便千方百计地要求己方立即还价，还价起点就应较低，以使还价与成交价格的差距同报价中的水分相适应。②成交差距。对方报价与己方准备成交的价格目标的差距是确定还价起点的第二项参照因素。对方报价与己方准备成交的价格目标的差距越小，其还价起点应当越高；对方报价与己方准备成交的价格目标的差距越大，其还价起点就应越低。③还价次数。这是确定还价起点的第三项参照因素。同讨价一样，还价也不能只允许一次。在每次还价的增幅已定的情况下，当己方准备还价的次数较少时，还价起点应当较高；当己方准备还价的次数较多时，还价起点就应较低。总之，通盘考虑上述各项因素，确定好还价起点，才能为价格谈判中的讨价还价范围划出有利于己方的边界。

【小故事 7-2】

我不知道

美国一位著名谈判专家有一次帮助他的邻居与保险公司交涉赔偿事宜。谈判是在专家的客厅里进行的，理赔员先发表了意见："先生，我知道你是谈判专家，一向都是针对巨额款项谈判，恐怕我无法承受你的要价。我们公司只能出 100 元的赔偿金，你认为如何？"

专家表情严肃地沉默着。根据以往经验，无论对方提出的条件如何，都应表示出不满意。因为当对方提出第一个条件后，总是暗示着可以提出第二个，甚至第三个。

理赔员果然沉不住气了，说道："抱歉，请不要介意我刚才的提议。我再加一点，200 元如何？"

"加一点，抱歉，无法接受。"

理赔员继续说："好吧，那么 300 元如何？"

专家等了一会儿道："300？嗯……我不知道。"

理赔员显得有点惊慌，他说："好吧，400 元。"

"400？嗯……我不知道。"

"就 500 元吧！"

"500？嗯……我不知道。"

"这样吧，600 元。"

专家无疑又用了"嗯……我不知道"，最后这件理赔案在 950 元的条件下达成协议，而邻居原本只希望获赔 300 元！

这位专家事后认为，"嗯……我不知道"这样的回答真是效力无穷。

启发思考：谈判是一项双向的交涉活动，双方都在认真地捕捉对方的反应，以便随时调整自己的方案。该案例中，谈判专家不表明自己的态度，只用"我不知道"这句可以从多种角度去理解的话，便使理赔员心中没了底，将赔偿金额不断上调。

四、讨价还价中的让步幅度

深谙谈判真谛的人懂得，没有让步就没有谈判的成功。在谈判中如何让步，让多少，是一个很复杂的问题。假设：谈判的一方基于对对方谈判价值协议区的预测，可在4次让步中让出自己的利益数值为60，则谈判的让步方式有以下八种（见表7-1）。

表7-1　常见让步方式

序号	让步方式	第一次	第二次	第三次	第四次
1	正拐式	0	0	0	60
2	反拐式	60	0	0	0
3	阶梯式	15	15	15	15
4	高峰式	8	3	17	32
5	低谷式	32	17	3	8
6	虎头蛇尾式	26	20	12	2
7	断层式	49	10	0	1
8	钓钩式	50	10	−10	10

1. 正拐式

正拐式让步是一种在让步的最后阶段一步让出全部可让利益的让步方式。

正拐式让步的主要优缺点及适用条件如下：

（1）起初阶段寸利不让，坚持几次"不"之后，足以向对方传递己方的坚定信念。

（2）坚持了几次"不"之后，一次让出己方的全部可让利益，对方会有险胜感，因此会特别珍惜这种让步，不失时机地选择成交。

（3）会给对方既坚定又大方的印象。

（4）由于谈判让步的开始阶段一再坚持寸步不让的策略，可能失去谈判伙伴，具有较大的风险性。

（5）适用于对谈判的投资少、依赖性差，有承担失败风险的能力，在谈判中占有优势的一方。

2. 反拐式

反拐式让步是一种一开始舍出全部可让利益的让步方式。这种让步方式的特点是态度诚恳、务实、坚定、坦率。

反拐式让步的主要优缺点及适用条件如下：

（1）由于谈判者一开始就向对方亮出底牌，让出己方的全部可让利益，较易打动对方采取回报行动，促成交易。

（2）率先做出让步榜样，给对方以合作感、信任感。

（3）此种率先的大幅度让步富有强大的诱惑力，会在谈判桌前给对方留下好的印象，有利于获取长远利益。

（4）由于谈判者一步让利，坦诚相见，因此可以提高谈判效率，有利于速战速决，马到成功。

（5）由于这种让步操之过急，可能会给对方传递一种尚有利可让的信号，因而导致对方的利益要求拔高，继续讨价还价。

（6）由于一次性的大步让利，可能失去本来能够争取的利益。

（7）在遇到强硬而又贪婪的对手的情况下，一方让利之后，仍会出现一个相对僵持的局面。

（8）适用于己方处于劣势或谈判各方关系友好的谈判。

3. 阶梯式

阶梯式让步是一种逐步让出可让利益的方式。这种方式每次让步数值相等。在谈判的让步过程中，像挤牙膏一样，挤一挤、让一让，国际上也称这种让步方式为"切香肠"。

阶梯式让步的主要优缺点及适用条件如下：

（1）由于此种让步平稳、持久、步步为营，不易让人轻易占便宜。

（2）益于双方充分讨价还价，在利益均沾的情况下达成协议。

（3）遇到性情急躁或无时间久谈的对手，报价会占上风，削弱对方的议价能力。

（4）每次让利的数量有限、速度又慢的马拉松式的谈判，容易使人疲劳，产生厌倦感。

（5）这种让步方式效率低，浪费精力和时间。

（6）对方每讨一次价，都有微利让出，会给对方传递一种只要有耐性，就可以获取更大利益的信息。

（7）适用于缺乏谈判经验的人在谈判时使用。

4. 高峰式

高峰式让步是一种先高后低，然后拔高的让步方式，像山谷中耸起的高峰。

高峰式让步的主要优缺点及适用条件如下：

（1）让步的起点恰当、适中，能够给对方传递可以合作并有利可图的信息。

（2）谈判有活力，如果不能在微弱让步中促成谈判，则大举让利，易于成功。

（3）由于在让步过程中减缓一步，可以给对方接近尾声之感，促使对方尽快成交，最终保住己方的较大利益。

（4）由于让步表现为不稳定和由少到多的特点，会鼓励对方得寸进尺，继续讨价还价。

（5）由于让步的第二步就向对方传递了接近尾声的信息，后来又做了大步让利，会给人以不诚实之感，不利于友好关系的合作性谈判。

（6）第一步让步因恰当、适中给对方留下的良好印象会因第二步向对方传递了不真实的信息而受到影响。

（7）适用于谈判老手在竞争性强的谈判中使用。

5. 低谷式

低谷式让步是高峰式让步的反用，在让步形态上采用了从高峰步向低谷的策略。其特点是合作为先、竞争为辅，诚中见虚、柔中有刚。

低谷式让步的主要优缺点及适用条件如下：

（1）由于谈判的让步起点较高，富有诱惑力，谈判的成功率较高。

（2）由于经过大幅度的让步之后，第三步仅让微利，给对方传递了让步已到底的信息，会使对方产生优胜感而达成协议。

（3）如果第三步微小的让步仍不能达成协议，再让出最后稍大一点的让步，会使对方满足。

（4）由于这种让步方法开始就让利很大，易于给强硬的对手造成软弱可欺的印象，因而会增强对手的进攻性。

（5）开始两大让步与后来的小步让利形成鲜明对照，容易导致对方对己方的诚意产生怀疑。

（6）适用于以合作为主的谈判。开始做出大的让步，不仅有利于合作气氛的形成，还有利于建立友好的伙伴关系。

6. 虎头蛇尾式

虎头蛇尾式让步是一种由大到小、渐次降价的让步方式。其特点是自然、坦率，符合谈判活动中讨价还价的一般规律。

虎头蛇尾式让步的主要优缺点及适用条件如下：

（1）顺乎自然，无须格外用意，而且易为人接受。

（2）由于让利先大后小，有利于促成谈判和局。

（3）由于采取了一次比一次更为审慎的让步，一般不会产生让步上的失误，也可以防止对方猎取超限的利益。

（4）有利于谈判各方在等价交换、利益均等的条件下达成协议。

（5）这种由大到小的层递式让步给人以虎头蛇尾之感，谈判的终局情绪不高。

（6）这是谈判让步中的惯用方法，缺乏新鲜感。

（7）适用于谈判的提议方使用。

【案例 7-4】

前紧后松的报价

M公司A商品，销售效益很好，在M公司具有举足轻重的地位。A商品在H国属于主动配额商品，由十几家客商和用户联合经营，与M公司合作达二十余年。客商对此也十分重视，几乎每年派出由进口商、批发商和直接用户组成的十几个人的大型贸易代表团与M公司洽谈，而每次洽谈都十分艰难。

2015年8月初，该贸易代表团又抵达M公司。谈判开始，双方首先通报了各自的情况。对方称，由于今年本国经济不景气，销售不利，希望在价格上给予优惠并予以理解。而M公司的实际情况是，由于国内劳动力紧缺，工资水平提高，国内需求增加，价格上涨幅度很大。很显然，这次谈判双方在价格上必有一番激烈的斗争。首先，该商品对M公司来说属于被动配额，主动权在对方手中。其次，A商品的价格主要取决于H国的市场需求和M公司的产品质量。在谈判前，M公司认真分析了各种情况，认为虽然国内物价上涨，各种成本增加，但由于天气问题，产品质量下降很大，而且H国市场确实不景气，价格比去年低，能争取与去年同价就是胜利，基于这种战略，M公司采取了"筑高台"策略，有意识地将报价比去年提高20%，打乱了对方的阵脚。经过一阵沉默，对方提出要与各商社协商后给予答复。对方经过很长时间的磋商，谈判重新开始。对方称M公司的报价远高出他们的预期，本来他们期望的价格要比去年降低10%，但考虑到与M公司二十余年的合作和生产成本增加的情况，价格最高不能超出去年的水平。这个价格本来已达到了M公司的目的，但为了争取最大的利益，M公司仍不气馁，称M公司已向贵方讲明了自己的实际情况，同时也考虑了贵方的难处，若贵方一点也不提高价格，则M公司将出现亏损，很难成交。如达不成协议，对双方二十余年的友好合作关系也将产生不利的影响。对方经过又一轮磋商后，又提出了比去年增加1%的报价。在这种情况下，为了不使谈判陷入僵局，M公司又灵活地提议比去年增加5%。最终以比去年增加2%的价格结束了谈判，双方均达到了满意的结果。M公司采取了故布疑阵、前紧后松、情感沟通等多种策略，取得了谈判的成功。最终不但没有降低价格，反而还将价格提高了2%。

启发思考：案例中策略的成功是建立在人们心理变化的基础上的。其原则在于人们通常对来自外界的刺激信号，总是以先入信号为标准并用来衡量后入的其他信号。若先入信号为松，再紧一点则感觉很紧；若先入信号为紧，稍松一点则感觉很松。在谈判中，人们一经接触便提出许多苛刻条件的做法，恰似先给对方一个信号，而后的优惠或让步，即使仅为一点点，也会使他们感到已经占了很大便宜，从而欣然在对方要求的条件上做出较大妥协。不过，任何策略的有效性都是相对的、有局限性的，起先向对方所提的要求不能过于苛刻、漫无边际，"紧"要紧得有分寸，不能与通常的惯例和做法相差太大；否则，对方会认为己方太缺乏诚意而终止谈判。切忌"过犹不及"，若谈判失败，双方都会一无所获。

··

7. 断层式

断层式让步是指在谈判开始就让出绝大部分可让利益，以表示己方诚意的让步方式。

断层式让步的主要优缺点及适用条件如下：

（1）开始就让出多半利益，有换得对方回报的较大可能。

（2）第二步做出无利再让的反应，有可能打消对方进一步要求让利的期望。

（3）最后又让出一利，既显示了己方的诚意，又会使通达的谈判对手难以拒绝。

（4）尽管其中亦藏有留利的动机，但客观上仍表现了以和为贵的温和态度。

（5）由于开始时表现软弱，大步让利，在遇到贪婪的谈判对手时，会刺激其变本加厉，得寸进尺。

（6）第二步拒绝让利可能导致谈判陷入僵局或败局。

（7）适用于己方在谈判中处境不利，但又急于获得成功的谈判。

8. 钓钩式

钓钩式让步是一种在让步的起始两步全部让出可让利益，第三步赔利，在第四步中再讨回损失的谈判方式。其特点是风格果断诡诈，具有冒险性。

钓钩式让步的主要优缺点及适用条件如下：

（1）由于开始两步就让出了全部可让利益，因此对对方具有很大的吸引力，会使陷入僵局的谈判起死回生。

（2）如果两步全部让利尚不能打动对方，再冒险让出不该让出的一利，这样会产生一种诱惑力，使对方上钩。

（3）一旦对方上钩，再借口某种“失误”讨回一利，就会相对容易些。

（4）由于开始两步就让出了己方的全部可让利益，会导致对方的期望增大，在心理上强化对方的议价能力。

（5）此种让步的第三步让出了不该让出的利益，如果在第四步中不能讨回，就会损害己方利益。

（6）第四步向对方讨回利益具有一定的风险性，处理不当，会导致谈判失败。

（7）适用于陷入僵局的谈判。

总之，在商务谈判中，作为买方最好是缓慢而有节奏地让步，而卖方则可先让步稍大一点，然后减缓。谈判的提议方一般是谈判利益的迫切要求方，也应先做出较大的让步，才能吸引对方。而谈判的接受方，在谈判让步的开始阶段最好少做让步，以强化己方的议价能力，维护己方在心理上的优势。

 **思考题**

1. 为什么卖方报价要高、买方报价要低？对手报价时应怎样应对？
2. 还价的方式和还价时间如何掌握？在最后的讨价还价阶段应如何把握节奏？
3. 价格谈判中影响价格的具体因素是什么？
4. 价格谈判中应当注意研究哪些价格关系？
5. 怎样理解价格谈判中的合理范围？
6. 价格解释有何意义？主要技巧是什么？
7. 如何理解价格磋商中卖方与买方的价格目标？
8. 说明讨价还价中的让步策略。

 案例讨论

邮政网络租用
价格谈判

第八章
商务谈判中僵局的处理

　　了解商务谈判僵局形成的原因；掌握商务谈判僵局解决的策略；掌握解决僵局的替代方案。

【案例导入】

2011年NBA停摆谈判僵局始末

　　美国男子职业篮球联赛的简称是NBA。"NBA停摆"是NBA的特有名词，是指由于各种原因造成该联赛暂停的局面。北京时间2011年7月1日，NBA原劳资协议已正式到期。在经历长达近3小时的终极谈判之后，球员工会代表和资方代表仍然没有就新的劳资协议达成一致意见，于是NBA总裁宣布停摆开始。僵局形成的原因是NBA劳资双方在"硬工资帽"制度、"利益分配"等重大问题上有巨大分歧。球员方面同意一份5年内减少薪金总额5亿美元的提案，但他们拒绝接受资方提出的6 200万美元硬工资帽。资方则希望达成一份10年协议，确保每年的薪金支出不超过20亿美元，但10年的劳资协议长约是球员方面无法接受的。在旧劳资协议仍然有效的最后一天，劳资双方进行了最后一次谈判，这次双方仍然存在巨大分歧，没能达成任何协议。

　　（1）立场观点的争执。谈判过程中，如果对某一问题各持自己的看法和主张，并且谁也不愿意做出让步时，往往容易产生分歧，争执不下。双方越是坚持自己的立场，分歧就会越大。在这次谈判当中，NBA联盟与球员工会代表针对新的劳务协议有很多的分歧点，联盟的态度很强硬，坚持使用收益五五分成的方案和实行"硬工资帽"制度，这样一来球员的收入将会大幅度减少，因此球员工会代表拒绝了这份协议。

　　（2）双方利益的差异。从谈判双方各自的角度出发，双方各有各的利益追求。在这次谈判中，球队老板和球员之间的收入分配

劳资纠纷

比例是劳资双方最大的分歧所在。NBA 的收入主要是和篮球相关的收入，在旧的劳资协议下，球员获得 57% 的收入，而老板得到另外的 43%。在过去的一年中，老板提出了很多他们的收入分配比例应该增加的理由，比如球馆建设维护的费用、额外开销的增加、差旅费的上涨等。NBA 官方表示，上赛季联盟 30 支球队中有 22 支球队亏损。对于球队老板的这些问题，最容易的解决办法就是大幅削减和球员有关的费用，言下之意就是大幅削减球员的薪水。

僵局处理的原则——解决谈判中出现的问题。①协调好双方的利益。当双方在同一问题上发生尖锐对立，并且各自理由充足，均既无法说服对方，又不能接受对方的条件，从而使谈判陷入僵局时，应认真分析双方的利益所在，只有平衡好双方的利益才有可能打破僵局。在这次谈判中，双方始终围绕利益分成问题进行商讨。球员工会希望得到 54.3% 的分成，留给资方 45.7%。NBA 的各支球队老板希望在分配体制上进行改变，资方提出了五五分成方案，双方的争议就在于此。②欢迎不同意见。不同意见，既是谈判顺利进行的障碍，也是一种信号，表明实质性的谈判已经开始。如果谈判双方能就不同意见相互沟通，并最终达成一致意见，谈判就会取得成功。经过几天的谈判却始终没有取得进展，但是 NBA 作为世界上最受欢迎的体育赛事之一，停摆已经造成世界各地包括美国总统在内的知名人士纷纷表达不满，呼吁劳资双方尽快达成一致，让比赛早日重启。③避免争吵。争吵无助于矛盾的解决，只能使矛盾激化。如果谈判双方出现争吵，就会使双方对立情绪加重，从而很难打破僵局，达成协议。在 NBA 停摆开始的一个月里，球员代表与 NBA 的各支球队老板纷纷就自己的想法对对方表达不满。球员认为老板太过吝啬，球员赚钱不容易，球队老板还要削减他们的收入，因此球员代表得到部分强硬派球员的支持，他们用语言攻击球队老板。而作为球队老板的资方则认为球员近年来已经获得足够多的薪金，而大部分球队年年亏损，出现入不敷出的情况，为了保障球队的利益，不得不削减球员的收入，以弥补球队的损失。NBA 各支球队的老板纷纷表示，如果球员工会不同意资方提出的方案，资方将和工会抗争到底，让停摆继续下去。

僵局的处理方法——双方寻找解决方法。①避免僵局的方法是寻找共同利益。虽然停摆已经成为事实，但是谈判双方都不止一次在公共场合表示希望可以尽快结束停摆，早日开赛，尽量减少双方损失。②利用第三者仲裁或调节。劳资双方都知道协商是唯一理性的办法，但都不愿意首先拿起电话。对劳资双方来说，现在最需要的可能就是一个第三方来打破沉默。没多久这个人就出现了，这个人的名字叫奎恩。他和 NBA 劳资双方关系都不错，也有过丰富的交易经历和类似经验。奎恩担任 NBA 球员工会的首席顾问已经有 20 年了，在过去二三十年中，他和联盟总裁打过无数次交道，因此劳资双方都寄希望于奎恩。在第三方人员奎恩的调解下，劳资双方握手言和，重新回到谈判桌，就之前的分歧展开商讨，并很快达成新的协议。

（资料来源：白远.国际商务谈判［M］.北京：中国人民大学出版社，2008.）

启发思考：谈判出现僵局时应认真分析双方的利益所在，只有平衡好双方的利益才有可能打破僵局。商务谈判中存在不同意见，既是谈判顺利进行的障碍，也是一种积极的信号。在此次谈判中，双方都不止一次在公共场合表示希望可以尽快结束停摆，早日开赛，尽量减少双方损失。当谈判双方进入立场严重对峙，谁也不愿让步的状态时，找中间人来帮助调解，有时能很快使双方立场出现松动。商务谈判中的中间人主要是由谈判者自己挑选的。无论哪一方，其所确定的中间人都应该是对方所熟悉的，为对方所接受的。

一般来说，谈判僵局是指在谈判过程中双方因暂时不可调和的矛盾而形成的对峙。出现僵局不等于谈判破裂，但它会严重影响谈判的进程，如不能很好地解决，就会导致谈判破裂。当然，并不是每次谈判中都会出现僵局，但也可能在一次谈判中出现几次僵局。

谈判僵局的出现对于商务谈判中的任何一方来说都是不利的，谈判的破裂也是双方都不愿看到的局面。面对谈判过程中不可避免的僵局，谈判双方应该巧妙地加以处理，以寻求解决问题的途径，使谈判顺利进行下去。

谈判僵局通常可以分为潜在僵局和现实僵局，它们的主要区别在于，谈判双方对谈判议题以及谈判态度的对立程度不同。前者的对立情绪还未爆发，后者的对立则已充分外露。为了有效地处理谈判僵局，首先要了解和分析陷入僵局的原因。

第一节　商务谈判僵局形成的原因

在商务谈判过程中，经常会由于各种各样的原因使谈判双方僵持不下、互不相让。应该说，这是比较客观和正常的，诸如相互猜疑、意见分歧、激烈争论等现象，在争取利益的较量中比较常见。但是，如果对这些现象处理不当，谈判双方无法消除彼此的分歧，形成僵局，就会直接影响谈判工作的进展。

僵局对于谈判来说是一种严重的形势，是否处理得当将直接影响谈判的进程和结局。因此，应该了解并分析僵局形成的原因，从而采取恰当的应对措施以打破僵局。商务谈判中出现僵局的原因多种多样，主要有如下几种情形。

一、缺乏或不具备谈判的协议区

谈判不可能是单方面利益的满足，而是一种相互满足的过程。在商务谈判中，双方在经历激烈争讨之后，可能会发现能成交的条件与预期相差太大，根本不可能达成交易。例如，双方在商品贸易谈判中有时会出现以下情况：一方要求一次性付款，先付款后交货；另一方因资金周转问题要求分期支付，货到付款。若双方在谈判过程中不能达成妥协，则易造成谈判僵持不下，形成僵局。

有的情况是由于双方在谈判之前没有做好调查研究和可行性分析，到后来才发现即使双方的谈判勉强成功，但一方受益甚微，也会致使谈判者进退两难，最终不得不停止谈判。这种僵局的产生，是双方缺乏甚至根本不具备谈判的协议区造成的。但是，绝大多数的谈判之所以陷入僵局，并非因为谈判本身缺乏可行性，而是由谈判双方的主观因素所致。

通过谈判双方的努力，完全可以打破这些僵局，促成谈判的成功。

二、利益和立场认识分歧

在谈判中，利益的交换是非常重要的。但是，商务谈判中的利益并不单纯指己方的利益，还包括了满足对方的需要。竭泽而渔的方式只能自毁长城。因此，在制定谈判方案时，很重要的一个环节就是明确谈判的目的，即要使双方都能在合作中受益，实现双赢。

谈判双方有时由于只对某些具体问题的不同认识而发生争执，而双方真正关注的利益却被这种表面的立场争执所掩盖。在这种争执中，一方越是坚持，另一方就越会坚定自己的立场不变，双方的利益也就越难调和。例如，甲方与乙方已稳定友好地合作了十几年，甲方最关注的问题是如何扩大其出口业务量，乙方则关注的是如何节省费用。然而，甲乙双方的代表却在付款方式问题上发生了争执：乙方代表坚持"只要不采用信用证的付款方式，我们给贵方的订单可增加一倍"；甲方代表坚持"我们公司规定，为保证安全收汇，付款方式只能采用信用证"。谈判陷入了僵局。这是一个典型的立场分歧的例子。其实，甲方完全可以考虑采用其他的付款方式，如 D/P 即期付款方式，因为双方已合作多年，乙方的信誉没有问题，甲方只是被表面的立场（公司的规定）所掩盖而忽视了长远的、更大的利益。

三、强迫手段

强迫对于谈判来说是具有破坏性的，因为强迫意味着不平等、不合理，也意味着恃强凌弱，这是与谈判的平等原则相悖的。在商务谈判中，若谈判双方实力悬殊，实力强大的一方以势压人，要求苛刻；而实力弱小的一方因为缺少牵制对方的筹码，对谈判的进展难以施加影响，但为了维护自身利益和尊严又不肯轻易让步，就导致谈判陷入进退两难的僵局。比如，个人或小公司想做某些大企业或知名品牌的加盟店，或与某地的代理商进行的谈判，就容易出现这种情况。在商务谈判中，由于谈判的一方采取了强迫手段而使谈判陷入僵局的事情是经常发生的。况且在商务谈判中，谈判者除考虑己方的经济利益外，还必须维护企业乃至国家的尊严以及长远利益。因此，他们往往越是受到强迫，越是不会退让，谈判的僵局也就越难以避免。

四、信息沟通障碍

信息沟通障碍是指双方在交流信息的过程中由主、客观原因所造成的理解障碍。其主要表现为：由双方文化背景差异所造成的观念障碍、习俗障碍、语言障碍，由知识结构、教育程度的差异所造成的理解差异，由心理、性格差异所造成的情感障碍，由表达能力、表达方式的差异所造成的传播障碍，等等。商务谈判分为"谈"和"判"两个过程，其中"谈"是基础，是一个沟通的过程，既然是"谈"，就可能出现受个人的主观心理因素制约而产生的误会，因社会经验水平和知识结构上的差异或因缺乏信任而产生的误解。

谈判过程是一个信息沟通的过程，只有双方信息实现正确、全面、顺畅的沟通，才能互相深入了解，正确把握和理解对方的利益和条件。但是实际上双方的信息沟通会遇到种种障碍，造成信息沟通受阻或失真，使双方产生对立，从而陷入僵局。

信息沟通障碍使谈判双方不能准确、真实、全面地进行信息、观念、情感的沟通，甚至会使其产生误解和对立情绪，导致谈判不能顺利进行。

谈判双方文化背景的差异、受教育程度以及某些专业知识的制约可能使一方未能理解另一方所提供的信息内容。在许多国际商务谈判中，由于翻译人员的介入，双方所有的信息在传递过程中都要被转换一次。此时，判断必然受到翻译人员的语言水平、专业知识、理解能力以及表达能力等因素的影响。如果信息传递失真，就可能使双方产生误解甚至出现争执，从而导致谈判陷入僵局。有时也因为一方语言中某些表述难以用另一种语言来准确表达而造成误解。例如，某跨国公司总裁访问中国一家著名企业，中方总经理很自豪地介绍说："我们公司是国家二级企业……"此时，译员很自然用"second class enterprise"来表述。不料该总裁闻此，马上敷衍了几句就起身告辞。归途中，他向翻译抱怨："我怎能同中国二流企业合作？"可见，一个小小的沟通障碍会直接影响到双方的合作。

【小故事 8-1】

秀才买柴

有一个秀才去买柴，他对卖柴的人说："荷薪者过来！"卖柴的人听不懂"荷薪者"（担柴的人）三个字，但是听得懂"过来"两个字，于是把柴担到秀才面前。

秀才问他："其价如何？"卖柴的人听不太懂这句话，但是听得懂"价"这个字，于是就告诉秀才价钱。秀才接着说："外实而内虚，烟多而焰少，请损之。"（你的木材外表是干的，里面却是湿的，燃烧起来会浓烟多而火焰小，请减些价钱吧。）卖柴的人因为听不懂秀才的话，于是担着柴走了。

启发思考：谈判沟通最好用简单的语言、易懂的言辞来传达信息，而且对于说话的对象、时机都要有所掌握，有时过分修饰反而达不到预期的目的。

五、谈判人员的素质

商务谈判过程往往是谈判双方斗智斗勇的过程，谈判人员素质的高低决定着商务谈判成功与否。谈判人员的素质包括专业素质、职业道德素质、生理和心理素质，体现在谈判人员的性格、气质、态度、情绪、见解等方面。

谈判人员的素质是谈判能否成功的重要因素，尤其是当双方合作条件较好、共同利益较一致时，谈判人员素质的高低往往会起到决定性作用。如果谈判人员缺乏相应的专业知识，不仅会给所达成的交易带来风险，而且常是导致谈判出现僵局的重要原因。另外，谈判人员过分地隐瞒真相、拖延时间或者采取最后通牒等手段会导致谈判过程受阻、对方感情受损，这也可能导致谈判僵局的产生。

在谈判中，由于一方言行不慎，伤害对方的感情或自尊，也会使谈判形成僵局，而且这种僵局很难处理。一些有经验的谈判专家认为，许多谈判人员维护自尊甚于维护公司的利益。如果在谈判中一方感到自尊受伤，他会奋起反击挽回自尊，甚至不惜退出谈判。这时，他的心态处于一种激动不安的状况，态度会特别固执，语言也富于攻击性，明明是一个微不足道的小问题也毫不妥协退让，双方自然就很难继续进行谈判。

六、对手的谈判策略

谈判的一方为了试探对方的决心和实力也会有意给对方出难题，扰乱视听，甚至引起争吵，迫使对方放弃原来的谈判目标而向己方目标靠近，使谈判陷入僵局。其目的是使对方屈服，从而达成有利于己方的交易。故意制造谈判僵局的原因可能是过去在商务谈判中己方处在十分不利的地位，通过给对方制造麻烦可能改变己方的谈判地位，并认为即使己方改变了不利地位也不会有什么损失。在商务谈判中，这种僵局是谈判的其中一方刻意设计的。比如，美国一家著名的汽车公司刚刚在日本"登陆"时，急需找一位日本代理商来为其推销产品，以弥补他们不了解日本市场的缺陷。当美国公司准备同一家日本公司谈判时，美方谈判代表因为堵车迟到，日方谈判代表则抓住这件事紧紧不放，想以此为手段获取更多的优惠条件。谈判还未正式开始，美方的谈判代表就陷入无路可退的尴尬境地。这种僵局其实就是日方谈判代表为了获得更多利益借机营造出来的，是为了获取谈判优势而施展的一种谈判策略。

【案例 8-1】

破解谈判僵局

上海某金属制品公司由集体股东、国有股东和美国股东三方共同投资设立，各方持股比例分别为 17.5%、17.5%、65%。2004 年 9 月，集体股东与国有股东签订《股权转让协议》，由集体股东受让国有股东持有的 17.5% 股权，集体股东依约支付 500 万元的股权转让款后，国有股东实际退出了金属制品公司，但该股权转让历经十年仍未在市场监督管理局办理变更登记，国有股东仍登记为金属制品公司股东。

2014 年，美国股东对外转让其 65% 股权，要求集体股东和国有股东两个股东形成决议并配合完成审批和变更。国有股东配合美国股东股权转让有两种方式：一是通过国资委、商务委审批及市场监督管理局变更登记，将原先协议转让的 17.5% 股权变更在集体股东名下，以便集体企业单独配合美国股东进行本次股权转让；二是要求其对相关文件签字盖章，直接作为金属制品公司股东配合即可。对于第一种情况，已很难按原有的条件实现交易审批，国有股东明确表示不配合办理。对于第二种情况，让国有股东作为股东进行配合，就意味着承认国有股东的实际股东身份继续存在，集体企业当年受让的 17.5% 股权将物归原主，集体股东明确表示反对。鉴于此，金属制品公司的股东变更陷入僵局，更重要的是公司此后的经营也将面临重大不确定因素。

为解决僵局，美国股东和集体股东考虑了包括起诉国有股东、申请解散金属制品公司等诸多办法，但终因成本问题和可操作性差而放弃。最终在律师的帮助下，三方股东协商，按如下方案完成交易并实现过渡：拟受让 65% 股权的中国香港股东与美国股东签订股权转让协议，中国香港股东受让美国股东股权，不进行股权变更登记，双方同时签订一份股权代持协议，由美国股东代中国香港股东持有金属制品公司的股权；中国香港股东与集体股东按 65 : 35 的出资比例成立一家新公司，新公司租赁原金属制品公司的厂房设备进行经营，原金属制品公司停止业务发展，待其尚余三年的土地使用权到期后予以清算。这样，股权代持解决了股权无法变更登记的问题，新公司的设立与租赁经营解决了原金属制品公司股权结构不确定而影响现有股东积极性的问题。

启发思考：商务谈判僵局是一种客观存在的事实。导致僵局产生的原因很多，只有认清僵局产生的原因，然后对症下药，采取灵活而又具有针对性的策略，才能打破僵局。谈判者要着眼于利益而不是立场，提出的方案要对彼此有利，坚持使用客观标准。本案例就是提出了新的方案，避免了原有的困难与矛盾，破解了谈判僵局。

第二节　化解商务谈判中的僵局

　　当谈判陷入僵局时，商务谈判人员千万不要只强调自身利益，也不要以己方为中心推测对方的意图，而应该适当地顾及对方利益的实现，多换位思考，多站在对方的立场上考虑问题，只有双方相互理解、共同妥协才可能走出僵局，实现双赢。谈判中出现僵持不下的局面是一种正常现象，作为谈判人员，要做的是认真分析谈判的情形，对局面做出正确的评估，继而根据实际情况制定合适的谈判策略来化解僵局，促使谈判顺利进行下去。

一、正视僵局的存在

　　许多商务谈判人员把僵局视为失败的象征，唯恐避之不及，谈判一旦陷入僵局，往往会很快失去信心和耐心，甚至怀疑自己的判断力和对局势的把握能力。这种思想极易阻碍谈判人员更好地运用自己的智慧和谈判策略，容易使其处处迁就对方，达成一个对己不利的协议。商务谈判人员应尽量避免这种思想的出现及其对自己的影响。

　　谈判人员应该认识到，在谈判过程中僵局的出现几乎是难以避免的，只不过在不同的谈判中出现的时机和强度略有差异而已。因为无论是在方向上还是在强度上，由于双方各自代表利益的不同，以及种种客观因素的影响，谈判双方在很多问题上存在分歧是很自然的，当这种分歧难以调和时就会成为谈判中的僵局。谈判人员应该调整好自己的心态，正视僵局的存在，在谈判开始之前即对谈判中可能出现僵持不下的各种可能性做出预测，并准备好应对方案，以巧妙的方式方法化危机为契机、变不利为有利。只要具备勇气和耐心，灵活运用各种策略、技巧，僵局就能得到有效处理。

二、充分沟通，寻找共同利益

　　共同利益是谈判双方坐下来谈判的驱动力，谈判人员要善于将双方合作的美好利益前景展示给对方。谈判的结果并不是"你赢我输"或"你输我赢"，谈判双方首先要树立双赢的理念。一场谈判的结局应该让谈判的双方都有"赢"的感觉。采取何种的谈判手段、谈判方法和谈判原则来达到对谈判各方都有利的结局，这是商务谈判的实质追求。因此，面对谈判中的僵局，谈判者应重视并设法找出双方实质的利益所在，用双方都认可的方案来达成交易。

　　例如，广东玻璃厂的谈判代表在与美国欧文斯玻璃公司引进设备进行的谈判中，就非常善于寻找共同利益，轻松突破僵局，获得了谈判的成功。在谈判过程中，双方在全套引进和部分引进的问题上发生了分歧。美国方面坚持要求中国方面全部引进，而中国方面以外汇有限为由坚持部分引进，谈判陷入了僵局。在这个关键时刻，中方首席代表对美方的首席代表说："欧文斯的技术、设备和工程师

都是世界上第一流的，你们投进设备，搞科技合作，帮我们办厂，只能用最好的东西。因为这样，我们就能成为该领域的全国第一，这不但对我们有利，而且对你们也有利。"欧文斯的首席代表是位高级工程师，他听了这番话后很高兴。接着，广东玻璃厂代表话锋一转："我厂的外汇的确很有限，不能买太多的东西，所以国内能生产的就不打算进口。现在你们也知道，法国、日本和比利时都在与我国的厂家谈合作，你们如果不尽快和我们达成协议，不投入最先进的设备、技术，就会失去中国的市场，人家也会笑话你们欧文斯公司无能。"这样一来，濒临僵局的谈判气氛立即得到缓解，最后，双方达成协议。广东玻璃厂为此节省了一大笔费用，而欧文斯公司也因帮助该厂成为全国同行业产值最高、能耗最低的企业而名利双收。

三、转移问题

当谈判陷入僵局，经过协商而毫无进展，双方的情绪均处于低潮时，可以采用避开此议题的办法，换一个新的议题与对方谈判。横向谈判是回避争议的常用方法。由于话题和利益间的关联性，当其他话题取得成功时，再回来谈论陷入僵局的话题，便会比之前容易得多。把谈判的面撒开，先撇开争议的问题谈另一个问题，而不是盯住一个问题不放，不谈妥誓不罢休。这种方法可以争取时间先进行其他问题的谈判，避免因长时间争辩而耽误宝贵的时间；其他议题经过谈判达成一致会对有分歧的问题产生正面影响，这时再回到陷入僵局的议题，气氛会有所好转，思路会更加开阔，问题便更加容易解决。有时谈判中出现的僵局，是双方僵持在某个问题上各不相让造成的，转移问题也不失为一个有效方法。当大家都不想在某个问题上首先做出让步时，可先将此问题搁置，磋商其他分歧较少的条款。如当双方在价格条款上互不相让时，可以把这一问题暂时搁置，先商谈交货日期、付款方式、运输、保险等问题。如果在这些问题的处理上双方都比较满意，就可能坚定了解决问题的信心。

【小故事 8-2】

孟子劝齐王

《孟子·梁惠王》上篇中记载有孟子说服齐宣王的一则故事。

一次，齐宣王提出要孟子谈谈关于齐桓公、晋文公争霸之事，这对于一贯主张仁义道德的孟子来说，无疑是一个难以启齿的话题。对此，孟子先以"仲尼之徒无道桓文之事"为理由，避开了对方所提的问题，转而提出了自己"保民而王"的主张，并以生动有力的言词吸引了齐宣王的注意力，最终说服了齐宣王。

启发思考：这是商务谈判处理僵局时行之有效的迂回战术。在商务谈判中，经过协商而毫无进展，双方的情绪均处于低潮时，应采用避开争议议题的办法，换一个新的议题与对方谈判。例如，在价格问题上双方互不相让，谈判陷入僵局，可以先暂时将其搁置一旁，改谈交货期、付款方式等其他问题。如果在这些议题上对方感到满意，再重新讨论价格问题，阻力就会小一些，商量的余地也就大一些，从而弥合分歧，使谈判出现新的转机。

四、暂时休会

休会策略是谈判人员为控制、调节谈判进程，缓和谈判气氛，打破谈判僵局而经常采用的一种基本策略。它不仅是谈判人员为了恢复体力、精力的一种生理需求，而且是谈判人员调节情绪、控制谈判过程、缓和谈判气氛、融洽双方关系的一种策略技巧。在谈判过程中，双方因观点产生差异、出现分歧是常有的事，如果各持己见、互不妥协，往往会出现严重僵持以致谈判无法继续的局面。这时，如果继续进行谈判，则双方的思想还沉浸在之前的紧张气氛中，结果往往是徒劳无益的，有时甚至适得其反，导致以前的成果也付诸东流。因此，比较好的做法就是休会，因为这时双方都需要时间进行思考，冷静下来，客观地分析形势、统一认识、商量对策。谈判出现僵局时，双方情绪都比较激动、紧张，会谈一时也难以继续进行，此时提出休会是一种较好的缓和办法。

谈判的一方把休会作为一种积极的策略加以利用，可达到以下目的：①仔细考虑争议的问题，构思重要的问题；②可进一步对市场形势进行研究，以证实自己原来观点的正确性，思考新的论点与自卫方法；③召集各自谈判小组成员，集思广益，商量具体的解决办法，探索变通途径；④检查原定的策略及战术；⑤研究讨论可能的让步；⑥决定如何应对对手的要求；⑦分析价格、规格、时间与条件的变动；⑧阻止对手提出尴尬的问题；⑨排斥讨厌的谈判对手；⑩使体力或情绪得到缓解；⑪应付谈判出现的新情况。但是，在休会之前，务必向对方重申一下己方的提议，以引起对方的注意，使对方在头脑冷静下来以后，利用休会的时间去认真地思考。例如，休会期间双方应集中考虑的问题为：哪些议题取得了哪些进展？还有哪些方面有待深谈？双方态度有何变化？己方是否需要调整一下策略？下一步谈些什么？己方有什么新建议？

五、改变谈判环境

如果做了很大努力，采取了许多办法、措施，谈判僵局还是难以打破，可以考虑改变一下谈判环境。

谈判人员经常会有这种感觉：在谈判桌上，双方态度严肃拘谨，说话小心谨慎，在短兵相接时又时常唇枪舌剑、互不相让；而在其他场合，双方则态度轻松、气氛和谐。因此，在谈判陷入僵局时应巧妙地暂时中止谈判，在谈判桌下以适宜的方式来缓和谈判桌上的紧张气氛，比如去游览、观光，出席宴会，观看文艺节目，也可以到游艺室、俱乐部等放松、休息。这样在轻松愉快的环境中，大家的心情自然也就放松了。更主要的是，通过游玩、休息、私下接触，双方可以进一步熟悉、了解，清除彼此间的隔阂，可以不拘形式地就僵持的问题继续交换意见，寓严肃的讨论和谈判于轻松活泼、融洽愉快的气氛之中。这时，彼此间心情愉快，人也会变得慷慨大方。在谈判桌上争论了几个小时无法解决的问题，这时也许就会迎刃而解了。

经验表明，双方推心置腹的诚恳交谈对缓和僵局也十分有效。如强调双方成功合作的重要性、双方之间的共同利益、以往合作的愉快经历、友好交往等，以促进对方态度的转变。必要时，双方会谈的负责人也可以单独磋商。

六、利用调解人

当出现了比较严重的僵持局面，即使一方提出缓和建议，另一方在感情上也不愿接受时，最好的方法是寻找一个双方都能够接受的中间人作为调解人。比如，在"六方会谈"中，中国就常扮演调解人的角色。

特别是重大的国际商务谈判，当进入立场严重对峙，谁也不愿让步的状态时，找一位中间人来帮助调解，有时可能很快使双方的立场出现松动。因为当双方陷入僵局时，双方的信息沟通就会发生严重障碍，互不信任，互相存在偏见甚至敌意，这时由第三者出面斡旋可以使双方感到公平，使相互的交流变得畅通起来。

中间人在充分听取各方解释的基础上，能很快找到双方冲突的焦点，分析其背后所隐藏的利益分歧，据此寻求弥合这种分歧的途径。中间人既可以是独立于谈判双方的第三者，也可以是与双方都有利益关系的人。这是一种简捷、有效的突破僵局的策略。

七、更换谈判人员

如果谈判僵局是由谈判人员失职或其素质较差等原因造成的，如随便许诺、随意践约或缺乏专业知识等，若不撤换就有可能损害与对方的友好合作，甚至不能维护自身的利益，这时就应考虑更换谈判人员。这种策略也可以是一种自我否定，用调换人员的方式来表明以前己方提出的条件不能算数，因而也就包含着向对方致歉的意思，从而为己方重新回到谈判桌找一个借口。在新的谈判氛围里，双方可能会更加积极、迅速地消除分歧，找到共同点，甚至做出必要灵活的妥协，使僵局由此而得以打破。因为某些谈判人员导致谈判双方产生较严重的对立情绪时，应考虑更换谈判人员，或请地位较高的人出面协商谈判问题。

在有些情况下，协商的大部分条款都已商定，却因一两个关键问题尚未解决而无法签订合同，这时，己方也可由地位较高的负责人出面谈判，表示对僵持问题的关心和重视。同时，这也是向对方施加一定的心理压力，迫使对方放弃原先较高的要求，做出一些妥协，以便协议的达成。

八、寻找替代方案

对于商务谈判中的僵局，谈判人员要善于运用自己的智慧，寻找替代的方案打破僵局。"条条大路通罗马"，在商务谈判中也是如此。谈判中一般存在多种可以满足双方利益的方案，而谈判人员经常简单地采用某种方案，当这种方案不能被双方同时接受时，僵局就会形成。若双方越过对立的立场去寻找促使其坚持这种立场的利益时，往往就能找到既符合己方利益，又符合对方利益的替代性方案。商务谈判不可能总是一帆风顺的，双方之间磕磕碰碰是很正常的事，这时，谁能创造性地提出可供选择的替代方案——当然，这种替代方案一定既要能有效地维护自身的利益，又要能兼顾对方的利益要求——谁就掌握了谈判的主动权。因此，不要试图在谈判开始就确定什么是唯一的最佳方案，这会阻止许多其他可选择的方案产生。相反，在谈判准备初期就构思对彼此有利的更多方案，往往会使陷入僵局的谈判顺利进行。

另外，也可以对一个方案中的某一部分采用不同的替代方法，例如：①另选商议的时间。彼此再约定好重新商议的时间，以便讨论较难解决的问题，因为到那时也许会有更多的信息和更充分的理由。②改变售后服务的方式。如建议减少某些烦琐的手续，以保证日后的服务。③改变承担风险的方式、时限和程度。在交易的所得所失不明确的情况下，不应该讨论分担的问题，否则只会导致争论不休。同时，讨论如何分担未来的损失或者分享利益，可能会使双方找到利益的平衡点。④改变交易的形态。使互相争利的情况改变为同心协力、共同努力。让交易双方领导、工程师、技工彼此联系，互相影响，共同谋求解决的办法。⑤改变付款的方式和时限。在成交总金额不变的情况下，可以加大定金，缩短付款时限，或者采用其他不同的付款方式。

总之，在谈判过程中商务谈判人员应该正确认识谈判僵局的存在，当僵局出现时，能理智应对、巧妙处理，善于分析僵局出现的原因和双方的局势，通过和对手充分沟通，找到双方都满意的解决问题的途径，促使谈判继续顺利进行，并能达成对双方都有利的合作协议。

思考题

1. 形成商务谈判僵局的原因有哪些?
2. 解决商务谈判僵局的策略有哪些?
3. 改变谈判环境为什么能解决谈判的僵局?

 案例讨论

突破僵局谈判

 参考阅读

如何处理、
应对、打破商务
谈判中的僵局

商务谈判中的
僵局

第九章
商务谈判合同的签订与履行

【学习目的及要求】

了解要约对要约人的法律约束；掌握合同文本应具备的条款；了解谈判协议担保的几种形式；掌握进出口合同履行的基本程序；掌握合同签订的基本要求，避免签订合同时易犯的错误。

【案例导入】

商品买卖合同范本

出卖人（以下简称甲方）：

住所地：

法定代表人：

买受人（以下简称乙方）：

住所地：

法定代表人：

甲、乙双方根据《中华人民共和国民法典》等有关法律规定，在平等、自愿的基础上，经充分协商，就乙方购买甲方产品达成以下买卖合同条款。

一、产品名称、型号、数量

二、产品质量

1. 质量标准。

2. 乙方对产品质量的特殊要求。

3. 乙方对产品包装的特殊要求。

4. 乙方对产品质量有异议的，应当在收到产品后5日内提出确有证据的书面异议并通知到甲方；逾期不提出异议的，视为甲方产品质量符合本合同约定要求。但乙方使用甲方产品的，不受上述期限限制，视为甲方产品符合合同约定要求。

三、产品价款

1. 产品的单价与总价。

上述货物的含税价为_____，总价款为_____。

2. 甲方产品的包装费用、运输费用、保险费用及交付时的装卸费用等按下列约定承担：

甲方产品的包装物由_____提供，包装费用由_____承担。

甲方产品的运输由_____办理，运输费用由_____承担。

甲方产品的保险由_____办理，保险费用由_____承担。

甲方产品交付时的装卸费用由_____承担。

乙方承担的上述费用，应当在甲方交货前一次性付给甲方。

四、产品交付

甲方产品交付方式为：乙方提货、甲方送货或甲方代办托运。

产品交付地点为甲方所在地，交货时间为合同生效后_____天，若乙方对甲方产品有特殊要求，甲方应当在乙方提供相关确认文件后_____天内交货。但乙方若未能按约定付款，甲方有权拒绝交货；乙方未能及时提供相应文件的，甲方有权延期交货。

在合同约定期限内甲方违约未能及时交货的，产品的灭失、毁损的风险由甲方承担；产品交付后或乙方违约致使甲方拒绝交货、延期交货的，产品的灭失、毁损的风险由乙方承担。

五、价款结算

乙方应在本合同书签订_____日内向甲方预付货款_____元，甲方交付前付款_____元，余款由乙方在收到甲方产品之日起_____天内付清。

乙方应当以现金、支票或即期银行承兑汇票方式支付甲方货款。

双方同意乙方未能付清所有货款之前，甲方产品的所有权仍属于甲方所有。

六、合同的解除与终止

双方协商一致，可以终止合同的履行。一方根本性违约的，另一方有权解除合同，但应当及时以书面形式通知对方。

七、商业秘密

乙方在签订和履行本合同中知悉的甲方的全部信息（包括技术信息和经营信息等）均为甲方的商业秘密。

无论何种原因终止、解除本合同的，乙方同意对在签订和履行本合同中知悉的甲方的商业秘密承担保密义务。非经甲方书面同意或为履行本合同义务之需要，乙方不得使用、披露甲方的商业秘密。

乙方违反上述约定的，应当赔偿由此给甲方造成的全部损失。

八、违约责任

本合同签订后，任何一方违约，都应当承担违约金____元。若违约金不足以弥补守约方损失的，违约方应当赔偿给守约方造成的一切损失（包括直接损失、可得利益损失及主张权利的费用等)。

九、不可抗力

因火灾、战争、罢工、自然灾害等不可抗力因素而致本合同不能履行的,双方终止合同的履行,各自的损失各自承担。不可抗力因素消失后,双方需要继续履行合同的,由双方另行协商。

因不可抗力终止合同履行的一方,应当于事件发生后　日内向对方提供有关部门出具的发生不可抗力事件的证明文件并及时通知对方。未履行通知义务而致损失扩大的,过错方应当承担赔偿责任。

十、其他约定事项

1. 乙方联系人或授权代表在履行合同过程中对甲方所做的任何承诺、通知等,都对乙方具有约束力,具有不可撤销性。

2. 签订或履行合同过程中,非经甲方书面同意或确认,乙方对甲方任何人员的个人借款,均不构成乙方对甲方的预付款项或已付款项。

3. 乙方联系地址、电话等发生变化的,应当及时通知到甲方,在乙方通知到甲方前,甲方按本合同列明的联系方式无法与乙方联系的,由乙方承担相应的责任。

4. 本合同未约定的事项,由双方另行签订补充协议,补充协议与本合同书具有同等法律效力。

5. 乙方应当在签订合同时向甲方提供其合法经营的证明文件,并作为本合同的附件。

6. 签订本合同时,双方确认的合同附件为本合同不可分割的组成部分,与本合同具有同等法律效力。

十一、争议解决

本合同履行过程中产生争议的,双方可协商解决。协商不成的,应向甲方所在地人民法院提起诉讼解决。

十二、明示条款

甲、乙双方对本合同的条款已充分阅读,完全理解每项条款的真实意思表示,愿意签订并遵守本合同的全部约定。

十三、本合同经双方盖章或授权代表签字后生效。

十四、本合同一式四份,双方各执两份。

甲方:　　　　　　　　　　　　乙方:

委托代理人:　　　　　　　　　委托代理人:

电话:　　　　　　　　　　　　电话:

传真:　　　　　　　　　　　　传真:

　　　　　　　　　　　　　　　　　年　　月　　日

启发思考：签约是商务谈判的当事人用文字形式把各方权利、义务加以肯定并依法签订商务合同的行为。合同一般分为三个部分，即约首、正文和约尾。最重要的是正文部分规定的各条款的内容必须清楚明确。该项买卖合同对产品的名称、型号、质量标准、产品价款、支付方式及违约责任都列示得非常明确，在签订合同时要保证其具体、准确。

第一节　商务谈判合同的磋商过程

从法律上讲，合同磋商的过程要经过要约和承诺两个步骤。这两个步骤既是签约的基本程序，也是签约谈判的基本策略。

一、要约

要约是指一方当事人向另一方提出签订经济合同的建议和要求。提出的一方称为要约人，另一方称为受约人。要约的内容包括：希望与对方订立经济合同的意思表示；按法定要求明确提出该合同的各项条款，特别是主要条款，以供对方考虑；一般还可规定对方做出答复的期限，这一方面可以给对方提供必要的考虑时间，另一方面可以防止无限期的等待，影响企业经营。

1. **要约具备法律效力的条件**

（1）要约是特定的当事人所做的意思表示。特定的当事人指通过要约的内容，人们能够知道是谁发出的要约。例如，某汽车贸易公司向某汽车厂发出一份传真，传真中载明"汽车贸易公司准备购买汽车厂生产的 1.5 吨中型柴油货车 10 辆"。这份传真便是一份典型的要约，要约人是汽车贸易公司，受约人则是汽车厂。

（2）要约必须具有与他人订立合同的目的。要约这种意思表示须有与受约人订立合同的真实意愿，其外在表现形式为要约人主动要求与受约人订立合同。前例中的汽车贸易公司发出的要约表明了该公司准备与汽车厂订立汽车购销合同的真实目的。

（3）要约的内容必须具体、明确、全面。受约人通过要约不但能明确要约人的真实意愿，而且能知晓未来订立合同的主要条款。如汽车贸易公司向汽车厂发出的要约中要明确载明想购买汽车的型号、吨位、颜色，以及可以承受的价格、付款方式、提货时间等。

（4）要约必须得到受约人的承诺后才能生效。前例中，一旦受约人在与要约人约定的答复期内向汽车贸易公司做出了承诺，接受汽车贸易公司的条件，汽车贸易公司就不能更改，而只能按自己发出的要约内容进行付款提货。

2. 要约对要约人的法律约束

（1）要约人在有效期限内不得变更或撤销要约。要约是一种法律行为，要约人做出的要约在送达受约人之前，可以变更或撤销，其条件是撤销或变更的通知必须先于或同时与要约到达才有效。

如果要约已送达受约人，在受约人做出承诺之前，要约人是否受要约的约束，对此英美法与大陆法之间有很大的分歧。

英美法认为，在受约人做出承诺之前，要约原则上对要约人无约束力，要约人可以撤回或变更要约。即使要约人在要约中规定了有效期限，在期限届满之前仍可撤回要约。

大陆法规定则不同。德国、瑞士、巴西等国规定，要约在到达受约人后，要约人须受要约的约束。如果要约中规定了有效期限，则要约人在有效期限内不得撤回或变更要约；如果要约中没有规定有效期限，则依通常情形，在得到答复之前不得撤回或变更要约的内容，除非要约人在要约中注明"不受约束"。

（2）要约人有与受约人订立合同的义务。要约人在要约中表示了签订合同的愿望和要求，明确提出了合同内容的基本条件，受约人接到签约后，一旦做出承诺，要约人则有与受约人签订合同的义务。

（3）要约的失效。要约的失效指要约失去了法律效力。要约一般由于下列原因而失效：因期限届满而失效，因要约人的撤回而失效，因受约人拒绝接受而失效。

3. 要约邀请

要约邀请是希望他人向自己发出要约的意思表示，是当事人订立合同的预备行为，行为人在法律上无须承担责任。要约邀请与要约的区别在于以下几点。

（1）要约是当事人自己主动愿意订立合同的意思表示，以订立合同为直接目的；要约邀请则是当事人希望对方向自己提出订立合同的意思表示。

（2）要约必须包含合同的主要内容，而且要约人有意愿受到要约约束；要约邀请则不含当事人表示愿意接受约束的意思。

（3）要约大多数是针对特定的人，故要约往往采取对话方式或信函方式。要约邀请一般不针对特定的人，故以电视、报刊等媒介为传递手段。寄送的价目表、拍卖公告、招标公告、招股说明书、商业广告为要约邀请。其中，商业广告的内容若符合要约的规定，则视为要约。

二、承诺

接受在法律上叫作承诺，它是指受约人在要约有效期内无条件同意要约的全部内容，愿意订立合同的一种表示。

1. 有效承诺必备的条件

（1）承诺必须由特定的受约人向要约人做出。只有要约人指定的受约人表示的接受才有效，任何第三者针对该项要约做出的承诺对要约人均无约束力。

（2）承诺必须明确表示出来。承诺必须由受约人以一定的方式表示出来，表示的方法大多采用口头或书面声明，也可根据要约人的要求或双方当事人之间已经确定的习惯做法表示。例如，卖方用交运货物、买方用支付货款或开立信用证的行动来表示。

（3）承诺必须在要约有效期内传达到要约人。《联合国国际货物买卖合同公约》规定：承诺于到达要约人时生效。如果承诺在要约的有效期内，或者要约未规定有效期，在合理时间内未到达要约人，承诺即无效。

（4）承诺必须与要约的内容相符。要达成交易，受约人必须无条件地全部同意要约的条件。不得对要约的内容做任何限制、扩张或变更，否则不构成承诺。因此，承诺必须是绝对的、无保留的，必须与要约人所发出的内容相符。

2. 承诺生效时间

如果承诺通知超过要约规定的有效期限或要约未具体规定有效期而超过合理时间才到达要约人，这就成为一项逾期承诺。一般情况下，逾期承诺在法律上不能视作有效的承诺，而是一项新的要约，因此须经原要约人及时地表示同意（接受），方能达成合同。但是，有一种情况应该注意，一项承诺，如果使用信件或其他书面文件表明，在正常传递的情况下，本应及时送达要约人，但由于出现传递不正常的情况而造成延误，这种逾期承诺则被视为是有效的。

三、商务合同的结构及条款

商务合同一般由约首、正文和约尾三个部分组成。

（1）约首。约首为合同的开头部分。它包括合同的详细名称、签订合同当事人的名称（姓名）、签订合同的目的和性质、签订合同的日期和地点、合同的成立以及合同中有关词语的定义和解释等内容。

（2）正文。正文表达合同的重要条件和实质性内容，包括合同的标的与范围、数量与质量规格、价格条款与支付方式、违约责任、不可抗力等内容。这是合同的核心部分，在签订合同时要保证其具体而又准确。

（3）约尾。约尾包括合同使用的文字及其效力、合同文本的份数、合同的有效期限、通信地址及合同的签署与批准等内容。

四、商务合同文本应具备的条款

商务合同文本应具备以下条款：

（1）合同当事人的名称或者姓名、国籍、主营业场所或者住所。

（2）合同签订的日期和地点。合同签订的日期涉及合同生效的问题，除我国有关法律、法规规定应由国家批准的合同外，它表示合同发挥效力的时间，即双方在合同上签字即告生效。合同签订的地点与法律适用有关。当某一合同未规定选择适用的法律时，一旦发生争议，一般适用于合同缔结地的法律。作为我国的企业来说，应尽力争取在境内签订合同，其原因就在于此。

（3）合同标的。合同标的是指合同当事人双方权利和义务共同指向的对象，如技术贸易中的技术、货物买卖中的货物等。

（4）合同标的依据标准。合同标的依据标准有许多种，如国际标准、国家标准等，某种标准随着科技与生产力的发展会不断发生变化。在引用时应明确以哪个国家的标准为依据，并注明该标准的颁布年代和版本。

（5）合同履行期限、地点和方式。履行期限是指合同双方当事人实现权利和履行义务的时间限制。地点和方式是指合同双方当事人履行各自义务和责任的地点和方式。

（6）价格条款和支付方式。价格条款不仅涉及标的价格，而且涉及与标的活动有关的双方责任及风险的划分。支付方式则涉及能否安全、迅速、完整地实现合同双方当事人的经济利益。

（7）违约责任。违约责任是合同当事人一方不履行合同或未完全履行合同时，违约方应当对守约方进行的赔偿措施。违约责任是为了保证合同能够顺利、完整地履行而由双方自主约定的。它可以给合同各方形成压力，促使合同如约进行。违约责任主要有违约金、赔偿金、继续履行等。

（8）解决争议的方法。解决争议的方法是当事人就纠纷解决协商的一种可取的途径。争议的解决方法有当事人双方自行协商解决、第三人进行中间调解、提交仲裁机构解决和向人民法院提起诉讼。

（9）合同使用的文字及其效力。按照国际惯例，合同应当使用双方当事人所属国家的法定文字，并且两种文字都具有同等的法律效力，当两种文字在解释上不一致时，应以当地一方文字为准。

有些合同还带有附件，是对合同中有关条款的进一步解释和规定。因此，附件也是合同不可分割的组成部分，与合同正文具有同等的法律效力。

【知识点滴】

招标

招标行为的法律性质是要约邀请。首先，招标人向不特定的人发布招标通知书或投标邀请书，从众多投标人中寻找最佳合作者。《中华人民共和国政府采购法》规定，在招标采购中，首先，"符合专业条件的供应商或者对招标文件做出实质响应的供应商不足三家的"应予以废标。其次，招标人发布招标通知书或投标邀请书的直接目的在于邀请投标人投标，而不是直接与受邀请人签订合同，投标人投标之后并不即刻订立合同。虽然招标文件对招标项目有详细介绍，也提出了一系列条件，但它缺少合同成立的主要条件。比如价格，这些有待于投标者提出。再次，如果投标人投标，招标人不同意投标人的条件，可以拒绝投标，而不用承担法律责任。因此，招标行为仅仅是要约邀请，实际上是邀请投标人来对其提出要约（合同成立的一些主要条款）。招标行为一般没有法律约束力，招标人可以修改招标公告和招标文件，实际上，各国政府采购规则都允许对招标文件进行澄清和修改。但是，由于招标行为的特殊性，采购机构为了实现采购的效率和公平性等原则，在对招标文件进行修改时也要遵循一些基本原则，比如各国政府采购规则规定，修改应在投标有效期内进行，应向所有的投标商提供相同的修改信息，并不得在此过程中对投标商有歧视行为，但这种约束力不是合同约束力。

启发思考：《中华人民共和国民法典》列明招标公告为要约邀请，因为招标公告不具备合同的主要内容，但这并不意味着招标公告不具有法律约束力。《中华人民共和国招标投标法》规定，招标公告应当载明招标人的名称和地址，招标项目的性质、数量、实施地点和时间，以及获取招标文件的办法等事项。

第二节　商务谈判合同的鉴证和公证

一、鉴证程序

鉴证是有关合同管理机构根据双方当事人的申请，依据国家法律、法令和政策，对谈判协议的合法性、可行性和真实性进行审查、鉴定和证明的一项制度。

第一，提出鉴证申请。谈判协议双方的当事人在签订协议后，根据自愿原则，若有鉴证的要求，则可在协议签订地或协议履行地向鉴证机关提出鉴证申请。如果仅当事人一方要求对谈判协议进行鉴证，同样也可向鉴证机关提出申请。

第二，向鉴证机关提交证明材料。证明材料包括谈判协议的正本和副本、营业执照正本或副本、签订协议的法定代表人或委托人资格证明，以及其他有关证明材料，同时应按规定交纳鉴证费。

第三，鉴证机关对谈判协议进行审查鉴证。对当事人提交的证明材料，经过审查符合鉴证条件的，即予以鉴证。由鉴证人在协议文书上签名并加盖市场监督管理部门的鉴证章。

二、公证程序

公证是公证机关根据当事人的申请，依法对协议进行审查，证明其真实性、合法性，并予以法律上的证据效力的一种司法监督制度。进行公证活动，对于保护当事人的权益、预防纠纷、防止无效协议、促进协议的履行有着重要的意义。涉外公证既可以保护我国公民、侨胞在境外的合法权益，也可以保护外国公民、法人在我国的合法权益。

公证程序如下：

（1）当事人向单位所在地或协议鉴证地的公证机关提出口头或书面申请。

（2）申请时提供营业执照、协议文本等有关证明文件和资料。

（3）公证机关对当事人的身份、行使权利和履行义务的能力，以及协议进行审查。公证也要交纳公证费。

三、合同鉴证与公证的区别

第一，出证的机关不同。合同鉴证机关是我国市场监督管理部门，公证机关是司法行政机关下属的公证处。

第二，出证的性质不同。对合同进行鉴证是一种行政管理制度，属于行政监督措施；公证则是一种司法制度，是国家所设立的专门的公证机关和专门的公证人员，按法律规定对经济协议进行管理的一种法律监督手段，属于司法性质。

第三，监督作用的范围不同。鉴证只适用于合同。经过鉴证的协议，市场监督管理部门有权采取各种方式，对当事人双方履行合同的情况进行检查，有权向当事人指出妨碍协议履行的问题，并提出改正的要求。如果当事人对所提要求置之不理，不予改正，甚至发生违法行为，市场监督管理部门有权采取措施，加以妥善处理。如果发生协议纠纷，则由工商行政管理机关负责调解、仲裁。公证机关对经过公证的经济协议的监督作用体现在对协议进行审查、证明的过程中。审查之后合格的，公证机关不具有检查协议的执行情况、监督协议履行的责任。若协议双方发生纠纷，公证机关则不负责调解、仲裁。

（4）出证的方式不同。鉴证时，鉴证人应在原合同文本上签署鉴证意见，并签名和加盖市场监督管理部门合同鉴证章，同时发给当事人鉴证通知书；而公证时，公证人员应按统一的格式出具公证书，不能在原合同文书上签字盖章。

（5）法律效力不同。经过鉴证的合同，如果一方违约，当事人可向原鉴证机关申请调解或按约定进行仲裁；发生纠纷时也可以直接向人民法院提起诉讼。经过鉴证的合同不能作为申请法院强制执行的依据。经过鉴定的合同，只能在我国行政区域内具有法律约束力。经过公证的合同，若一方不履行，当事人可以向公证处申请，公证处认为真实、合法，且具备了一定条件，则可证明此合同具有强制执行的效力，当事人可向有管辖权的人民法院申请强制执行。经过公证的合同，在境内境外同样具有法律效力。

【案例 9-1】

赠与公证纠纷

2005 年 3 月，原告夫妻王某、杨某担心在他们百年之后子女因为房产起争议，经过商议，遂在北京市朝阳区公证处办理公证，将他们位于北京市朝阳区的房屋一套赠与其儿子即本案被告所有。公证后，房屋并未办理过户手续。2008 年之后原、被告之间因赡养问题发生矛盾。原告称被告未履行赡养义务，并对原告有打骂行为，遂于 2012 年 5 月向法院起诉，要求确认赠与合同无效。

庭审中，原告诉称，根据《中华人民共和国合同法》（于 2021 年 1 月 1 日废止）第一百八十七条规定，赠与的财产依法需要办理登记手续的，应当办理。同时，根据司法部制定的《赠与公证细则》第七条规定，办理不动产赠与，经公证后应及时到有关部门办理所有权转移登记手续，否则赠与行为无效。原告认为该赠与房产未办理过户手续，应认定赠与无效。

被告辩称，赠与合同是诺成合同，自赠与之日起发生法律效力，与房屋是否办理过户手续无关。并且被告履行了法律规定的赡养义务，并未对原告有打骂行为，且本案的赠与合同已经办理公证，不能主张撤销。

启发思考：一般情况下经过公证的赠与合同不得撤销，除非出现了几种法定的可撤销的事由。《中华人民共和国民法典》第六百六十三条规定："受赠人有下列情形之一的，赠与人可以撤销赠与：（一）严重侵害赠与人或者赠与人的近亲属的合法权益；（二）对赠与人有抚养义务而不履行；（三）不履行赠与合同约定的义务。"当出现以上法定事由时，不论赠与合同是以何种形式订立，是否经过公证，是否完成交付，赠与人都可以提出撤销赠与。

第三节　商务谈判合同的履行

一、谈判协议的担保

谈判协议的担保是保证协议切实履行的一种法律关系，担保就是在谈判时，一方请一位保证人或者以其他的方式来保证其切实履行协议的一种形式。经济协议的担保是由国家法律规定或由双方当事人协调确定的，一般有以下几种形式。

1. 保证人

保证人是保证一方履行协议的第三者。保证人和被保证人之间有相互的权利、义务，是一种协议关系。保证人和对方当事人之间也是一种协议关系。因此，签订保证人条款时，三方当事人都应当参加，共同明确相互的权利和义务。当被保证人不履行协议时，保证人有义务帮助被保证人履行；当被保证人不履行协议给对方造成损失而无法赔偿时，保证人有义务帮助被保证人赔偿对方的损失。受害人既有权要求违约方赔偿损失，也有权要求保证人赔偿；而保证人也有权要求被保证人偿还其代为赔偿的损失。

2. 定金

定金是当事人一方为了证明协议的成立和保证协议的履行，预付给对方一定数额的货币。定金是协议成立的一种证明。给付和接受定金这一事实，证明双方经济协议的关系已经成立，任何一方都无权反悔。

定金能促使协议双方认真地履行协议。定金可先行给付，协议全面履行后，定金应当收回或抵作价款。给付定金的一方如果不履行协议，则无权要求返还定金；接受定金的一方如果不履行协议，则应当按所接受定金的数额双倍返还。这种规定能促使双方当事人严肃、认真地履行协议。

应当明确的是，不要把定金和预付款性质的订金混为一谈，定金在一定意义上带有预付款的性质，但预付款的订金不是定金，它不具备担保的性质，而定金包含担保的意义。

【小故事 9-1】

定金与订金

高密的余女士在一汽车4S店看好了一款家用轿车，并预付了一笔押金。就在她准备提车时，家中突然出现了较大变故，只好放弃购车计划。

余女士说："我到4S店想把当初的订金要回来，但4S店不给，于是我就向消费者协会投诉。在他们的帮助下，订金要回来了。非常感谢消费者协会的帮助。"

虽然最后要回了订金，可过程却着实费了一番周折。余女士说，当初交押金时，与销售方签了一个简单的购车协议，协议上写的是"订金"二字，由于对"订金"与"定金"的区别不是很清楚，所以当纠纷出现后，4S店就故意混淆"定金"与"订金"的区别，企图截留这笔资金。幸亏有消费者协会的帮助，才避免了她的经济损失。

启发思考：从法律上讲，定金具有一种担保性质，如果接受定金方发生违约行为，则需要将定金双倍返还；而如果支付方违约，则无权要求定金返还。订金不是一个法律概念，在司法实践中一般视为预付款，作为预付款，无论是消费者还是销售商的原因，如买卖未能实现，所交订金都应返还。

3. 留置权

留置权是协议担保的一种法律手段，指由于对方不履行合同，当事人一方对对方的财产采取的一种扣留措施。如在来料加工、代为保管关系中，如果委托方不按期提取保管物，或不按期支付加工费，则保管方有权留置对方的财物，在法律规定的期限内可以变卖留置物，从货款中优先得到清偿。这能促使委托人按时、按质、按量严格履行协议。

4. 违约金

当事人一方不实际履行或不适当地履行协议时，必须支付给对方一定数量的货币。也就是说，一方违约不履行协议时，无论是否给对方造成损失，都应该支付违约金。

5. 抵押

抵押是指协议当事人或第三方为表示一定履行协议，向对方提供的财产保证。接受抵押财产的人称抵押权人。当抵押人不履行协议时，抵押权人有权扣留财产。

二、外贸合同的履行

买卖双方经过交易磋商达成协议后即签订书面的合同，作为确定双方权利和义务的依据。在国际贸易中，买卖合同一经依法有效成立，有关当事人必须履行合同规定的义务。卖方的基本义务是按照合同规定交付货物，移交一切与货物有关的单据和转移货物的所有权；买方的基本义务是按照合同规定支付货款和收取货物。

"重合同，守信用"是履行买卖合同时必须遵守的原则，也是我国对外贸易一贯遵守的一项原则。按时、按质、按量履行合同的规定，不仅关系到买卖双方各自的权利与义务，还关系到国家的对外信誉。因此，买卖双方必须严格履行合同。

外贸合同的履行

【案例 9-2】

合同违约索赔

某省 W 公司与外国 S 公司于 2012 年 1 月 26 日签订了《补偿贸易合同》。合同规定 S 公司向 W 公司提供由某公司生产的加工番茄酱成套设备，生产能力为每小时 20 吨原料，并提供该设备两年的零配件、备用件、检测化验用仪器、设备安装和技术服务。设备主要部件装船离岸的最后日期不迟于 2012 年 5 月 20 日，剩余部件在 2012 年 6 月 15 日前空运到首都机场。合同总金额为 330 万美元（其中设备款 290 万美元、S 公司在 2012 年 7 月底前支付 W 公司用于生产启动的预付款 40 万美元）。W 公司分三年以该设备生产番茄酱偿还全部款项。合同于 2012 年 3 月 14 日经某省对外贸易经济合作厅批准生效。

申请人 W 公司的索赔要求和理由：

双方签订的合同生效后，为在 2012 年 7 月正式投产，W 公司进行了厂房及配套设施的建设，国内配套设备的购置、9 200 亩番茄的种植（2012 年 3 500 亩、2013 年 5 700 亩），派出技术人员、管理人员和岗位工人学习培训等。同时，W 公司还从 2012 年 3 月至 2013 年 4 月付给被申请人 810 万元和 13 万美元。

但是，在合同规定的期限内，S 公司既没发运任何设备，也元支付分文用于生产启动的预付款，其违约行为给 W 公司造成了重大经济损失。

S 公司逾期没有发运设备。双方于 2013 年 3 月 8 日再次签订《设备发运协议》（以下简称《协议》），《协议》规定 S 公司必须于 2013 年 3 月 27 日前把全套番茄酱生产线设备空运到北京航空港交货，否则 S 公司保证退款。

2013 年 4 月初，双方就合同履行中的问题进行讨论。在 S 公司承诺海关税由其负担并保证 W 公司 7 月试车投产的前提下，双方拟以建立合资企业的方式继续履行原合同。但有关合资企业的协议及各项文件并未签字和报批，因此，拟建合资企业事项并没有实际取代原补偿贸易合同。

W 公司按照约定继续进行 2013 年的番茄种植和番茄酱的生产准备工作。但在 4 月 27 日，W 公司接到 S 公司写为"4 月 19 日"的传真和设备生产厂家 4 月 18 日、4 月 26 日给被申请人的传真，告知设备可能延迟装运，最早的航班也只能在 6 月 29 日以后到达，设备主件"蒸发罐"有可能被转卖，不能保证在 2013 年的番茄生产季节投产。W 公司立即回传真表示拒绝："任何晚于 5 月 10 日启运设备的安排，我们都是不能接受的。"并明确告诉 S 公司："请贵公司注意：如果由于设备不能及时到货而影响我司安装生产，我司将不会再进行这项交易，而要求退回预付款，追赔损失。"

5 月 2 日，S 公司传真告知 W 公司："我司在设备问题上遇到了很大的麻烦……请贵公司不要进行今年的番茄种植计划了。"这意味着：不仅 2013 年已经大面积种植的番茄、与种植者签订的番茄收购合同等事项将必须赔偿，而且 W 公司 2013 年生产番茄酱的工作计划也已经落空。这是 W 公司所无法接受的，W 公司在 5 月 3 日的传真中明确表示了自己的态度，并强调："再次提醒贵公司，如果设备不能如期到货，我司将对贵公司提出索赔起诉。"

S公司对于W公司巨大的经济损失和解除合同的要求置若罔闻，在5月20日的传真中单方面将设备的装运日期改变为2013年底，并发运少量对投产无实际意义的设备，这是一种单方面人为地扩大损失的行为。W公司立即告知S公司：即使S公司发运了设备，W公司也不提货，自2013年5月17日后，双方只就处理合同解除的遗留问题进行商谈，不存在合同继续履行的问题。

此后，S公司竟然违背国际商贸的一般准则，单方面人为地扩大损失。在7月中旬和8月初，W公司收到S公司分别于6月17日和7月18日发运部分货物的通知，这两批货物的价值不足设备款的15%，在项目上属于支架、配件等非主要零部件，根本无法形成生产能力，理所当然地被W公司拒绝。

启发思考：W公司所遭受的巨大经济损失，是由S公司不履行补偿贸易合同的行为造成的。因此，W公司可向仲裁庭提出申请，要求：裁决解除双方的《补偿贸易合同》；裁决S公司赔偿对W公司造成的相应经济损失；裁决S公司退还W公司预付的设备款810万元和13万美元，并补偿该款项的银行同期利息。

第四节　签订商务谈判合同易犯的错误

合同签约，一方面是用法律语言准确无误地记载双方当事人谈判达成协议的各项内容，另一方面是对谈判中尚有争议的部分做进一步的探讨和协商。在签订商务谈判合同时易犯如下错误。

一、协议条款不全，规定不明确

协议条款不全、规定不明确是签订经济合同或协议最容易犯的错误。

1. 协议条款缺乏质量要求与标准

谈判双方在签约时，必须充分协商，明确、具体地规定产品质量标准。相关法律规定，有国家标准的按国家标准执行，没有国家标准而有专业标准的按专业标准执行，以上标准都没有的按企业标准执行。在协议合同中必须写明执行的标准代号、编号和标准名称。对成套产品，要对附件的质量要求做出明确的规定。有些特殊商品，国家还规定有特殊的质量要求。

在有些协议中虽然规定了产品质量要求，但要求不具体，发生问题时容易产生争议，莫衷一是，无法解决。像一些协议，没有详细、明确、具体地规定质量标准。例如，"质量标准按产品说明书"，包装质量仅写成"外观完好"，等等。因为"产品说明书"有多种形式，有专门说明质量的，有专门说明使用方法的，有专门介绍装配方法的；包装质量不仅包括外观完好，还应具有一定的防震、防湿、防腐蚀等功能。

2. 协议缺少价款的规定

有人认为，有些产品的价格国家有规定，谁也不会钻空子，价格变动时上级会通知。这种观点已经过时了。在价格逐渐放开的条件下，即使某些产品国家有限价，也应在协议中写明，以免双方发生争执。还有些是新产品处于试制阶段，成本一时无法计算，价格难以确定，所以在合同中就缺少价款的规定。这些情况下，由于责任难以分清，不写价款很容易发生争执。正确的做法是，协议中的产品价格，必须遵守国家有关物价管理的规定。有国家定价的，按国家定价执行；应由国家定价的产品而尚无定价的，其价格应报请物价部门批准；不属于国家定价的物品，由谈判双方协商暂定价格，并在合同中注明。

有些合同价款写成"估算价"，订立"开口合同"，在实际交货时，供方单方面决定新价格，因事先不经谈判协商一致，合同中又未做具体规定，会遭对方拒付，从而发生纠纷。这种情况在购销合同中时有发生。

【小故事 9-2】

还欠款纠纷

债权人与债务人之间有时会因对同一个字的读法或读音不同而产生争议。

2014 年，洪泽法院妥善审结一起因对多音字解读分歧而引发的债权债务纠纷。

2013 年 2 月，尤某因资金周转困难向朋友石某借款 12 000 元，并向石某出具欠条一张。同年 7 月尤某向石某返还了部分欠款，并在原欠条上注明"还欠款 10 000 元，余款于 2013 年底分两次还清"。到期后，双方因对借款数额的确认发生严重分歧。因为原欠条上"还欠款 10 000 元"中的"还"是多音字，双方读法不同，其债权债务结果则大相径庭。石某认为原欠条上的"还"字读作还（hai），即表示尤某还欠自己 10 000 元，上次只偿还了 2 000 元。尤某则坚称欠条上的"还"应该读作还（huan），自己已经向石某偿还了 10 000 元欠款，只有 2 000 元未偿还。石某无奈，于是一纸诉状将尤某诉至法院。

（资料来源：摘自中国法制网。）

启发思考：民事法律关系的当事人在确立债权、债务及权利义务时，文字一定要明确，不能产生歧义，否则往往会产生不利后果。案例中对"还"字的不同理解会产生截然不同的法律后果。本故事的借条中可以写成"今归还欠款 1 万元";反之，亦可写成"今尚欠款 2 000 元"。

∙∙

3. 交货期不明确

交货期条款应起到准确制约供方交货行为的作用。交货期不明确很容易引起纠纷。交货时间要写明确切的起点和终点，如"某年某月某日开始"至"某年某月某日前交清"等。交货期应写成日期，不应该写成期限。

在一些合同中，交货期更是模糊不清，弹性过大，没有任何约束力。如在合同上写"按需方使用情况均衡发货"，具体如何均衡发货未做规定。有的写"分期分批"，分几期、几批，每期具体时间、每批具体数量都不明确;有的只写明"请尽快解决"，便成了没有切实保证的"君子协定"。

有的合同对交货期的规定直接违反国家有关法规。如某厂为了避免产品完成后，因铁路运输延误交货而承担违约责任，于是在合同中规定"交货期不包括办理运输周期"，直接违反了国务院颁布的《工矿产品购销合同条例》第二十六条关于代运产品交货日期的规定:"送货或代运的产品的交货日期，以供方发运产品时承运部门签发戳记的日期为准。"

4. 协议的验收方法、地点不清楚

验收条款应包括验收时间、验收方式、提出异议的期限三项基本内容。如果谈判双方商定以样品为质量标准，则必须是双方共同封存的样品。在验收条款中，验收方式也很重要。特别对于数量较大的购销谈判，确定合适的抽验比例十分重要。

例如，写"到厂验收"，到哪个厂以及如何验收不明确。交货地点写"供方完成产品后送到西安"，未写明具体的送货地点。有的交货地点只写"十里铺"，但全国相同的地名很多，送到哪个"十里铺"？还有的写成"某某市车站交货"，这句话也不严谨，有的城市不止一个车站，容易产生误解，延误交货时间。

5. 合同的结算办法不明确

根据《中国人民银行结算办法》，付款单位的承付，包括"验单付款"和"验货付款"两种形式。一般在购销合同中，如果是"验单付款"，那么付款的期限为 3天，从付款单位开户银行发出承付通知的次日算起;如果是"验货付款"，则支付期限为 10 天，从运输部门向付款单位发出提货通知的次日算起。由此可见，不同的承付方式对谈判双方权益的影响是不同的。笼统地把"结算方式"写成"通过银行转账结算"是不合适的，应具体注明是"验单付款"还是"验货付款"。"货到付款"是合同中常见的错误用语。它既未说明付款的确切时间，也未说明是现金支付还是通过银行办理转账结算，那么需方可以据此无限期地拖延付款。

6. 协议条款用词含糊，模棱两可

经济协议具有法律的严肃性，一经签订就具有法律效力。合同用语的起码要求是准确具体，反对一切抽象的、笼统的表述和含混不清的用语。例如，某货款协议的"借款用途"条款中写成"购置设备等"，这个"等"就使借款用途得到无限扩大，使货款方失去了监督检查和制约借款方的依据。还有些合同上写了"马上""争取""尽力""尽快"等词，这些词都是画蛇添足，在发生争执时，都能成为争辩的证据。

投保前应如实告知病情

7. 协议遗漏签约地

《中华人民共和国仲裁法》明确规定："经济合同纠纷案件一般由履行地或合同签约地的仲裁机关管辖，执行有困难的也可由被诉方所在地的仲裁机关管辖。"在合同中明确"签约地"后，当合同发生纠纷时，便可迅速确定管辖机关。谈判双方应知道标明合同签订地及异地盖章对合同纠纷处理的作用。按照司法惯例，标明合同签订地的合同纠纷应由签订地司法部门管辖，如未标明签订地则由后加盖公章的异地司法部门管辖。

二、签订协议的主体不明确或不合法

《中华人民共和国民法典》规定，只有"法人之间"才能订立经济合同，只有法人才能成为经济合同法律关系的主体。但有的经济合同中签订经济合同的主体并不是法人。

有的合同主体不明确。如在某购销合同中，开始出现了四个当事人，即甲方的"某某实业贸易公司""某某农工商联合公司"，乙方的"某某联合企业公司""某某开发公司"。在合同最后，签章的却是一个单位，即甲方的"某某实业贸易公司"，乙方的"某某联合企业公司"。这样从合同文本上，我们就不能一目了然地认清这四者之间的关系，也不易辨明谁是该合同真正的主体。

有些合同上盖有"销售科""生产组"的图章。这些图章用于签订合同是不合法的，因为它不是法人，没有资格签订经济合同，以其名义订立的合同是无效的。另外，有的单位签约人员在携带合同专用章外出签订合同时，往往不持本单位签发的委托书，严格来说，他不具备法人代表的资格，也不具备委托代理人的资格，不能代表企业签订合同。

更严重的是，由于谈判中对对方是否具有法人资格审查不严，容易被不法之徒欺诈，造成谈判一方的重大经济损失。一些不法分子使用伪造的介绍信、工作证、合同专用章和"某某市统一发票"，以一些紧俏商品为诱饵，或在某些产品价格上做些让步或者以预收一部分装箱押金或装运费等手法，诱使对方签订经济合同，进

行诈骗活动，使要货单位遭到经济损失。应审查对方当事人派遣的交涉人员是否具有决定权，在最后订立合同时，交涉人出示权限证明是非常有必要的。

另外，在签订合同之前应事先调查对方公司的证明资料、履行合同的能力、信誉程度等，否则在合同订立后容易产生纠纷。

三、合同没有违约责任条款或违约责任表述不正确

《中华人民共和国民法典》中用了很大篇幅对违约责任做了明确而具体的规定，不同类型的经济合同，违约的内容也有所不同。在实际经济谈判活动的签约中，存在不规定谈判双方违约应负的经济责任、法律责任的情况。

有的合同虽然规定了违约责任，但对违约责任表述不正确，发生纠纷后，彼此意见很难一致。

违约金一般分为法定违约金和约定违约金。凡法律或条例用百分比规定违约金数量的，为法定违约金；凡是法律或条例没有规定，而由当事人协商确定的，为约定违约金。法定违约金又分为两种：一种是固定百分比的违约金，称为法定固定违约金；另一种是规定了违约的最低和最高百分比，由谈判双方根据规定的幅度在订立合同时做具体的确定，称为法定浮动违约金。一般情况下，根据合同标的性质确定适用的相应法规并不难，对于一些种类界限不明的产品，双方事先应就适用的法规做出规定。有的代购合同违约责任写成"乙方违约，甲方有权拒付代购费；甲方违约，乙方有权扣押货物以冲抵"。还有的合同只做了抽象的、原则的规定，如只写明"如违反合同追究违约责任"，但如何追究、责任多大并没有明确规定。一旦发生违约纠纷，违约金的数额确定会比较困难。

也有个别合同的违约责任是以谈判一方有利与否及有利程度而定，只规定对方单方面的违约责任，有意避而不写自己的违约责任。这显然违反了平等互利的原则，也容易引起合同纠纷。

四、草率签订、任意中止协议

签合同时要特别谨慎。合同条文是双方诉诸法律的依据，语言应明确。不能因国家、地区和文化习俗的不同，使合同词句晦涩难懂。逻辑关系应十分严谨，要达到令任何律师无缝可钻的程度。所以，必须在签字前对合同行文反复核查。尤其对表述不清、数量和质量标准不明、经营技术用语不当、前后条款相抵触等内容，必须予以纠正，特别是由对方书写的合同更要认真检查。

五、协议条款互不衔接，相互之间发生矛盾

商务谈判协议的种类很多，各类协议都因谈判双方的经济目的和具体要求不同而各不相同。但无论哪种协议或合同，一般由约首、正文和约尾三个部分组成。"约首"是合同的首部，用来反映合同的名称、号数，签约的日期、地点，双方的名

称、地址以及序言等内容。"正文"是谈判双方协议的具体内容，它包括标的、数量和质量，价款或者酬金，履行的期限、地点和方式，包装和验收方法，违约责任等主要条款。"约尾"是合同的尾部，用来反映合同文字的效力、份数、附件以及双方签字盖章等。一份完整有效的合同，一般要求各主要条款相应衔接，如果出现其中一项条款与另一项条款相抵触的现象，实际上就是两项条款相互否定，一旦发生纠纷，双方会各执一词，相互争辩。因此，在签约时，不仅各条款要完备，不可漏签，而且要保证各条款不发生矛盾。

 思考题

1. 商务谈判的主要内容是什么？
2. 在洽谈产品的检验条款时应注意什么问题？
3. 法律对于买卖合同有效成立的条件的规定都包括哪些主要内容？
4. 国际货物买卖合同谈判时应注意的事项有哪些？
5. 撰写合同文本前应做好哪些准备工作？
6. 除合同约束外，还可以考虑通过哪些途径保障合同条款的执行？

 案例讨论

国际贸易中合同欺诈的防范

第三篇

商务谈判技巧

第十章
商务谈判沟通及语言技巧

【学习目的及要求】

掌握肢体语言的概念，以及商务谈判中肢体语言的运用；了解商务谈判中牵引注意力的运用；掌握商务谈判中肢体语言在跨文化沟通中的运用；掌握商务谈判语言的特征。

【案例导入】

农夫卖玉米

一个农夫在集市上卖玉米。因为他的玉米特别大，所以吸引了一大堆买主。其中一个买主在挑选的过程中发现很多玉米上都有虫子，于是他故意大惊小怪地说："伙计，你的玉米倒是不小，只是虫子太多了，你想卖玉米虫呀？可谁爱吃虫肉呢？你还是把玉米挑回家吧，我们到其他地方去买好了。"

买主一边说着，一边做着夸张而滑稽的动作，把众人都逗乐了。农夫见状，一把从他手中夺过玉米，面带微笑却又一本正经地说："朋友，你是从来没有吃过玉米吗？我看你连玉米质量的好坏都分不清，玉米上有虫，这说明我在种植中没有施用农药，是天然种植，连虫子都爱吃我的玉米，可见你这人不识货！"接着，他又转过脸对其他人说："各位都是有见识的人，你们评评理，连虫子都不愿意吃的玉米就好吗？比这小的玉米就好吗？价钱比这高的玉米就好吗？你们再仔细瞧瞧，我这些虫子都很懂道理，只是在玉米上打了一个洞而已，玉米可还是好玉米呀！我可从未见过像他这样说话的！"农夫说完这一番话，又把嘴凑在那位故意习难的买主耳边，故作神秘状，说道："这么大、这么好吃的玉米，我还真舍不得这么便宜地就卖了呢！"

农夫的一席话，把他的玉米个大、好吃，虽然有虫但是售价低这些特点都表达出来了。众人被他说得心服口服，纷纷购买，不一会儿，农夫的玉米就销售一空。

（资料来源：洪磊.商务谈判成功之道［M］.北京：光明日报出版社，2012.）

启发思考：说话要讲究艺术，这似乎是一个非常简单的道理，因为在生活中，语言是人与人之间交流的一种最基本的手段。同样一句话，不同的人说，效果会不同，反过来说和正过来说效果也不同。在本例中农夫就充分运用了语言的艺术，利用不同的表述方式，反映了问题的不同方面，从而使自己的处境由不利转向有利。

第一节　商务谈判沟通

英国著名传播学者丹尼斯·麦奎尔指出："沟通是人或团体主要通过符号向其他个人或团体传递信息、观念、态度或情感。"沟通可定义为"通过信息进行的社会相互作用"。沟通是一门很基础的实用学问，人与人相处需要沟通，包括在工作中与领导、同事和客户的沟通，在生活中与家人和友人的沟通。在商务谈判中，与客户之间的商务沟通更需要注意技巧。

一、商务谈判沟通的现场气氛

1. 仔细考虑开场白，营造积极的氛围

沟通的开场白非常重要，好的开场白可以营造积极的氛围；反之，不好的开场白会影响沟通的顺利进行。

在商务谈判中，可以选择从比较轻松的话题开始，如各自的学习、工作或生活经历，近期听到的行业新闻，甚至问一些私人问题，如

对方周末是如何度过的，这些轻松的话题容易把气氛营造得更积极，更有利于下一步沟通的开展。

2. 预测气氛

应提前预测沟通的气氛，其目的是做到心中有数，以便制定目标和策略。通过对整体气氛的预测，选择适当的开场白，从开场白开始向设定的目标迈进。

3. 注意观察

观察肢体语言包括观察对方的身体语言、手势、表情、眼神、说话的口吻等，这些肢体语言能传递很多信息。然后，通过分析采取不同的应对方法，既要懂得制造气氛，学会引导话题，又要懂得适时停止并放弃沟通，另外找时间和地点再沟通，以退为进。

二、提出自己的想法

1. 如何提出自己的想法

如果想让沟通在积极主动的氛围中进行，需要双方分别提出自己的想法。由对方先提出想法对自己比较有利，所以通常情况下，可以先让对方提出自己的想法，这样自己就会占据主动，从而相应地调整自己的策略。但作为卖方，一般都愿意先提出自己的想法。商业交易中通常是卖方首先提出想法，就应提出比自己的希望更高的要求。例如，当谈到价格问题时，先把价格定得高一些，再通过沟通慢慢下调，这样就会形成一个较大的回旋余地，不至于被动。在提出想法时，要注意以下几个方面：

（1）尽量客观。提出想法时，一定要避免提出自己主观性和非理性的想法。应给双方留有余地，不要把对方逼进死胡同。不要自以为是，因为谁都不愿意自以为特别精明又斤斤计较的人打交道。

（2）提出想法时，选择时机特别重要。如果不得不先提出想法，那么最好在整个气氛非常融洽的时候提出。

（3）注意措辞。简洁地概述你的想法，然后保持安静，让对方体会你的意思。

2. 沟通中应注意的问题

（1）沟通中应做的：①仔细倾听对方的谈话；②在提出的想法中留有充分余地；③坦然地拒绝对方不合理的想法；④有条件地提供服务；⑤试探对方的态度："如果……你认为怎么样？"

（2）沟通中不应该做的：①不要一次性做出太多的让步；②自己的想法不要提得太极端，以免在不得不退让时没有回旋的余地；③不要说"绝不"；④不要总用"可以"和"不可以"来回答问题。

三、如何回应对方的提议

一方提出提议之后，另一方会按照自己的目标提出自己的提议、要求和意见，这时需要回应对方的提议。

1. 避免马上给出意见

当对方提出一个建议时，避免马上给出赞成或反对的意见。考虑对方的提议时，不要害怕保持沉默，同时也要清楚对方在试探你的反应。找出彼此立场的共同之处，等对方把话说完再做出答复。

2. 澄清提议，做出答复

对于没有把握的问题，要集中精力讨论，然后再做答复，完全理解对方的意思是非常重要的。做出答复时要使用坦诚的语言，包括身体语言，不要暴露自己的意图，更不要让对方窥测到你的意图。

3. 不想马上答复时，可采取缓兵之计

有时，对于对方的提议无法答复，或者不想马上答复，可以采取缓兵之计。例如，交货期原来是 30 天，但现在对方要求 10 天，你也许无法满足对方的要求，或者需要付出很大的代价，所以不想马上答复。这时，就要采用缓兵之计。缓兵之计有各种方法，如"还要跟采购人员探讨一下""这件事情还要请示领导"等。

4. 提供选择

在回应对方提议时，还可以考虑给对方提供选择方案。每项选择可能对对方既有好处，也有不足的地方。从对方最关心的事情中甄别出对自己最不重要的事情，并将它们纳入自己新的建议中，这样可以把不重要的事情作为谈判的条件，显得你愿意让步，但实际上并没有放弃任何对自己有重要价值的东西。

5. 利用沉默、冷场

在沟通过程中不要害怕沉默、冷场。沉默、冷场是一件好事，如果对方性子比较急，或者不懂如何利用冷场，对方就有可能先开口说话，己方从而可以得到更多的信息。出现冷场，对手也可能会反思自己的言行，如价格是否合理或问题是否提错了，自己是否伤害了对方。所以沟通中不要怕冷场，且要敢于提出问题，自己不明白的、不清楚的要敢于去问，不要认为问问题会显得自己无知。可以通过不断地提问题，掌握更多的信息，从而占据主动。

总之，在商务沟通中可能会遇到各种各样的人物、各种各样的情况，需要及时采取最佳的方式进行沟通交流，以便化解不利因素，进而达成自己的目标。

沟通能力是一个人职业素养、专业知识、经验阅历等的综合体现，任何人都很难说已经很好地掌握了沟通这门艺术，都需要在今后的工作和生活中不断地总结、思考和完善。

【小故事 10-1】

只剩 99 顶高帽了

清代《一笑》中有这么一则故事：有一位京中的朝官将要到地方任职，临行前与他的老师道别。老师教诲他说："地方官难做，你要好自为之。"可是，这位朝官却踌躇满志地说道："老师请放心，学生已准备下高帽 100 顶，逢人便送一顶，当可化险为夷。"老师面带愠色道："我辈以直道做人，怎么能这样做呢？"那位朝官赶忙回道："天下像您这样不喜欢戴高帽的人实在是太少了，我辈应该向您学习呀！"老师这才喜笑颜开，点头道："你这话不无道理呀！"那人出门后便自言自语道："我的 100 顶高帽只剩下 99 顶了。"

启发思考：会说话的人总是能把话说到他人心里，不仅可以使沟通无障、谈话愉快，而且能帮助自己左右逢源，达成目标。商务谈判本质上就是商务沟通的过程，在洽

谈时，说话水平、沟通能力也是谈判能力的表现。

四、商务沟通中的肢体语言

肢体语言又称身体语言，指经由身体的各种动作代替语言以达到表情达意的沟通目的。广义言之，肢体语言也包括面部表情；狭义言之，肢体语言只包括身体与四肢所表达的意义。身体语言在人际沟通中有着口头语言无法替代的作用。身体语言是非语言交际中重要的行为，是人们交流思想和感情的重要手段。它可以加强、补充语言表达，使语言信息表达得更具体。

周国光在《体态语》一书中指出，身势语言是指由人体发出的具有表情达意功能的一套图像信号、面部表情、身体姿势、肢体动作和身体位置的变化。心理学家赫拉别恩也提出过一个公式：信息传播总效率 =7% 的语言 +38% 的语调、语速 +55% 的表情和动作，也就是说"我们用发音器官说话，但我们用整个身体交谈"。如今随着国际交往的扩大，国际交流活动越来越多，跨文化沟通也越来越多，身体语言也就显得越来越重要。又因为身体语言具有信息量大、信息连续性和变化性强、信息可靠程度高的特点，所以通过身体语言可以进行多方面、多层次的信息交流。一个人的眼神、服饰、手势、身姿、距离、音调、节奏等都可以同时传输信息，对方能同时、多方面、多渠道地接收多种信息。因此，非语言交际中的身体语言在商务谈判中起到非常大的作用。

与人际距离相似的另一个现象是个人空间。个人为了保持其心理上的安全感受，会不自觉地与他人保持一定的距离，甚至企图在其周围划出一片属于自己的空间，不让别人侵入。在图书馆或公共场所内，经常会看到很多人，除自己坐的位置外，还企图以其携带的物品占据左、右两边的空座位。此时肢体语言所表达的是一种防卫，防卫外人侵入其个人空间从而产生不安的情绪。

注意观察此类人的情绪变化：如有陌生人要求坐在他的旁边，他就会感到不安，甚至起身离去；如有他熟悉的人到来，他会招呼对方，主动将位置让给对方，并且表现得很高兴。

用肢体动作表达情绪时，当事人经常不自知。当我们与人谈话时，时而蹙额，时而摇头，时而摆动手势，时而两腿交叉，我们多半并不自知。正因如此，心理学家提出一个假设：当你与人说真话时，你的身体将与对方接近；当你与人说假话时，你的身体将远离对方。对此假设验证的结果发现：要求不同受试者分别与他人陈述明知是编造的假话与正确的事实时，说假说的受试者会不自觉地与对方保持较远的距离，而且身体向后靠，肢体活动较少，面部笑容增多。

在商务谈判中，应注意以下肢体语言的使用。

1. 不让对方接近，可增强你的气势

据说在约翰·肯尼迪就任总统已经胜券在握时，他的顾问和他保持了比之前更

远的距离，对他表示了比之前更高的敬意。因此，仅凭加大和对方之间的空间距离，就能表现出你的气势。

如果你是主任或经理，地位就和其他普通的职员不同，你的办公桌会大很多。地位和桌子的大小有着密切的关系。为什么职位越高，桌子就会越大呢？这是为了拉开和下属的距离。通过设置一张隔开两人的桌子，无言地传达了"不能接近我"的信息。

根据在美国海军中进行的调查得知，两个正在谈话的人的地位差别越大，自然而然，两人之间的距离就越大。如果谈话的两人是上下级关系，那么这种倾向会更加明显。

不让他人接近你，就能增强你的气势。这个谈判技巧被称作"空间利用"。如果对方对你的话置若罔闻，不妨故意拉开与他的距离。因为远的距离表示你能够严格控制对方，可以在心理上起到压制对方的作用。

当你和对方一起入座时，如果你想对他施加压力，促其决断，就把椅子向后拖一拖。通过拉大和对方的距离，向对方施加压力，告诉对方"我不会给你更多的时间了"。

在谈判中，你可以假装想伸伸脚，很自然地把椅子向后挪一点。另外，你也可以在中途休息后回到座位时，故意把椅子向后拉一点，这也是一个好办法。从某种程度上说，如果你能够自如地控制与对方在空间上的距离，你就能自如地控制对方的心理。

即使你和对方并肩而坐，也可以运用这个技巧。这时虽然不可能通过坐得远一点来增大距离，但可以在你和对方之间设置某种屏障（专业术语称作"定位掩护"）。比如，把包或上衣放在你和对方之间。这样做就巧妙地营造不让对方接近你的气氛。

2. 模仿对方的姿势——"镜子连环"

在心理学上，两个以上的人保持同一个姿势，就好像从镜子里照出来的一样，被称作"镜子连环"。例如，一个人把胳膊抱在胸前，另一个人也把胳膊抱在胸前；一个人靠在墙上，另一个人也跟着靠在墙上。

如果你想博取对方的好感，"镜子连环"是一种有效的商务战术。也就是说，如果你想给对方留下良好的印象，不妨去模仿对方的姿势。模仿对方的姿势不仅能引起对方强烈的共鸣，还能获得对方的信任，这是一种很奇妙的谈判战术。

不断练习"镜子连环"就能学会非常自然地去模仿对方的姿势，最终可以在无意识中做到这一点。如果能活用"镜子连环"这个技巧，在商业谈判中，说服对方的概率就会提高；在推销商品时，引起对方兴趣的机会就会增加。

在谈话技巧中，把原原本本重复对方的话称作"鹦鹉学舌"。这个技巧也同样适用动作、表情和姿势。心理学者经过深入研究发现，销售成绩好的推销员会在无意识中模仿顾客的姿势。

3. 告别的技巧

告别时的应对非常难处理。在商务谈判结束后，何时提出告辞才合适呢？这个时间非常不好掌握。也许有人认为要等对方先说"那么，我们就……"时起身告辞比较合适，但是建议尽量在对方提出谈判结束之前，自己主动站起来。

如果你主动说"非常感谢您今天抽出时间……"，这会充分显示出你是一个很果断的人。如果被对方催促的话，就失去了这个难得的、显示自身气势的机会。一定要不断提醒自己"要主动告辞"。

告别时的技巧，最重要的是速度和流畅性，磨磨蹭蹭是最不可取的。尤其要避免落下什么物品，过五分钟又回去拿这种事情。应该在说完告辞的话后就退出房间。

心理学上有一个非常有名的法则，认为人的记忆具有"最初效果"和"亲近效果"两种功能。也就是说，最初见面的第一印象和告别时的印象，都会给人留下深刻的记忆。换言之，哪怕你只是在临别时稍微磨蹭了一点，他人也会马上给你贴上一个糟糕的标签——"这个人做事很磨蹭"。

告别时还应再提一次对方的名字，比如"那么某某先生，我先告辞了"，这会十分明确地向对方传达"我已经记住你的名字""今天真的非常愉快"等信息，会给对方留下良好的印象。因为能准确地记住对方的名字，表示你对对方非常尊敬，这是一个在谈判中很有效的技巧。

另外，如果谈判是在你的办公室进行，你至少要把对方送到门口。如果想表达你非常重视和对方的关系，最好把对方送到电梯或是办公楼外。这种特意相送的举动，会有效地传递你非常认可对方的心理。

4. 通过大幅度的动作吸引对方的注意力

美国的推销员有时会运用一种类似表演的手法来吸引观众。比如，在叙述中夹杂着稍微夸张的姿势和手势，把事前藏在演讲台中的样品突然拿出来，让观众大吃一惊。推销会并不只是一个介绍商品的场合，还是一个展现自我、推销自我的表演场所。你应该避免被他人批评说"商品倒是不错，可是推销的人有点……"，应该努力争取让他人称赞说"商品虽然一般，但是推销员很热情"。

推销时有一条非常有效的法则，就是"夸张表现"。也就是说，动作要稍微夸张一些。也许你会觉得非常不好意思，但是这样做能够使听众不仅注意到商品，还能注意到你。很多心理学的实验都证明，人们的注意力会被"活动的事物"吸引，这种倾向从婴儿身上就可以观察到。有报告指出，在同时看到转动的玩具和静止的玩具时，婴儿会长时间注视转动的玩具。这个原理在商业广告中也得到了广泛应用。比如，某商场在门口设置了一个和真人一样大小的玩具大猩猩，让它给顾客盖一个入场纪念的图章。因为这个猩猩会活动，非常有趣，所以连大人都想让它给自己盖纪念章。

以高超的演讲技巧闻名的美国前总统约翰·肯尼迪能够在演讲中成功地运用肢

体动作来吸引人们的目光。他能够巧妙地运用手势表达他想表达的意思，还会用左手拍击右手的动作来表现他的气势。

5. 牵引注意力，与对方增加视线交流

资料是进行讲解时最有效的工具。比起只通过语言进行说明，使用表格和图表更容易让观众理解，从而能够很好地吸引观众的注意力。但是，在通过资料进行说明时，有一个问题必须注意到，就是和对方的视线交流会明显减少。

某项心理学实验发现，如果在两个人之间放置一张地图，让他们商讨旅游的计划，两个人对视的时间会从没有地图时的 77% 减少到 6.4%。因为有了地图，两人交谈中的大部分时间都在盯着地图看。

为了取得对方的好感，你应该尽可能地与对方进行视线交流。如果少了视线的交流，即使商品卖出去了，也并不能很好地推销自我。为了避免这个问题，你应该想办法将对方的注意力从资料上转移到自己身上来，这种技巧被称作"牵引注意力"，这是由美国的心理学家迪比特·路易斯发现的。比如，你正在让顾客看一本促销的小册子。如果你既想卖出商品，又想推销自己，那么你应该拿出一支笔，去指示小册子上的文字。当然，对方的注意力会集中在笔尖上。然后，你慢慢地抬起笔，于是，对方的视线就会离开小册子，跟着笔尖转到你的脸上。使用这个技巧，不仅能推销商品，还能推销自我，使对方认真地注视你。

在众人面前推销商品时，指示棒的使用也非常重要。因为听众的视线总是集中在指示棒上，所以在说明就要进行到高潮时，可将指示棒指向你自己，这样全体听众的视线就会离开商品，而转移到你的身上。

人类 80% 的信息来自视觉，10% 的信息来自听觉，剩下 10% 的信息来自触觉、味觉等其他感觉。也就是说，当顾客一边看资料一边听你说明时，如果他的视线只注意到和商品无关的信息，那么你辛辛苦苦的说明就只能传达 10% 的信息。

6. 身体语言在跨文化商务谈判中的运用

（1）空间距离。当人们进行商务谈判时，双方在空间所处位置的距离具有重要的意义，它不仅体现了双方的关系、心理状态，也反映出其民族和文化特点。心理学家发现，任何一个人都需要在自己的周围有一个自己能够把握的空间，这个空间的大小会因不同的文化背景、环境、行业、个性等不同。不同民族的人对谈话时双方保持多大距离有不同的看法。人类在不同的活动范围中因关系的亲密程度而保持不同的距离。

不同民族与文化环境中的人们之间有着不同的空间区域。多数英语国家的人在交谈时不喜欢离得太近，总要保持一定的距离。西班牙人和阿拉伯人在与人交谈时会凑得很近，而俄罗斯人却不

喜欢与人近距离地接触，他们认为意大利人交谈时过于靠近，拉美人交谈时几乎贴身。具有不同文化背景的人，交谈时会采取不同的交谈距离，是因为交谈双方要保持对自己适当的、习惯的交谈距离。

（2）目光注视。人们常说眼睛是心灵的窗户，通过眼睛可以看出人的心理状况和真实的想法。在人们身体能够传递信息的部位中，眼睛是最重要的最能传递微妙信息的部位。

目光的直接接触可以引起感情的微妙交流。在谈判沟通过程中，与交流对象保持目光接触是十分必要的。眼睛是透露人的内心世界的最有效的途径，人的一切情绪、情感和态度的变化，都可从眼睛里显示出来。直视对方的眼睛表示尊重，低头则是不礼貌的行为。

例如，两个阿拉伯人在一起交流时会用非常热情的目光凝视对方，他们不喜欢和戴墨镜的人谈判沟通，更不愿意和不敢直视他们的人做生意。在英国，有教养的男子认为直接凝视他人的眼睛具有一种绅士风度。瑞典人在交谈中用目光相互打量的次数还要多于英国人。法国人则特别欣赏一种鉴赏似的注视，以这种眼光看人就传达了一种非语言信号：虽然我不认识你，但我从内心欣赏你。但日本人认为直视谈判沟通对象是很失礼的行为；中国人则会对紧盯着自己看的目光感到不自在，甚至惶惑不安。目光的礼节差别很大，需要认真观察，仔细比较，从而促进不同文化间人们的交流与合作。

（3）身体接触。在谈判沟通活动中，眼睛的信息传递是微妙的，握手发出的信号却是直截了当的。

在美国，男人之间的握手是很用力的。俄罗斯人不允许两人隔着一道门或隔着门槛握手，认为这样是不吉利的；异性之间握手，如果女方不主动伸出手来，男性是不能去握她的手的。在阿拉伯，伸左手与人相握是无礼的表现。

（4）面部表情。面部表情指由眼、嘴、面部肌肉等变化而显现的脸部情感体验。面部表情一般是随意的、自发的。

相对于目光而言，表情是更容易辨别对方心情和态度的线索。感情的表达是在相应的文化背景中习得的。中国人认为在贵客来时，笑脸相迎才合情理；而美国印第安部族却用大哭来迎接客人的到来。咂嘴在中国文化中表示有滋有味，在英国文化中表示没有滋味，在许多地中海国家则是过分夸大痛苦和悲哀的标志。

另外，东方人比较含蓄，感情不外露，习惯用面无表情来遮掩感情；而西方人比较豪爽直白，情感都是通过表情表现出来的。

身体语言是非语言行为中非常重要的行为，是人们交流思想和感情的重要手段。身体语言作为社会交际的手段，有着极为悠久的历史，可以说比有声语言的历史还要久远。如果身体语言使用得好，就可以取得较好的谈判效果；反之，会使对方感到不快或尴尬。因此，在跨文化商务谈判沟通中要学习和了解身体语言在不同国家和地区的含义及其运用，以减少交际时的冲突，提高交际质量。

【小故事 10-2】

沟通中的身体语言

某日，小李邀约小张、小陈、小王和小苏来家里小聚。用餐完毕，他们四个人围坐一张桌子，小李在厨房准备水果、甜点。大家说起"幸福"这个话题，他们试图让小李说一些对"幸福"的看法，小李也想讲一下自己的感受，更希望通过一些问话，来引起他们自己对"幸福"问题的思考。当时他们坐在舒适的椅子上，小李站着。小李发现他们对于自己的提问有些抵触，似乎不愿回答，也不愿意沿着自己的提问进行思考。当小李问道："你有一个好的工作和收入又是为了什么？"小张想了两三秒，然后反问道："你这么问，想说什么吧？"小李知道，他不想说出自己的答案，一是因为他的性格中倾向于追求完美，不想直接回答问题，担心答案不正确或不被承认；二是因为感到不安全、不舒适，才不愿意表露自己的想法。恍然间小李意识到自己站着的姿势，由上到下的俯视会给人压迫感，会让对方感到局促，这给小张造成了压力。小李赶紧找了个地方坐下，谈话氛围马上就有了转变。

启发思考：千万别忽视生活中人与人交谈之间的身体语言，人与人交流时，身体语言传递的信息比单纯的语言传递的信息要多得多。假如你的谈话深陷困境，就需要你检查自己的身体语言是否出了问题。身体语言无处不在，有时候你一句话没说也可以影响对方的情绪。

第二节　商务谈判中的语言技巧

美国企业管理学家哈里·西蒙曾经说过："成功的人都是一位出色的语言表达

者。"语言是人类沟通思想、交流感情的工具。随着世界经济一体化、市场经济蓬勃发展，中国在国际贸易中的活动日益频繁，商务谈判在对外经济贸易中的作用更加重要。

商务谈判的过程实质上就是谈判者运用语言进行交流、沟通并期望达成双赢局面的过程。语言在商务谈判中起着桥梁的作用，能否出色地运用谈判语言的艺术很大程度上决定着谈判的成败。

一、商务谈判语言的特征

1. 客观性

商务谈判语言的客观性是指在商务谈判中运用语言技巧表达思想、传递信息时，必须以客观事实为依据，使用恰当的语言，向对方提供令人信服的依据。谈判语言的客观性决定着谈判各方的诚信度，只有尊重客观事实，才能赢得对方的信任。

对于买方来讲，谈判语言的客观性主要表现在：不要夸大自己的购买力；对商品的质量、性能的评价要中肯，不可信口雌黄、任意褒贬；还价要有诚意，压价要有依据。

从供方来说，谈判语言的客观性主要表现在：介绍本企业情况要真实，介绍商品性能、质量要恰如其分，同时亦可附带出示样品或进行演示，还可以客观介绍一下用户对该商品的评价；报价要恰当可行，既要努力谋取己方利益，又要不损害对方利益；确定支付方式要充分考虑双方都能接受和满意的。

谈判语言具有客观性，就能使双方自然而然地产生"以诚相待"的印象，从而促使双方立场、观点相互接近，为下一步取得谈判成功奠定基础。

2. 针对性

商务谈判语言的针对性是指根据谈判对手目的、谈判阶段不同而使用不同的表达方式，要做到有的放矢、对症下药。不同的谈判对象，其年龄、性别、性格、身份、观念等均有所差别；不同的谈判主题、阶段，要求的表达方式也有所不同。在谈判过程中，必须善于透视这些差异，并能灵活运用相应的谈判语言技巧，获得谈判优势。

谈判初始，为营造轻松、愉悦的氛围，可以较多地运用文学、外交语言来增进感情交流。谈判磋商（讨价还价）阶段，以专业语言和商务法律语言为主、文学和军事语言为辅，适时地软硬兼施，掌控时机。

谈判时针对同一谈判对手的不同需要，恰当地使用有针对性的语言，或重点介绍商品的质量、性能，或侧重介绍本企业的经营状况，或反复阐明商品价格的合理等。

3. 逻辑性

商务谈判语言的逻辑性是指谈判者的语言要符合思维的规律，表达概念要明确，判断要准确，推理要严密，要充分体现其客观性和具体性，论证要有说服力。

首先要求谈判人员具备一定的逻辑学知识，而且在谈判前必须做好充分的信息、资料准备工作，对有关信息要做到科学分类、整理有序、熟练掌握。只有武装好了自己的头脑，才能在谈判桌上做到有理有据、有序有力地驳倒对手，使谈判向着有利于己方的方向发展。

4. 准确性

商务谈判语言的准确性是指谈判者在谈判时要正确地选词、准确地运用专业术语，能够清晰地表达谈判的目标和相关条款。如谈判中所涉及的时间、地点和商品的数量等不能含糊地用大概、也许等字眼。切忌用己方方言或俗语与对方交流；要避免使用带有意识形态分歧的语言；不能使用粗鲁的语言。谈判语言的语音、语调也很重要，它能影响倾听者的情绪和态度，进而影响谈判的效果。恰当地采用抑扬顿挫的语调和幽默诙谐的口吻，会使谈判取得意想不到的效果。

5. 灵活性

商务谈判进程风云变幻、复杂无常。尽管谈判双方在事先都尽最大努力做了充分的准备，但是谈判者很难或者无法准确地预测谈判对手会在谈判的不同阶段说什么话，所以任何一方都不可能事先设计好洽谈中的每个语句。最切合实际的做法就是谈判者要密切注意信息的输出和反馈情况，仔细倾听并认真分析对方的讲话，善于察言观色，准确捕捉对方的眼神、表情、姿态等无声语言所传递的信息，随机应变，灵活机动地组织谈判语言。

【小故事 10-3】

巧妙回答

某日，一个贵妇牵着一条狗登上公共汽车，她问售票员："我可以给狗买一张票，让它也和人一样坐个座位吗？"

售票员说："可以，不过它也必须像人一样，把双脚放在地上。"售票员没有给出否定答复，而是提出一个附加条件：像人一样，把双脚放在地上……

（资料来源：戴文标. 谈判与沟通［M］. 上海：上海人民出版社，2004.）

启发思考：面对贵妇提出的条件，售票员不是直接一口回绝对方，而是向她提出了一个附加条件。其巧妙之处在于：虽然售票员没有给出否定答复，但用这个附加条件限制了对方，从而说服了对方。在商务谈判中，直接拒绝对方是不礼貌的，可以通过幽默或间接的话语来表达自己的意思。

二、商务谈判的叙述

叙述就是介绍己方的情况，阐述己方对某一个问题的具体看法，从而使对方了解己方的观点、方案和立场。谈判过程中的叙述大体包括入题和阐述两个部分。

1. 入题技巧

入题必须讲求技巧，采用恰当的方法。第一，迂回入题。第二，先谈细节，后谈原则性问题。第三，先谈一般原则，后谈细节问题。第四，从具体议题入手。

2. 阐述技巧

（1）开场阐述。开场阐述的要点有：①开宗明义，明确本次会谈所要解决的主题，以集中双方注意力，统一双方的认识；②表明己方通过洽谈应当得到的利益，尤其是对己方至关重要的利益；③表明己方的基本立场，可以回顾双方以前合作的成果，说明己方在对方所享有的信誉；④开场阐述尽可能简明扼要；⑤开场阐述的目的是让对方明白己方的意图，以营造协调的洽谈气氛，因此，阐述应以诚挚和轻松的方式来表达。在对方开场阐述时，一是认真耐心地倾听，归纳并明确对方开场阐述的内容，思考和理解对方阐述的关键问题，以免产生误会；二是如果对方开场阐述的内容与己方意见差距较大，不要打断对方的阐述，更不要立即与对方争执，而应当先让对方说完，认同对方之后再巧妙地转开话题，从侧面进行反驳。

（2）让对方先谈。让对方先谈，以满足对方要求为前提，尽量调动对方的积极性，尽可能让对方多谈自己的观点和要求；待对方陈述完毕后，再对己方的产品进行介绍，指出产品的优点和特色会给对方带来哪些好处，这样就可以大大减少对方的逆反心理和戒备心理。

（3）坦诚相见。坦诚相见指谈判人员在谈判过程中以诚恳、坦率的态度向对方展现自己的真实思想和观点，实事求是。

（4）注意正确使用语言。①准确易懂。②简明扼要，具有条理性。③第一次就要说准。④语言富有弹性。⑤发言紧扣主题。⑥措辞得体，不走极端。⑦注意语调、语速、声音、停顿和重复。⑧注意折中迂回，避免一泻千里。⑨使用解围用语。如当谈判出现困难，无法达成协议时，为了突破困境，给自己解围，并使谈判继续进行，可使用这样的解围语："这样做，肯定对双方都不利。"⑩不以否定性的语言结束谈判。在谈判终了时，最好能给予谈判对手正面评价，并中肯地把谈过的内容进行归纳。例如："您在这次谈判中表现得很出色，给我留下了深刻印象。""您处理问题大刀阔斧，钦佩，钦佩！""今天会谈在某个问题上达成一致，但在某方面还要再谈。"

【小故事 10-4】

提问技巧

假如你想到一家公司担任某一职务，希望月薪 2 万元，而老板最多只能给你 1.5 万元。老板如果说"要不要随便你"这句话，就有攻击的意味，你可能扭头就走。假如老板不那样说，而是这样跟你说："给你的薪水，是非常合理的。不管怎么说，在这个等级里，我只能付给你 1 万元到 1.5 万元，你想要多少？"很明显，你会说"1.5 万元"，而老板又装作不同意，说："1.3 万元如何？"你继续坚持 1.5 万元。其结果是老板让步。

表面上，你好像占了上风，会沾沾自喜，实际上，老板运用了选择式提问技巧，你自己却放弃了争取更多年薪的机会。

（资料来源：王爱国. 商务谈判与沟通［M］. 北京：中国经济出版社，2008.）

启发思考：提问有很多作用，如引出对方的想法、确认自己的意见对不对、征得对方的同意、询问对方的意见等。引导式提问是沟通过程中不可缺少的提问技巧之一，通过引导式提问可以得出自己想要的答案。具体通过询问回答者一些预先设计好的问题，引起回答者进行某种反思，主要用于给对方指明方向。需要注意的是，能起到引导作用的不仅是表述的内容，提问时的肢体语言以及语音、语调也能起到引导作用。

三、商务谈判的提问

商务谈判中常运用提问技巧作为摸清对方真实需要、掌握对方心理状态、表达自己意见观点进而通过谈判解决问题的重要手段。

1. 提问的类型

（1）封闭式提问。封闭式提问是指在一定范围内引出肯定或否定答复的提问。这类提问是在特定的领域中能带出特定的答复（如"是"或"否"）的问句。例如："您是否认为售后服务没有改进的可能？""您第一次发现商品含有瑕疵是在什么时候？"等。封闭式问句可令发问者获得特定的资料，而答复这种问句的人并不需要太多的思索即能给予答复。但是，这种问句有时会有相当程度的威胁性。

（2）开放式提问。开放式提问指在广泛的领域内引出广泛答复的提问。这类提问通常无法以"是"或"否"等简单字句答复。

（3）婉转式提问。婉转式提问是指在没有摸清对方虚实的情况下，采用婉转的语气或方法，在适宜的场所或时机向对方提问。

（4）澄清式提问。澄清式提问是指针对对方的答复，重新提出问题以使对方进一步澄清或补充其原先答复的一种问句。例如："您刚才说对目前进行的这一宗买卖可以取舍，这是否表明您可以全权与我们进行谈判？"澄清式问句的作用在于，它可以确保谈判各方能在叙述"同一语言"的基础上进行沟通，而且还可以针对对方的话语进行信息反馈，是双方密切配合的理想方式。

（5）探索式提问。探索式提问是指针对对方答复，要求引申或举例说明，以便探索新问题、找出新方法的一种提问方式。例如："这样行得通吗？""您说可以如期履约，有什么事实可以证明吗？""假设我们运用这种方案会怎样？"探索式提问不但可以进一步发掘较为充分的信息，还可以显示发问者对对方答复的重视。

（6）借助式提问。借助式提问是指借助权威人士的观点、意见影响谈判对手的一种提问方式。例如："某某先生对你方能否如期履约关注吗？""某某先生是什么态度呢？"采取这种提问方式时，应当注意提出意见的第三者必须是对方所熟悉而且是他们十分尊重的人，这种问句会对对方产生很大的影响力。相反，若引用一个对方不熟悉又谈不上尊重的人作为第三者，则很可能会引起对方的反感。因此，这种提问方式应当慎重使用。

（7）强迫选择式提问。强迫选择式提问是一种将自己的意志强加给对方，并迫使对方在很小范围内进行选择的提问。强迫选择式提问旨在强调自己的观点和己方的立场。例如："这个协议不是要经过公证之后才生效吗？""我们怎能忘记上次双方愉快的合作？""付佣金是符合国际贸易惯例的，我们从法国供应商那里一般可以得到 3% ~ 5% 的佣金，请贵方予以注意好吗？"运用这种提问方式要特别慎重，一般应在己方掌握充分的主动权的情况下使用，否则很容易使谈判陷入僵局，甚至破裂。需要注意的是，在使用强迫选择式提问时，要尽量做到语调柔和、措辞达意得体，以免给对方留下强加于人的不良印象。

（8）引导式提问。引导式提问是指具有强烈的暗示性或诱导性的提问。这类提问几乎使对方毫无选择余地地按发问者所设计的提问作答。旨在开渠引水，对对方的答案给予强烈的暗示，达到使对方的回答符合己方预期的目的。例如："谈到现在，我看给我方的折扣可以定为 4%，你方一定会同意的，是吗？"这类提问几乎使对方毫无选择余地而按发问者所设计好的答案回答。

（9）协商式提问。协商式发问是指为使对方同意自己的观点，采用商量的口吻向对方发问。例如："你看给我方的折扣定为 3% 是否妥当？"这种提问语气平和，会使对方容易接受。

2．提问的时机

（1）在对方发言完毕之后提问。在对方发言时，一般不要急于提问，而是要认真倾听，等对方发言完毕后再提问。

（2）在对方发言停顿、间歇时提问。

（3）在自己发言前后提问。

（4）在议程规定的辩论时间提问。

3. 其他注意事项

（1）注意提问的速度。提问时说话速度太快，容易使对方感到你不耐烦，甚至有时会感到你是在用审问的口气对待他，容易引起对方反感。

（2）注意对手的情绪。谈判者受情绪的影响在所难免。谈判中，要随时留意对手的情绪，在你认为适当的时候提出相应的问题。

（3）提问后，要留给对方足够的答复时间。提问的目的是让对方答复，并最终收到令自己满意的效果。

（4）提问时应尽量保持问题的连续性。

【小故事 10-5】

选择式提问

胡女士：你好，欢迎光临光明专卖店，请问您想选一款什么样的灯？

顾客：我想买一款护眼灯。

胡女士：是您自己用的，还是给小孩用的？

顾客：给小孩用的。

胡女士：好的，您看一下我们这款魔鬼鱼护眼灯怎么样？

顾客：哇！你们这款魔鬼鱼护眼灯价格也太贵了吧。

胡女士：我们的价格是比较实惠的，再说，买护眼灯也不能光看价格，最重要的是要看质量，是不是真的对眼睛有保护作用，您说对吗？

顾客：那倒是，可是你推荐的这款我不喜欢。

胡女士：为什么？是不喜欢它的造型还是颜色？

顾客：我不喜欢这个颜色。

胡女士：那您看看这款蓝色的怎么样？蓝色的不论男孩女孩都比较合适。

顾客：我还是觉得价格有点贵。

胡女士：如果您对其他方面都满意的话，我们可以给您打个折扣。

最后，顾客接受了胡女士的报价，购买了这款魔鬼鱼护眼灯。

启发思考：在促销中胡女士使用了大量的封闭性问题，使每句问话都紧紧围绕着顾客的购买动机。对于封闭式提问，客户回答的范畴比较窄，答案比较明确、简单，所以陌生客户很容易参与。封闭性问题一般是为了缩小话题范畴，收集比较明确的需求信息。

四、商务谈判的答复

谈判中答复问题，是一件很不容易的事情。因为谈判者对答复的每句话都负有责任，都被对方理所当然地认为是一种承诺，这便给回答问题的人带来一定的精神负担和压力。因此，一个谈判者水平的高低，很大程度上取决于其答复问题的水平。

答复问题，实质上也是在叙述，因此，叙述的技巧对于回答问题通常也是适用的。但答复问题并非孤立地叙述，而是和提问相联系，受提问的制约，这就决定了答复问题应当有其独特的技巧。

一般情况下，在谈判中应当针对对方的提问实事求是地正面回答。但是，如果对所有的问题都正面回答，并不一定是最好的答复。所以，答复问题也必须运用一定的技巧。

（1）给自己留有思考时间。先明确对方提问的真实意图，再决定自己的回答方式和范围，并预测在己方答复后对方的态度和反应，考虑周详之后再作答。否则，很容易进入对方预先设下的圈套，或是暴露本方的意图而陷于被动。实践中可以如此进行：当对方提出问题之后，可以喝口水或调整一下自己的坐姿，也可以挪动一下椅子，整理下桌子上的资料文件，或翻一翻笔记本，借助这样一些很自然的动作，给自己答复留下一定时间。

（2）慎重回答未理解的问题。在谈判中，答话一方的任何一句话都近似于一句诺言，一经说出，在一般情况下很难收回，同时，在谈判者的提问中往往又暗藏"杀机"。所以，如果在不了解问话的真正含义之前贸然作答，则很可能会掉入对方设下的陷阱，把不该说的事情说出来。所以，对对方的提问一定要考虑充分，字斟句酌，慎重回答。

（3）回答时要有所保留，不可全盘托出。谈判中回答问题还要遵循一个大的原则，即该说的说、不该说的不说。换句话说，谈判者为了避免答复中的失误，可以将对方问话的范围缩小，或者对回答的前提加以修饰和说明，以缩小回答的范围。这是因为，有些问题不值得回答，有些问题只需要局部回答，如果不讲策略地全盘托出，就难免会暴露自己的底线。在这种情况下，提问的一方也就不再需要继续提问而获得了对他们有用的信息，则自己一方会因此失去继续反馈交流的通道，导致己方在谈判中处于被动地位。对此，在实际场景中可以这样应对：当对方提出问题，或是想了解己方的观点、立场和态度，或是想确认某些事情时，谈判者应视情况而定。对于应该让对方了解，需要表明己方态度的问题，就要认真做出答复；而对于那些可能有损己方利益或没有价值的问题，则不必做出回答。

（4）不给对方追问的机会。实践证明，在谈判中，如果一方连续性地提问，且提问环环相扣、步步进逼，答话的一方就会掉入对方的圈套而陷于被动，甚至会导致谈判失败。因此，在进行答复时，尽量不要授人以柄，让对方抓住某点继续提问，而要尽量遏制对方的进攻，使其找不到继续追问的借口。

一般情况下，有经验的谈判者多会在答复中如此点明："我们考虑过，情况没有你说的那么严重"，这样会降低问题的意义；或是表达"现在讨论这个问题还为时过早"，以时效性来抑制对方的追问。一名优秀的谈判者甚至可以通过巧妙答话，变被动为主动，在谈判中占据上风。

五、商务谈判的说服

孔子曰："言不顺，则事不成。"可见说服语言的重要性。

1. 建立良好的人际关系

说服对方使之改变初衷要寻求语言的共同点，形成坦诚沟通的气氛，使双方在一个融洽的氛围中达到目的。当一个人考虑是否接受说服之前，一般是先衡量与说服者的熟悉程度和亲善程度，即信任度。如果对方在情绪上与之对立，则不可能被说服。

2. 把握说服的时机

在对方处于情绪激动或不稳定的状态，或其思维方式比较极端时，不要进行说服。这时，首先应设法稳定对方的情绪，要等对方情绪稳定后再进行说服。

3. 说服言语要诚挚

在谈判中进行说服，应努力寻求并强调与对方立场一致的地方。对于立场上的分歧，可以提出一个美好的设想来提高对方接受劝说的可能性，并诚挚地向对方说明，如能接受对双方将会有什么样的利弊得失等。这样做，会使其感到己方的意见客观、合乎情理，而且易于接受。

谈判的准则要求不说虚假的话，也不要说缺乏足够证据的话。商务谈判中的语言表述要尊重事实、反映事实，介绍己方情况应实事求是，评价对方产品质量、性能也要中肯。这样能使对方自然而然地产生以诚相待的印象，为下一步取得谈判成功奠定基础。欺骗性的语言一旦被对方识破，不仅会破坏双方的关系，使谈判蒙上阴影或导致谈判破裂，而且会给个人和企业的信誉带来巨大损失。所以，为了让对方准确完整地理解己方的观点，谈判者在说服对方时要字斟句酌、井井有条，避免用晦涩、容易产生歧义、繁杂和含混不清的语句。口音应当标准化，不能使用方言土语。

4. 说服的语言要简明扼要，分清主次

俗话说"一着不慎，全盘皆输"。因此，谈话时必须准备充分，力求准确。谈判的准则要求所说的话不应包含超出交谈目的需要的信息。由于人脑记忆能力的有限性，对于大量的信息，人们在短时间内只能记住有限的内容。对一般人而言，通常在谈判时一次只能接受 3～5 个事项。所以，为了准确地表达主题，谈判者在叙述自己的看法时，不要拖泥带水，一定要做到概念清晰、条理清楚；要准确、简洁，并注意逻辑性，不能前言不搭后语，自相矛盾；要经得住推敲，无懈可击。事实证明，简明扼要的谈判语言往往能收到事半功倍的效果。当然，精练不等于简单生硬，回答问题时应避免使用"没有""只能如此""无法考虑"等拒人于千里之外的语言。

商务谈判直接影响企业的经济利益，因当谈判者阐述自身立场、观点或回答对方提出的某些问题时，如果语塞或者含混不清、模棱两可，或者前后矛盾、语无伦次，都易引发误解。因此，谈判人员事前要通过各种渠道了解对方的资信、经营、运作等情况，必须对双方的谈判条件分别具体分析，以便在谈判时第一次就说中要点，对于自己不太精通的专业知识，尽量不要多谈和深谈，以免说错；对自己不太了解的数据和报价切莫信口开河，而应推迟答复或实事求是地说明。谈判时如果说错话后果将不堪设想，一项本来对己方有利的资料，由于首次未说中要点，就有可能使己方处于被动地位。

 思考题

1. 肢体语言在谈判中有哪些应用？
2. 谈谈答复的技巧。
3. 谈谈提问技巧的应用。
4. 举例说明身体语言在跨文化谈判中的运用。
5. 商务谈判语言有哪些特征？

 案例讨论

谈判中的
语言艺术

第十一章

商务谈判的策略

【学习目的及要求】

掌握开局阶段的谈判策略及适用条件；掌握报价阶段的几种策略，把握其运用条件；掌握在优势条件下，磋商策略的运用；掌握在劣势条件下，磋商阶段策略的应用；掌握处理僵局的谈判策略；掌握签约阶段的谈判策略；了解其他谈判策略的运用。

【案例导入】

A 市邮政局与交管部门合作谈判

A 市邮政局与交管部门合作，借用数据库商函平台宣传道路交通安全知识。随着社会商业化进程的不断加深，数据库商函业务的开发与实践给邮政函件业务提供了新的发展机会，也对客户形成了一定的吸引力。为进一步提高数据库商函业务的知名度，拓展该项业务，同时发挥社会公益活动的媒介宣传作用，A 市邮政局有意与交管部门达成合作。目前 A 市机动车保有量不断上升，突破了 80 万辆大关，政府部门高度重视本地的道路交通安全问题，并开展了"畅通省城""道路交通安全 A 市行"等系列监督检查活动，A 市交管部门对双方的合作也有诚意。但是谈判涉及资金和宣传方式等多种问题，整个谈判过程几经周折，又峰回路转，最终达成合作协议。

A 市邮政部门在与市交管部门第一次谈判过程中，通过层层推进开展营销，市邮政局发现交管局对交通知识普及有宣传需求，但是其作为政府执法单位顾虑颇多，尤其是宣传经费紧缺，需要通过其他途径解决。那么 A 市邮政局如何将客户需求转变为业务市场呢？

在与交管部门的谈判陷入僵局之后，A 市邮政局谈判人员立即组织专人开展市场调研，寻求解决办法。在密切关注过程中，A 市邮政局谈判人员发现一条有价值的新闻——由某集团投资、某房地产开发有限公司开发建设的楼盘准备推出江景房的收官之作。该项目定位于 A 市黄金地段一个兼具现代气息与儒雅氛围的都市尊贵名邸。该楼盘均价在每平方米 1.3 万元以上，要求客户具有一定的购买能力，而该房地产公司由于无法掌握 A 市的高端客户信息，因此无法针对该类型客户寄递宣传资料，从而为邮政的营销介入创造了极佳的市场商机。由此，最佳切入点浮现——交管部门、邮政局和房地产公司三家联合，利用邮政媒体面向私家车车主宣传新《交通安全法》和江景房楼盘。

有了这个谈判方向与思路后，A 市邮政局谈判人员及时进行商务谈判策划，收集有力实证，积极开展客户的公关。在第二次谈判中，谈判人员向交管局提交了详尽的项目策划方案，向其推介以交警的名义向私家车主发布交通安全知识。通过在信函中搭载商业广告的形式解决资金问题，并在方案中突出邮政点对点宣传、覆盖面广等媒体优势，而此时交管部门正在为能深入开展新交规、安全知识宣传活动寻找覆盖面广的载体而努力。A 市邮政局人员及时把握时机向客户说明，以交通安全宣传函为构建和谐警民关系的有效载体，结合新交规修改后对酒驾及安全出行的全方位宣传，能让驾驶人员更加深刻地认识交通安全的重要性。通过第三方赞助的形式，既能零费用实现有效宣传，又能树立交管部门的形象，呈现出社会齐抓交通安全、广大交通参与者自觉守法的局面。作为民生工程的重要举措，交管部门领导高度认可了 A 市邮政局提交的方案。

在与市交管部门达成合作意向后，A 市邮政局与某房地产公司负责人进行第三次谈判。谈判人员向其说明以高收入、高消费的主要群体——私家车主数据为切入点，并介绍赞助的优势：一是以交管部门为媒，增强公信力，一封由交管部门寄发的邮件，大部分收件人会拆阅；而作为车主，也会主动阅读邮件的交通安全知识，同时赞助商广告内容能受到极大程度的重视。二是广告发布对象高端精准，可实现一对一的精准营销。三是将广告宣传置于公益性的活动中，有助于提高企业的社会美誉度。经过双方积极商谈后，该房地产公司负责人同意赞助本次活动，而此时恰逢该公司举办杨丽萍系列活动之"孔雀之星"才艺选拔赛，A 市邮政局领导决定在交通安全宣传函内放置江景房楼盘户型、楼盘介绍宣传页及才艺选拔赛报名方式，邀请收件人踊跃报名参加，从而增加商函的客户价值。

经过三轮谈判，A 市邮政采取交通安全知识与招商广告相结合的形式，成功发放了江景房楼盘广告与交通安全知识宣传函 1 万件。在产品策划中 A 市邮政局利用信封上的交管部门形象及落款提高了开拆率，通过内件的交通安全知识宣传提升了关注率，以预约挂投的方式确保了妥投率，实现了妥投率 100%、关注率 100% 和开拆率 100%。

启发思考：商务谈判要想取得合作的成功就必须善于"搭台唱戏"。A 市邮政局实现了谈判三方的合作共赢，这才是谈判最终取得成功的关键。一是房地产公司赢，交通安全宣传函发出后，效果大大出乎了企业的预料，在此后的几天，该江景房楼盘售楼部的咨询电话络绎不绝，自宣传函发出两个月以来该楼盘已成交 120 套，大部分来看房的客户表示是看到 A 市邮政局发出的交通安全宣传函来的。二是市交管部门赢，有效搭起了警民之间的沟通桥梁。三是 A 市邮政局赢。该房地产公司已将 A 市邮政局的封片卡、数据库商函等多项产品纳入旗下各楼盘推广的整体营销和策划环节，为邮政局带动了房地产行业的整体函件业务开发。

第一节　开局阶段的策略

实际谈判中，从谈判双方见面商议开始到最后签约或成交为止，整个过程呈现出一定的阶段性。尽管谈判是多种策略的综合运用过程，在每个阶段往往是多种策略结合在一起，并不能明确在某个阶段到底该采用哪种具体策略，而且有的策略可能在谈判的各个阶段都会采用，但是在谈判的每个阶段，往往会有一些经常使用的策略，会使这些策略在这个阶段具有明显的主导性。

下过围棋的人都知道，下棋要布局，开场的布局能够让你一开始就占据主动，牵制对方。同样，在同买家接触的初始阶段，也要精心策划，营造一种氛围，而你提出的要求和态度都是其中的一部分。开局策略的使用在很大程度上决定着你最后是赢还是输。

谈判开局策略是谈判者谋求谈判开局有利形势和实现对谈判开局的控制而采取的行动方式或手段。其目的就是营造良好的谈判气氛。

一、协商式开局策略

协商式开局策略指以协商、肯定的语言进行陈述，使对方对己方产生好感，创造双方对谈判的理解充满"一致性"的氛围，从而使谈判双方在友好、愉快的气氛中展开谈判工作。

协商式开局策略适用于谈判双方实力比较接近或双方过去没有商务往来的谈判。因为是第一次接触，双方都希望有一个良好的开端。要多用外交礼节性语言、中性话题，使双方在平等、合作的气氛中开局。例如，谈判一方以协商的口吻来征求谈判对手的意见，然后对对方意见表示赞同或认可，双方达成共识。要表现出充分尊重对方意见的态度，语言要友好、礼貌，但又不刻意奉承对方。

谈判者在姿态上应该是不卑不亢，沉稳不失热情，自信但不自傲，把握住适当的分寸，以顺利打开谈判局面。

二、坦诚式开局策略

坦诚式开局策略是指以开诚布公的方式向谈判对手陈述自己的观点或意愿从而尽快打开谈判局面。

坦诚式开局策略适合双方过去有过商务往来，而且关系很好、互相比较了解的情形，可以将这种友好关系作为谈判的基础。在陈述中可以真诚、热情地畅谈双方过去的友好合作关系，适当地称赞对方在商务往来中的良好信誉。由于双方关系比较密切，可以省去一些礼节性的外交辞令，坦率地陈述己方的观点以及对对方的期望，使对方产生信任感。

坦诚式开局策略有时也可用于实力不如对方的谈判。己方实力弱于对方，这是双方都了解的事实，因此没有必要遮掩。坦率地表明己方存在的弱点，使对方理智地考虑谈判目标。这种坦诚也表达出实力较弱一方不惧怕对手的压力，充满自信和实事求是的精神，这比"打肿脸充胖子"掩饰自己的弱点要好得多。

三、慎重式开局策略

慎重式开局策略是指以严谨、凝重的语言进行陈述，表达出对谈判的高度重视和鲜明的态度，目的在于使对方放弃某些不适当的意图。

慎重式开局策略适用于谈判双方过去有过商务往来，但对方曾有过不太令人满意的表现的情况，此时，己方要通过严谨、慎重的态度，引起对方对某些问题的重视。例如，可以对过去双方业务关系中对方的不妥之处表示遗憾，并希望通过本次合作能够改变这种状况。可以用一些礼貌性的提问来考察对方的态度、想法，不急于拉近关系，注意与对方保持一定的距离。这种策略也适用于己方对谈判对手的某些方面存在疑问，需要经过简短的接触摸底的情况。当然慎重并不等于没有谈判诚意，也不等于冷漠和猜疑，这种策略正是为了更有效地获取谈判成果。

四、进攻式开局策略

进攻式开局策略是指通过语言或行为来表达己方强硬的姿态，从而获得谈判对手必要的尊重，并借以制造心理优势，使谈判继续顺利进行。这种进攻式开局策略只在特殊情况下使用。例如，发现谈判对手居高临下，以某种气势压人，如果任其发展下去，则对己方是不利的，因此要变被动为主动，不能被对方气势压倒。采取以攻为守的策略，捍卫己方的尊严和正当权益，使双方站在平等的地位上进行谈判。进攻式策略要运用得好，必须注意有理、有利、有节，不能使谈判一开始就陷入僵局。要切中问题要害，对事不对人，既表现出己方的自尊、自信和认真的态度，又不能过于咄咄逼人，使谈判气氛过于紧张；一旦问题表达清楚，对方也有所改观，就应及时调整谈判态度，使双方重新建立起一种友好、轻松的谈判气氛。

家电生产线引进谈判

我国一家彩电生产企业准备从日本引进一条生产线，于是与日本一家公司进行接触。双方分别派出了一个谈判小组就此问题进行谈判。谈判那天，双方谈判代表刚刚就座，中方的首席代表（副总经理）就站了起来，他对大家说："在谈判开始之前，我有一个好消息要与大家分享。我的太太昨天晚上为我生了一个大胖儿子！"此话一出，双方人员纷纷站起来向他道贺。整个谈判会场的气氛顿时高涨起来，谈判进行得非常顺利。

（资料来源：丁建忠. 商务谈判［M］. 北京：中国人民大学出版社，2006.）

启发思考：这位副总经理为什么要提自己太太生孩子的事呢？原来，这位副总经理在与日本企业的以往接触中发现，日本人总是板起面孔谈判，营造一种冰冷的谈判气氛，给对方造成一种心理压力，从而控制整个谈判，乘机抬高价码或提高条件。于是，他便想用自己的喜事来改变日本人的冰冷态度，营造一种有利于己方的轻松气氛。

第二节　报价阶段的策略

谈判双方在结束了非实质性交谈之后，就要将话题转向有关交易内容的正题，即开始报价。这里的报价不仅是指产品在价格方面的要求，还有包括价格在内的关于整个交易的各项条件，如商品的数量、质量、包装、价格、装运、保险、支付、商检、索赔、仲裁等。其中，价格条件具有重要的地位，是商务谈判的核心。报价阶段的策略主要有以下几种。

一、价格起点策略

1. 吊筑高台策略

吊筑高台策略又称欧式报价，指由卖方提出一个高于其实际要求的谈判起点来与对手讨价还价，最后再做出让步以达成协议的谈判策略。

一位美国商业谈判专家曾对 2 000 位主管人员做过实验，结果发现这样的规律：如果卖主出价较低，则往往能以较低的价格成交；如果卖主喊价较高，则往往也能以较高的价格成交；如果卖主喊价出人意料得高，只要能坚持到底，在谈判不致破裂的情况下，往往会有很好的收获。可见，运用吊筑高台策略，能使己方处于有利的地位，有时甚至会收到意想不到的效果。

美国前国务卿基辛格是著名的谈判专家之一，他曾经说过："谈判桌上的成效，取决于你是否有能力一开始就提出夸张的要求。"这是一个非常高明的谈判技巧。为什么你的产品定价一定要高于你的预期目标？最关键的一个理由就是，这样能够创造一个对手赢的空间。如果你一开始就给出最低价，对方是不可能赢的。无论你的报价是多少，买家几乎是不可能不砍价的。没有经验的卖家在设置价格或者谈判时经常不给自己预留降价的空间。有经验的卖家知道，报价一定要高于预期目标，然后再假装不情愿地往下降价，让买家有赢的感觉。

需要注意的是，运用这种策略时，喊价要狠，让步要慢。凭借这种方法，一开始便可削弱对方的信心，同时还能乘机考验对方的实力并确定对方的立场。应对这种策略的方法是要求对方出示报价或还价的依据，或者己方出示报价或还价的依据。

2. 抛放低球策略

抛放低球策略又称日式报价，是先提出一个低于己方实际要求的谈判起点，以让利来吸引对方，试图先击败参与竞争的同类对手，然后再与谈判对手进行真正的谈判，迫使其让步，以达到自己的目的。

从某种意义上来说，商业竞争可分为三大类，即买方之间的竞争、卖方之间的竞争以及买方与卖方之间的竞争。在买方与卖方之间的竞争中，一方如果能首先击败其他竞争对手，就会占据主动地位。当对方觉得别无选择时，就会委曲求全。应对这种策略的方法：其一，把对方的报价内容与其他客商（卖主）的报价内容一一进行比较和计算，并直截了当地提出异议；其二，不为对方的小利所迷惑，自己报出一个"一揽子"交易的价格。

抛放低球策略虽然最初提出的价格是最低的，但它在价格以外的其他方面提出了最有利于己方的条件。对于买方来说，要想取得更好的条件，他就不得不考虑接受更高的价格。因此，低价格并不意味着卖方放弃对高利益的追求。可以说，它实际上与吊筑高台的策略殊途同归，两者只有形式上的不同，而没有本质上的区别。一般而言，抛放低球的策略有利于竞争，吊筑高台策略则比较符合人们的习惯心理。多数人习惯价格由高到低，逐步下降，而不是相反的变化趋势。

二、除法报价策略

除法报价策略是一种价格分解术，是以商品的数量或使用时间等概念为除数，以商品价格为被除数，得出一种在数字上看起来很小的价格，使买主对本来不低的价格产生一种便宜、廉价的感觉。例如，保险公司为动员液化气用户参加保险，宣传说：参加液化气保险，每天只交保险费 1 元，若遇到事故，则可得到高达 1 万元的保险赔偿金。这种做法用的就是除法报价策略。相反，如果说每年交的保险费为365 元的话，效果就差多了。因为人们会觉得 365 元是一个不小的数字，而用"除法报价法"说成每天交 1 元，人们在心理上就更容易接受。

三、加法报价策略

加法报价策略是指在商务谈判中，有时担心报高价会吓跑客户，就把价格分解成若干层次渐进提出，使若干次的报价最后加起来仍等于当初想一次性报出的高价。

例如，文具商向画家推销一套笔墨纸砚。如果他一次报高价，画家可能根本不会买。但文具商可以先报笔价，要价很低；成交之后再谈墨价，要价也不高；等笔、墨卖出之后，接着谈纸价和砚价，再抬高价格。画家已经买了笔和墨，自然想"配套"，不忍放弃纸和砚，在谈判中便很容易在价格方面做出让步。

采用加法报价策略，卖方多半是靠所出售的商品具有系列组合性和配套性。买方一旦买了组件一，就无法割舍组件二和组件三了。针对这一情况，作为买方，在谈判前就要考虑商品的系列化特点，谈判中及时发现卖方"加法报价"的企图，挫败这种"诱招"。

四、差别报价策略

差别报价策略是指在商务谈判中针对不同的客户性质、购买数量、交易时间、支付方式等采取不同的报价策略。这种策略体现了商品交易中以市场需求为导向的特点，在报价策略中应重视对其的运用。例如，对老客户或需求量大的客户，为巩固良好的客户关系或建立起稳定的交易联系，可适当实行价格折扣；对新客户，有时为开拓新市场，也可给予适当让价；对某些需求弹性较小的商品，可适当实行高价策略；对"等米下锅"的客户，价格则不宜下降。

五、对比报价策略

对比报价策略是指向对方抛出有利己方的多个商家同类商品交易的报价单，设立一个价格参照系，然后将所交易的商品与这些商家的同类商品在性能、质量、服务与其他交易条件等方面做出有利于己方的比较，并以此为要价的依据。价格谈判中，使用对比报价策略可以增强报价的可信度和说服力，一般会有很好的效果。报价对比可以从多方面进行。例如，将本商品的价格与另一可比商品的价格进行对比，以突出具有相同使用价值商品的不同价格；将本商品及其各种附加值的价格与可比商品不含各种附加值的价格进行对比，以突出具有不同使用价值商品的不同价格。应对这种策略的方法：其一，要求对方提供有关证据，证实其所提供的其他商家的报价单的真实性；其二，仔细查找报价单及其证据的漏洞，如性能、规格型号、质量档次、报价时间和其他交易条件的差异与不可比性，并以此为突破对方设立的价格参照系屏障的切入点；其三，己方也抛出有利于自己的另外一些商家的报价单，并做相应的比较，以其人之道还治其人之身；其四，找出对方价格参照系的漏洞，并予以全盘否定，坚持己方的要价。

六、数字陷阱

数字陷阱是指卖方抛出自己制作的商品成本构成计算表（其项目繁多，计算复杂）给买方，用于支持己方总要价的合理性。在分类成本中"掺水分"，以加大总成本，为己方的高出价提供证明与依据。运用此策略可以为己方谋取较大利益，击退或阻止对方的强大攻势。若成本构成计算表被对方找出明显错误，己方就会处于被动局面，易使谈判复杂化，进程缓慢。

此策略一般是在商品交易内容多、成本构成复杂、成本计算方法无统一标准或是对方攻势太强的情形下使用。运用此策略时成本计算方法要有利于己方，成本分类要细化，数据要多，计算公式要尽可能复杂，"水分"要适度掺在计算复杂的成本项中。一句话，就是要使对方难以核算清楚总成本，难以发现"水分"，从而落入己方设计好的"陷阱"，接受己方的要价。应对这种策略的方法：其一，尽可能明确与所交易的商品有关的成本计算统一标准、规则与惯例；其二，选择几项分类成本进行核算，寻找突破口，一旦发现问题，就借机大举发动攻势；其三，寻找有力的理由，拒绝接受对方抛出的成本构成计算表，坚持己方原有的立场与要价。

【案例 11-2】

A 公司供热成本审计费用谈判

A 公司为某央企下属子公司，是以发电为主营业务范围的发电企业，公司一直秉承创造客户价值并服务社会的理念。2014 年，为实现节能减排目标，同时整体规划热网建设，取缔各小区冬季小煤炉取暖现象，经过精心策划及研究，A 公司所在市政府决定由 A 公司增加一套供热设备，完成市区供暖改造。该改造项目于 2014 年 9 月启动，并于当年冬季供暖季前成功实现向该市居民供暖。改造结束后，政府统一按每平方米 24 元向市民收取供暖费。但在改造前，各小区收费标准不同，有的高于此标准，有的低于此标准，市民对供暖费价格意见较大，希望政府组织一次听证会详细说明供暖成本的构成。政府物价局找到当地一家会计师事务所与 A 公司进行衔接，希望该会计师事务所进行一次供热成本审计，审计费用由企业承担。

第一轮谈判，由物价局牵头。双方互相介绍后，物价局阐述了政府开展此次供热成本审计的目的、过程要求以及时限，至于审计费用由双方进行协商。由于是地方政府牵头且双方为第一次合作，在第一次会面时，双方对审计费用未进行实质谈判，但形成了一个大致原则。

A 公司阐明作为一家国有企业，所有采购事项均要按照集团公司发布的采购管理办法执行，对于金额超过 15 万元的服务类项目采购，需采取招标方式，15 万元以下的服务类项目采购，可以采取询价或直接委托方式。会计师事务所负责人表示，所收取的审计服务费主要参考行业协会颁布的标准，至于具体金额双方可以再进行磋商，并提出收取的费用在 3 万 ~ 5 万元。

第二次谈判时无政府人员参加。由于是政府组织安排的此次审计，在第一轮谈判时也大体谈了审计费用，因此，第二轮谈判前，在还未确定合同费用的情况下会计师事务所已派三名工作人员开展了相关工作。本次会面主要沟通两件事，一是审计过程中双方对供热成本构成存在的分歧进行交流；二是谈判此次审计合同金额。在谈合同金额时，会计师事务所主要负责人提出此前对电厂资产并不了解，所以前一次提出的 3 万 ~ 5 万元收费标准是依据以往审计经验做出的草率表态。在经过一段时间工作后，发现无论是从工作量来看还是从电厂资产规模来看，依据行业协会的收费标准实际计算出的审计费用应为 15.9 万元，希望 A 公司重新考虑合同最终定价。经过一段时间的讨论后，A 公司谈判负责人提出四个看法：一是此前会面时会计师事务所已提出 3 万 ~ 5 万元的取费额度，此次提出金额已翻三倍至五倍，A 公司对此不能接受；若当时就已预计有这些费用，后续的审计人员进场可能不会安排开展业务。二是依据集团采购管理办法，服务类采购超过 15 万元额度必须招标。若公开招标，最终哪家单位中标将不确定，若不是该会计师事务所中标，他们此前所开展的工作则无效。三是即使金额低于 15 万元，但额度高于 5 万元，公司也可能采取询价方式采购。由于会计师事务所竞争激烈，不排除有单位低价位报价，最终仍会有很大变数。四是既然双方是第一次合作，那么希望对方能拿出诚意，为以后再有机会合作奠定基础。经过谈判，双方最终以 4.8 万元签署了此次供热成本审计合同。

启发思考：此例中合同金额并不高，谈判过程也并不激烈，但此次谈判过程及结果仍能给我们很多启发。

从谈判结果来看，公司谈判负责人高度负责，在整个过程中始终坚持客观真实的原则，掌握第一手材料，并且用事实说话，最终为公司最大限度地节约了审计成本，体现了谈判人员的责任意识。

从谈判过程来看，首先，合同主管抓住了对方前后表态不一的弱点，从情理上来说已占据了主动。其次，根据集团公司文件要求，提出采取招标或询价方式进行采购，一方面，提出的要求合乎上级公司管理要求，对物价局有一个好的解释；另一方面，无论是询价还是招标，该会计师事务所都没有十足把握一定能够揽下这份业务，此前所做的工作也会无效。最后，提出以后可能合作的前景展望，为双方继续合作打下基础。

此次谈判会计师事务所首先把审计费用划定一个谈判区间，主要是为了先把该业务揽下来，这也是谈判中运用的抛放低球策略，而后再与对方进行真正的谈判。在第二轮谈判中，强调上次出现失误，开出比第一次高出很多的价格，促使对方接受第一次提出的价格高限。

第三节　磋商阶段的策略

磋商阶段也称讨价还价阶段，是谈判的核心环节，也是最困难、最紧张的阶段。磋商的过程及其结果直接关系到谈判双方所获利益的大小，决定着双方各自需要的满足程度。因而，选择恰当的策略来规划这一阶段的谈判行为，无疑有着重要的意义。

磋商既是双方求同存异、合作、谅解、让步的过程，也是双方斗智斗勇，在谈判实力、经验和智力等诸多方面展开具体较量的过程，谈判策略和技巧的作用在本阶段得到了充分体现。

下面依据谈判中情况的不同，即在优势条件、劣势条件和均势条件下，分析这一阶段中较为常见的谈判策略。

一、优势条件下的谈判策略

1. 不开先例策略

不开先例策略是指在谈判中占有优势的一方为了坚持和实现自己所提出的交易条件，以没有先例为由来拒绝让步，促使对方就范，接受己方条件的一种强硬策略。在谈判中，当双方产生争执时，拒绝是谈判人员不愿采用的。因此，人们都十分重视研究怎样回绝对方而又不伤面子、不伤感情，不开先例就是一个两全其美的好办法。

例如，"贵公司的这个报价，我方实在无法接受，因为我们这种型号的产品一直是这个售价，如果此例一开，我们无法向上级和以往的交易伙伴交代"，或者说"某某公司是我们十几年的老客户，我们一向给他们的回扣是15%，因此，对贵公司来讲也是一样。如果此例一开，对其他用户就没有信用可言了，也不公平。希望贵公司谅解"等，以回绝对方的要求。

不开先例的力量来自先例的类比性和人们的习惯心理，正是由于这个原因才使先例具有一定的约束性。当然，既然不开先例是一种策略，因此，提出的一方就不一定真是没开过先例，也不能保证以后不开先例。它只说明，对对方是不开先例。因此，采用这一策略时，必须注意另一方是否能获得情报和信息来确切证明不开先例属实。如果对方有事实证据表明，你只是对他不开先例，就会弄巧成拙、适得其反了。该策略是谈判者保护自己的利益、阻止对方进攻的一道坚实的屏障。

2. 先苦后甜策略

先苦后甜策略是指在谈判中先用苛刻的条件使对方产生疑虑、压抑等心理，以大幅降低对手的期望值，然后在实际谈判中逐步给予优惠或让步，使对方的心理得到满足而达成一致的策略。

使用该策略的基本原因在于：人们对外界的刺激总是先入为主，如具先入刺激为甜，再加一点苦，则会觉得更苦；相反，若先入刺激为苦，再加一点甜，则会觉得更甜。该策略就是用"苦"降低对方的期望值，用"甜"满足对方的心理需要，因而很容易实现谈判目标，使对方满意地签订合同，使本方从中获取较大利益。

例如，在一次商品交易中，买方想要卖方在价格上多打些折扣，但同时也估计到如果自己不增加购买数量，卖方很难接受这个要求，于是买方在价格、质量、包装、运输条件、交货期限、支付方式等一系列条款上都提出了十分苛刻的要求，并草拟了有关条款作为洽谈业务的蓝本。在讨价还价的过程中，买方会让卖方明显地感到在绝大多数的交易项目上买方都"忍痛"做了重大让步。这时，卖方鉴于买方的慷慨表现，往往会同意买方在价格上多打些折扣的要求，这样买方并没有另外多费口舌就实现了自己的目标。在决定采用此策略时要注意"过犹不及"，也就是说，所提出的条件不能过于苛刻，要掌握分寸。

3. 价格陷阱策略

价格陷阱策略是指谈判中的一方利用市场价格预期上涨的趋势以及人们对其普遍担心的心理，把谈判对手的注意力吸引到价格问题上来，使其忽略对其他重要条款的讨价还价的一种策略。

这一策略是在价格虽看涨，但到真正上涨还需要较长时间的情况下运用。例如，某机器销售商对买方说："贵方是我司的老客户了，因此对于贵方的利益，我方理应给予特别照顾。现在，我们获悉，今年年底前我方经营的设备市场价格将要上涨，为了使贵方在价格上免遭不必要的损失，如果贵方打算订购这批货，就可以趁目前价格尚未上涨的时机，在订货合同上将价格条款按现价确定下来，这份合同就具有价格保值作用，不知贵方意下如何？"此时，如果市场价格确实有可能上涨，这个建议就会很有诱惑力。

在谈判中，若要破解价格陷阱策略，就必须坚持做到以下几点：其一，谈判的目标、计划和具体步骤一经确定，就要毫不动摇地坚持下去，不要受外界情况的干扰而轻易地加以改变，也不要随意迁就；其二，买方要根据实际需要来确定订货单，不要被卖方在价格上的蝇头小利所迷惑，这对于买方是至关重要的。

4. 期限策略

期限策略是指在商务谈判中，实力强的一方向对方提出达成协议的时间限制，超过这一期限，提出者将退出谈判，以此给对方施加压力，使其尽快做出决策的一种策略。因为在这种情况下，对方特别担心谈判破裂，一旦破裂，对方损失很大。事实上，大多数商务谈判，基本上是到了谈判的最后期

限或者临近这个期限才出现突破进而达成协议的，最后期限带有明显的威胁性。每个交易行为中都包含了时间因素，时间就是力量，时间限制的无形力量会使对方在不知不觉的情况下接受谈判条件。

（1）当谈判中出现以下情况时，就可以选择运用期限策略：①对方急于求成时，如采购生产用的原料等；②对方存在众多竞争者时；③己方不存在众多竞争者时；④己方能满足对方某一特别重要的交易条件时；⑤对方谈判小组成员意见有分歧时；⑥发现与对方因交易条件分歧较大，达成协议的可能性不大时。

（2）选用期限策略，目的是促使对方尽快地达成协议，而不是使谈判破裂，因而运用此策略时必须注意以下六点：①所规定的最后期限是对方可接受的，即最后期限的规定是由客观情况所造成的。无理的、使对方来不及思考的最后期限常会导致谈判策略的失效。②所规定的最后期限必须是严肃的。尽管该期限将来是可以更改或作废的，但在最后期限到来以前，提出最后期限的一方要表明执行最后期限的态度是坚决的。③在运用期限策略的同时，做一些小的让步来配合。可以向对方展开心理攻势，给对方造成机不可失、时不再来的感觉，以此来说服对方，避免因"规定最后期限"给对方造成咄咄逼人的感觉，使双方在达成协议的态度上更加灵活。④在语言上要委婉，既要达到目的，又不至于锋芒毕露。在表达限定期限时，态度宜委婉、真诚，采用征询式更好。比如，"由于我们最近业务很多，请你们谅解。这次谈判安排在明日下午四时结束，以便能赶上班机返回，想必你们一定会支持"。⑤拿出一些令人信服的证据。诸如国家政策、与其他客户交易的实例或国际惯例、国际市场行情的现状及趋，以及国际技术方面的信息等，用事实说话。⑥给予对方思考、议论或请示的时间。这样一来，有可能使对方减轻敌意，从而降低自己的条件或不太情愿地接受己方的条件。

当然，在使用这一策略时，也有可能使谈判破裂或陷入更严重的僵局，所以要视情况而定，除非有较大把握或在万不得已时才用，千万不要多用或滥用。

5. 声东击西策略

声东击西策略是指在商务谈判中为达到某种目的和出于某种需要，有意识地将磋商的议题引导到无关紧要的问题上故作声势，转移对方注意力，以求实现自己的谈判目标。具体做法是在无关紧要的事情上纠缠不休，或在对自己不是问题的问题上大做文章，以分散对方在自己真正要解决问题上的注意力，从而在对方无警觉的情况下顺利实现自己的谈判意图。例如，对方最关心的是价格问题，而我方最关心的是交货时间。这时，谈判的焦点不要直接放到价格和交货时间上，而是可以先放到价格和运输方式上。

采用声东击西策略一般说来主要有以

下几种情况。

（1）作为一种障眼法，转移对方的视线，隐蔽己方的真实意图。

（2）声东击西，分散对方的注意力，或者从中达到干扰、延缓对方采取行动的目的，或者使对方在判断上失误，为以后若干议题的洽谈扫平道路。

（3）诱使对方在己方无关紧要的问题上进行纠缠，使己方能抽出时间对有关问题做调查研究，掌握情况，迅速制定出新的对策。

（4）有时为投其所好，故意在己方认为是次要的问题上花费较多的时间和精力。目的在于表明己方的重视，提高该次要的问题在对方心目中的地位，从而当己方在这个问题上做出让步时，对方会感到很有价值。

采用声东击西策略的关键是必须清楚地了解对方是否觉察到己方的动机，如果己方的动机已为对方所知，声东击西就不能给己方带来任何意义。因此，随时洞察对方的动向是破解声东击西策略的关键。

6. 先声夺人策略

先声夺人策略是指在谈判开局中借助己方的优势和特点来掌握主动的一种策略。它的特点在于扬己所长，以求在心理上抢占优势。

先声夺人策略是一种极有效的谈判策略，但运用不适当会给对方留下不良印象，有时会给谈判带来副作用。例如，有些谈判者为了达到目的，以权压人、过分炫耀等，会招致对方的反感，刺激对方的抵制心理。因此，采用先声夺人的"夺"应因势布局，顺情入理，适当地施加某种压力也是可以的，但必须运用得巧妙、得体，才能达到"夺人"的目的。

对付先声夺人的策略是在心理上不要犯怵，要敢于和对手争锋。在次要问题上可以充耳不闻、视而不见，但在关键问题上应以柔克刚。这样，先声夺人的"造势"策略便不攻自破了。

二、劣势条件下的谈判策略

1. 吹毛求疵策略

吹毛求疵策略是指在商务谈判中针对对方的产品或相关问题，故意再三挑剔毛病使对方的信心降低，从而做出让步的策略。

使用该策略的关键点在于提出的挑剔问题应恰到好处。把握分寸，提出的问题和要求不能过于苛刻，如果把针眼大的问题说成比鸡蛋还大，很容易引起对方的反感，认为你没有合作的诚意。此外，提出的问题一定是对方商品中确实存在的，而不能无中生有。

吹毛求疵策略可为自己在交易时充分地争取到讨价还价的余地，若能够灵活运用，则会使己方受益。

2. 以柔克刚策略

以柔克刚策略是指在谈判出现危难局面或对方坚持不做让步时，采取软的手法来化解对方强硬的态度，避免冲突，从而制胜的一种策略。当谈判中处于不利局面或弱势时，最好的策略是避开对方的锋芒，以柔克刚。在谈判中有时会遇到盛气凌人、锋芒毕露的对手，他们的共同特点是刚愎自用、趾高气扬、居高临下，总想指挥或控制对方。对于这样的谈判者，以硬碰硬固然可以，但容易形成双方情绪的对立，危及谈判终极目标的实现。多数情况下，谈判者对咄咄逼人的对手所提出的要求可暂不表示反对，而是以静制动，以逸待劳，以平和柔缓的持久战磨其棱角、挫其锐气，伺机反守为攻，以夺取谈判的最后胜利。

沙特阿拉伯的石油大亨亚马尼在这方面做得十分出色，他善于以柔克刚，使对方心悦诚服地接受条件。一位美国石油商曾这样评判亚马尼的谈判艺术："亚马尼在谈判时总是低声细语，绝不高声恫吓。他最厉害的一招是心平气和地重复一个又一个问题，最后把你搞得精疲力竭，不得不把自己的利益拱手让出。他是我打过交道的最难对付的谈判对手。"

使用以柔克刚策略需要注意几点：要有持久作战的精神准备，采用迂回战术，通过若干个回合的拉锯，按己方事先筹划好的步骤把谈判对手一步一步地拖下去；坚持以理服人，言谈举止做到有理、有利、有节，使对手心急、恼怒而无处发泄；否则，稍有不慎，就可能给对方制造机会，使其嚣张一时，扰乱全局。

3. 难得糊涂策略

难得糊涂策略作为一种防御性策略，是指在出现对己方不利的局面时，故作糊涂，并以此为掩护来麻痹对方的斗志，以达到蒙混过关的策略。假装糊涂可以化解对手的步步紧逼，绕开对己方不利的条款，而把谈判话题引到有利于己方的交易条件种。当对方发现你误解了他的意思时，会赶紧向你解释，在不知不觉中受你的话语影响，在潜移默化中接受你的要求。所以，谈判老手总是把"难得糊涂"作为他们的一个信条，必要时就潇洒地"糊涂"一回。

难得糊涂贵在一个"巧"字，倘若弄巧成拙，结果自然不好。装糊涂要有一定的度，倘若超过了这个度，超过了对方的承受范围，甚至会引起谈判的破裂。另外，装糊涂、故意犯错或误解不能超出法律所允许的范围，否则会惹来许多不该有的麻烦。

当发现对手在制造"糊涂"陷阱时，千万不要默认。对对手在谈判中的各种口头上的装糊涂，贵在以巧治巧，婉言指出其用意，既不伤面子，又不至于在谈判中处于下风。谈判对手的假装糊涂不只表现在口头谈判上，更表现在协议或账单的文字上，将各种数字有意加错、遗漏或更改等。所以，谈判者在审查协议或账单时应十分仔细，再三检查，以免陷入对手的"糊涂"陷阱之中。

4. 疲惫策略

疲惫策略是指通过马拉松式的谈判，逐渐消磨对手的锐气，使其疲惫，以扭转己方在谈判中的不利地位和被动局面，到了对手精疲力竭、头昏脑涨之时，己方则可反守为攻，抱着以理服人的态度，摆出己方的观点，促使对方接受己方条件的一种策略。

在商务谈判中，有时会遇到一种实力较强但锋芒毕露、咄咄逼人的谈判对手，他们以各种方式表现其居高临下、先声夺人的挑战姿态。对于这类谈判者，疲劳战术是一个十分有效的应对策略。

研究结果显示，被剥夺睡眠、食物或饮用水的人的行动和思维能力十分薄弱，疲倦的人比较容易被打动，犯下许多愚蠢的错误。这就是许多谈判者喜欢向对手发动疲劳攻势的原因。他们为了达到良好的谈判效果，千方百计去消耗对方精力，使之在谈判中失利。

疲惫策略在涉外商务谈判时用得相当普遍。例如，谈判者经过长时间紧张的飞行后，一下飞机就被对手接去赴宴；而后，对方大小负责人轮流亮相出面，表现得十分热情、好客；到了晚上，又专门安排舞会或观看演出等娱乐活动，直到深夜才罢休。第二天，也许远道而来的谈判者还在为主人的热情招待而激动不已，谈判却开始了。可想而知，未能得到很好的休息、精神尚处于疲惫状态的人，在艰巨持久的谈判中表现会如何。

采用疲惫策略，要求谈判者事先要有足够的思想准备，保持旺盛的精力。

【小故事 11-1】

时间陷阱

谈判大师赫伯就曾落入日本人所设计的时间陷阱。有一次，公司派他去日本东京谈一笔生意，公司给他的期限是两周，当他走出羽田机场时，早已等候他的两位日方代表马上热情地迎了过来，行上 90 度的鞠躬大礼，热烈欢迎他的到来，又急急忙忙帮他领取行李，顺利通过海关后，将他带入了一辆高级豪华轿车。

在车上，这两位日本代表向他表示：您是我们的贵宾，难得到日本一趟，我们一定会竭尽全力使您的日本之旅舒适愉快。您有什么事，尽管交给我们办理。然后，就征询他在日本的行程安排，打算在什么时间返回，以便他们事先安排回程的机票和接送车辆。他们的热情让赫伯十分感动，于是毫不犹豫地从口袋里拿出机票给他们看。赫伯丝毫没有意识到，自己的这一举动，竟使日本人轻而易举地获得他在日本的停留期限，并开始筹划如何利用这一信息。

在赫伯下榻之后，日方没有立即安排他开始谈判，而是用了一个多星期约时间陪他参观游览日本的名胜古迹，甚至还安排了一项用英语讲授的课程来说明日本人的信仰。每天晚上还安排长达 4 小时的日本传统宴会招待他。每当赫伯要求开始谈判时，日本人就说：不急，不急，还有时间！到第十二天，谈判总算开始了，但日本人又在这一天安排好了一场高尔夫球赛，谈判必须提早结束。

在第十三天的谈判中，日本人又为赫伯安排了欢送宴会，谈判还得提前结束。直到第十四天的早上，双方才谈到了核心问题，而正值此关键时刻，那辆接他去机场的豪华轿车又到了，于是，日本人建议在车上继续谈。在日本人的精心策划下，赫伯已经没有与对方周旋的时间，可又不能空手而归，只好在到达机场之前匆匆与日方签订了让日本人如愿以偿的协议。

（资料来源：宋贤卓.商务谈判［M］.北京：科学出版社，2004.）

启发思考：这种先紧后松的谈判技巧被称为时间压力策略。具体实施方法是先谈一些无关大局的议题，当你准备结束谈判时，对方突然提出了你所不愿意接受的问题，对方知道在时间的压力下，你的谈判原则会有所松动。很多时候这种策略是成功的。

在商务谈判中，时间可以成为一种无形的压力。谈判双方都会考虑如何才能更有效地利用时间，运用好的一方将取得谈判优势。

5. 权力有限策略

权力有限策略是指在商务谈判中实力较弱的一方的谈判者被要求向对方做出某些条件过高的让步时，宣称在这个问题上授权有限，无权向对方做出这样的让步或无法更改既定的事实，以使对方放弃所坚持的条件的策略。

这种策略的做法是隐蔽手中的权力，推出一个"假设的决策人"，以避免正面或立即回答对方的问题。例如，"您的要求我很理解，但需向有关部门的领导汇报""我本人无权回答贵方提出的问题，需向我的上级请示才能答复"等。

例如，尼伦伯格在《谈判的艺术》一书中说了这样一件事：他的一位委托人安排了一次会谈，对方及其律师都到场了，尼伦伯格作为代理人也到场了，可是委托人自己却失约了。等了好一会儿也没见他的人影，这三位到场的人就先开始谈判了。随着谈判的进行，尼伦伯格发现自己正顺顺当当地迫使对方做出一个又一个的让步或承诺，每当对方要求他做出相应的承诺时，他都以委托人未到，他的权力有限为由委婉地拒绝了。结果，他以一个代理人的身份，为他的委托人争取了对方的许多让步，而他却不用向对方做出相应的让步。

这种策略通常是实力较弱一方的谈判人员在不利的情况下使出的一张"盾牌"。"权力有限"作为一种策略，不完全是事实，而只是一种对抗对手的盾牌。在一般情况下，对于这一"盾牌"难以辨别真伪，对手只好凭自己一方的"底牌"来决定是否改变要求，做出让步。运用这一策略的一方，即使要撤销"盾牌"也并不困难，可以说已请示领导同意即可了。

6. 反客为主策略

反客为主策略是指谈判中处于劣势的一方，运用让对方为谈判付出更大的代价的方法，变被动为主动，从而达到转劣势为优势的策略。

反客为主策略的特点在于，运用了在谈判中谁付出的代价大，谁就不想谈判失败的原理，使占有谈判优势的一方，在人力、物力、时间等方面消耗更大，进而确立自己的主动地位。一般来说，谈判的动力在于谈判者的利益需求，但谈判的各方对利益需求的层次和程度有时是不一样的，这就决定了谈判者在谈判中的地位不同。

对谈判需求较大、依赖程度较高的一方会处于劣势；反之，对谈判需求较小、依赖程度较低的一方会处于优势。处于劣势的一方就可运用反客为主策略扭转被动局面。

【小故事 11-2】

犹太人的谈判智慧

穷售货员费尔南多在星期五傍晚抵达一座小镇。他没钱吃饭，更住不起旅馆，只好到犹太教会找执事，请他介绍一个能在安息日提供食宿的家庭。

执事打开记事簿查了一下，对他说："这个星期五经过本镇的穷人特别多，每家都安排了客人，唯有开金银珠宝店的西梅尔家例外，只是他一向不肯收留客人。"

"他会接纳我的。"费尔南多十分自信地说，于是他转身来到西梅尔家门前。等西梅尔一开门，费尔南多就神秘兮兮地把他拉到一旁，从大衣口袋里取出一个砖头大小的沉甸甸的小包，小声问："砖头大小的黄金能卖多少钱呢？"

珠宝店老板眼睛一亮，可是这时已经到了安息日，按照犹太教的规定不能再谈生意了，但老板又舍不得让这送上门的大交易落入他人手中，便连忙表示要留费尔南多到他家住宿，等明天日落后再谈。

于是，在整个安息日，费尔南多受到盛情的款待。到星期六夜晚，可以谈生意时，西梅尔满面笑容地催促费尔南多把"货"拿出来看看。

"我哪有什么金子？"费尔南多故作惊讶地说，"我只不过想知道一下，砖头大小的黄金值多少钱而已。"

（资料来源：郑承运. 犹太人智慧大全集［M］. 武汉：武汉出版社，2013 年.）

启发思考：这是放线钓鱼策略，指在谈判中，故意让对方先得到某个有利于他的条件，从而激起他的欲望，使其不得不与你谈判到底。

运用该策略应掌握两点，即选择诱饵、掌握放线。选择诱饵：针对欲钓的"鱼"，挑选合适的鱼饵，即根据谈判内容及谈判双方利益大小来设定套住对方的诱饵。掌握放线：下饵的技巧，即放线要纳入谈判组织，明确放线人和时间。

三、均势条件下的谈判策略

1. 投石问路策略

投石问路策略是指在谈判的过程中谈判者有意提出一些假设条件，通过对方的反应和回答来琢磨和探测对方的意向，从而抓住有利时机达成交易的策略。其目的是摸清对方的虚实，尽可能得到一些通常不易获得的资料，从而为谈判做出最佳的选择。例如："如果我方购买的数量增加一倍，你方的价格是多少""如果我方自己供给材料（或工具或技术）价格是多少""如果我方在你方购买全套设备价格是多少"等。

通过该策略可以进一步了解对方的商业习惯和动机、对方的要求和意向，以及可能成交的最低价格。通过这种探问的方式试探对方的价格情况，使己方在讨价还价中做到心中有数。

此策略一般在市场价格行情不稳定，对谈判无把握，或是对对方不太了解的情形下使用。实施时要注意：提问要多，且要做到虚虚实实，煞有其事；要让对方难以摸清你的真实意图；不要使双方陷入"捉迷藏"，进而使问题复杂化。

例如，某外商想购买我国的香料油，于是与我方进行谈判。在谈判过程中，外商出价每千克40美元，但我方并不了解对方要购买的真实价格。为了试探对方的真实程度，我方代表采用投石问路策略，提出每千克48美元。对方一听我方的要价，急得连连摇头说："不，不，这要价太高了，你们怎么能指望我方出每千克45美元以上的价钱来购买呢？"对方在不经意的情况下，将信息传递给我方。我方代表抓住时机，立即追问一句："这么说，你们是愿意以每千克45美元的价格成交？"外商只得勉强说："可以考虑。"通过双方的进一步洽谈，结果以每千克45美元的价格成交。这个结果比我方原定的成交价要高出不少。

又如，一个供销公司想从某服装厂购买一批服装，供给所属的销售网点，但对该服装厂的生产成本、生产能力、最低价格等情况不清楚。如果直接问厂方，得到的答复肯定是较高的报价和一大堆关于生产成本、生产能力方面的虚假数据。怎么办呢？这位供销人员到了工厂，不说明自己要购买的数量和最高价格，而是要求厂方分别就200件、2 000件、10 000件服装进行报价。厂方不知道来者要购买的数量，只是如实按"多购从优"的原则，分别按买方要求的批量报价。供销人员拿到标价单后，通过仔细分析和推敲，较为准确地估算出该厂的生产成本、设备费用的分摊情形，生产能力以及价格策略等情况，从而掌握了谈判的主动权，以理想的价格购到2 000件服装。

2. 先造势后还价策略

先造势后还价策略是指在对方开价后不急于还价，而是指出市场行情的变化态势（涨价或降价及其原因），或是强调己方的实力与优势（明示或暗示对方的弱势），构筑有利于己方的形势，然后再提出己方要价的一种策略。

运用此策略可以给对方造成客观存在的心理压力，从而使其价格立场松动，并做出让步。该策略若运用不当，有可能吓跑对方，或使对方产生抵触情绪，从而招致对方的顽强反击，使谈判步履维艰或不欢而散。

此策略一般是在对方希望与己方达成交易，且市场行情明显有利于己方，或己方优势突出的情形下使用。实施该策略时，造势要有客观事实依据，表达的语气要肯定，还价的态度要坚决，同时根据需要，灵活掌握造势的尺度。

应对此策略的方法：不为对方的气势所吓倒，尽力去寻找形势的有利方面和对方的弱点，且紧紧抓住不放、反击对方，化解对方的优势；坚持己方的报价，或做小的让步后，再坚持强硬立场。

【小故事 11-3】

欲擒故纵

清代，福州有个叫郑堂的画商，开了一家书画当铺。有一次，一个叫陈松的人拿来一幅画，说要典当。郑堂打开一看，认出这是五代画家顾闳中的佳作《韩熙载夜宴图》。这件作品是稀世之宝。郑堂问：

"此画打算现卖还是寄售？"陈松回答道："此画乃我祖上遗物，在下不敢当败家子，没打算出售，只是家中有变，为解燃眉之急拟将此画押当贵店。因为郑先生识货，可求高价。"于是郑堂就花八千两银子的高价当入。

可是，过了当期，陈松一直没来取画，郑堂开始紧张起来，他取出放大镜对着画看了半天，最后发现这是一幅仿造得十分逼真的假画。八千两银子可不是一个小数目，足以让整个当铺倒闭。一时间，郑堂被骗八千两银子的消息不胫而走，传遍全城。

在这种情况下，郑堂临危不乱，不动声色。在当期过后的第三天，他在城里最大的酒家——聚春园办了十桌酒席，请来全城的社会名流和字画行家。酒饮一半，郑堂取出那幅画，挂在大厅的正中，抱拳作礼地对大家说："众位亲友同行，由于郑某才疏学浅，一下子被人骗了八千两银子，多年积蓄付诸东流。郑某立志字画行业，决不会因此罢休，倾家荡产也要支撑下去。当铺是不会倒闭的，请诸位放心！今天宴请各位，是想让大家认识认识这些骗子的手段。"说完，大家纷纷起立，观看假画。待大家看完后，郑堂取下假画，将它投入火炉。片刻，假画化为灰烬。一夜之间，郑堂火燃假画的消息轰动全城。

烧画后第二天，陈松突然出现，见到郑堂，他又是鞠躬又是作揖："郑先生，真对不起，在下前几天到乡里应邀做客，误了贵银还期！"郑堂说："只误三天，无妨，加三成利息。"陈松满不在乎地说："好说，好说，利息当然要加，只要画保管好就行了。""这个……这个，此画是要保管好的，请放心！"郑堂面露慌张之色。"那么，请郑先生把画取出来一起看看好吗？"陈松不无得意地问。"不急，交完钱就给你画。"郑堂打完算盘后说，"连本带利共一万二千两银子。"陈松得意地取出钱，交给郑堂，说："郑先生兑画吧！"郑堂不慌不忙地从柜子里取出画交给陈松。陈松展开画，一看确实是自己典当的那幅假画，顿时吓得面如土色。

原来，郑堂请人照着那幅假画仿制了一幅，然后当着众人的面烧毁了它，并广造舆论。按照典当规定，当铺丢失当物要赔双倍的价钱。陈松得知消息，以为郑堂烧去的是自己的那幅假画，只要自己去赎画，郑堂拿不出画来就可以再赚一笔。结果，"偷鸡不成蚀把米"，中了郑堂的以毒攻毒之计。

（资料来源：宋效永 . 古今谋略辞典［M］. 郑州：中州古籍出版社，1997.）

启发思考：欲擒故纵策略，即对于志在必得的交易谈判，故意通过各种方法，让对方感到自己是满不在乎的态度，从而压制对手开价的胃口，确保己方在预想条件下成交的做法。

使用欲擒故纵策略，最关键的就是务必使假信息或假象做得足以让对方相信。人们通常有一种心理：越是私下得来的信息，其真实性越不容置疑。所以，最好是通过非官方、非正式渠道传播，或通过第三方之口发布。

实施欲擒故纵策略时，务必使自己的态度保持半冷半热、不紧不慢的状态。例如，在谈判日程安排上不显急切；在对方激烈强硬时，任其表现，采取"不怕后果"的轻蔑态度。

· ·

3. 欲擒故纵策略

欲擒故纵策略是指在谈判中的一方虽然想做成某笔交易，却装出满不在乎的样子，将自己的急切心情掩盖起来，似乎只是为了满足对方的需求而来谈判，使对方急于求成，主动让步，从而达到先"纵"后"擒"的目的的策略。欲擒故纵策略是基于谁对谈判急于求成，谁就会在谈判中先让步的原理，主要通过调动对方的谈判需要而淡化己方的谈判需要来使对方先让步。

具体做法是使自己的态度保持在不冷不热、不紧不慢的状态。比如，在日程安排上，表现为不是非常急迫，主要是迁就对方。在对方态度强硬时，不慌不忙，不给对方回应，让对方摸不着头脑。本策略"纵"是手段，"擒"是目的。

"纵"不是"消极"的纵，而是"积极"、有序的纵；通过"纵"激起对方迫切成交的欲望而降低其谈判的筹码，达到"擒"的目的。

在运用这一策略时应该注意以下几点：

（1）要给对方以希望。谈判中表现得若即若离，每一"离"都应有适当的借口，不让对方轻易得到，也不让对方轻易放弃。这样当对方再次得到机会时，就会倍加珍惜。

（2）要对对方以礼相待。注意言谈举止，不要有羞辱对方的行为，避免从情感上伤害对方，转移矛盾的焦点。

（3）要给对方以诱饵。要使对方觉得确实能从谈判中得到实惠，这种实惠足以把对方重新拉回到谈判桌上，不至于让对手一"纵"即逝，使谈判彻底破裂。

4. 大智若愚策略

大智若愚策略是指谈判的一方故意装作糊里糊涂、惊慌失措、犹豫不决、反应迟钝的样子，以此来松懈对方的意志，达到后发制人的目的。

有时候愚笨就是聪明，聪明反而就是愚笨。在回答对方的问题之前，要使自己获得充分的思考时间。为了争取充分的时间，可以让对方重复所提出的问题，或推托要自己不能决定，请示领导，或让自己的助手做一些无关紧要、非实质性的答复，或顾左右而言他，这样有时会使非常果断、能干、敏捷、博学或者理智的人占不到什么便宜，如果能少用一点果断力，稍微迟钝些，有时反而会得到对方更多的让步和更好的价格。

大多数人希望他人认为自己很聪明，而大智若愚策略则需要别人认为自己较为愚笨。在运用这一策略时应大胆地说"我不知道"或"请你再说一遍"。

需要注意的是，大智若愚策略技术性强，运用起来要求谈判者老谋深算，知而示之不知、能而示之不能，在静中观察对方的表演，在暗中运筹自己的方案，最终达到大获全胜的目的。

5. 走马换将策略

走马换将策略是指在谈判中一方遇到关键性问题或与对方有无法解决的分歧时，借口自己不能决定或以其他理由，转由他人再进行谈判的策略。这里的"他人"或者是上级、领导，或者是同伴、合伙人、委托人、亲属和朋友。

运用这种策略的目的在于通过更换谈判主体，侦察对手的虚实，耗费对手的精力，削弱对手的议价能力；为自己留有回旋的余地，进退有序，从而掌握谈判的主动权。作为谈判的对方需要不断向使用走马换将策略的一方陈述情况、阐明观点，面对更换的新的谈判对手，需要重新开始谈判。这样会付出更多的精力、体力和投资，时间一长，难免出现漏洞和差错。这正是运用走马换将策略一方所期望的。

走马换将策略的另一个目的是能够补救己方的失误。前面的主谈人可能会有一些遗漏和失误，或谈判效果不尽如人意，则可由更换的主谈人补救，并且顺势抓住对方的漏洞发起进攻，最终获得更好的谈判效果。

6. 浑水摸鱼策略

浑水摸鱼策略是指在谈判中故意搅乱正常的谈判次序，将许多问题全部抛出，使人难以应付，借以达到使对方慌乱失误的目的。

研究结果表明，当一个人面临一大堆难题、精神紧张的时候，就会信心不足，甚至自暴自弃。有人会在谈判开始没多久就提出质量标准、数量、价格、包装、运输工具、支付方式、送货日期和售后服务等一大堆问题，使事情变得很复杂。有人会提出一大堆琐碎资料和繁杂的数字，使对方考虑没有思想准备的问题，促使对方屈服或犯错误。

防御这一策略的要诀是在你尚未充分了解之前，不要和对手讨论和决断任何问题。具体说来，要坚持以下几点：

（1）坚持事情必须逐项讨论，不给对方施展计谋的机会。

（2）坚持自己的意见，用自己的意识和能力影响谈判的进程和变化，以防被他人牵着鼻子走。

（3）拒绝节外生枝的讨论，对不清楚的问题要敢于说不。

（4）当对方拿出一大堆资料和数据时，要有勇气迎接挑战，对这些资料和数据进行仔细研究与分析，既不要怕耽误时间，也不要担心谈判的失败，以免一着不慎，满盘皆输。

（5）对手可能也和你一样困惑不解，此时应攻其不备。

7. 红白脸策略

红白脸策略又称软硬兼施策略，是指在商务谈判过程中利用谈判者既想与你合作，但又不愿与有恶感的对方人员打交道的心理，以两个人分别扮演"红脸"和"白脸"的角色，诱导谈判对手妥协的一种策略。这里的"白脸"是强硬派，在谈判中态度坚决、寸步不让、咄咄逼人，几乎没有商量的余地。这里的"红脸"是温和派，在谈判中态度温和，拿"白脸"当武器来压对方，与"白脸"积极配合，尽力撮合双方合作，从而达成于己方有利的协议。

使用这种策略，在谈判初始阶段，先由扮演"白脸"的人出场，他通常苛刻无比、强硬僵化，会让对手产生极大的反感。当谈判进入僵持状态时，再由扮演"红脸"的人出场，他表现出体谅对方的难处，以合情合理的态度照顾对方的某些要求，并放弃己方的某些苛刻条件和要求，做出一定的让步。实际上，他做出这些让步之后，剩余的那些条件和要求恰恰是原来设计好的必须全力争取达成的目标。

需要注意的是，软硬兼施策略往往在对手缺乏经验，很需要与己方达成协议的情境下使用。实施该策略时，扮演"白脸"的人既要表现得态度强硬，又要保持良好的形象，处处讲理；扮演"红脸"的人应是主谈人，他一方面要善于把握谈判的条件，另一方面要把握好出场的火候。

如果对方使用这一方法，则己方要注意不要落入圈套。有些情况下，不一定是"白脸"唱完了，"红脸"再上台，而是"白脸""红脸"一起唱。无论对方谈判人员如何表现，都要坚持自己的谈判风格，按既定方针处理，在重要问题上决不轻易让步。

如果对方扮演的"好人""坏人"不超出商业的道德标准，不以极其恶劣的手段来对待你，就不要采取过分直率的行动，可以婉转地指出对方报价的水分、所提要求的不合理之处，提出你的公平建议。如果对方确实在使用阴谋诡计，则可以考虑采取退出谈判、向上级提出抗议、要求撤换谈判代表或公开指出对方诡计等办法。

8. 休会策略

休会策略是指谈判人员为控制、调节谈判进程，缓和谈判气氛，打破谈判僵局而经常采用的一种基本策略。有时候，当谈判进行到一定阶段或遇到某种障碍时，谈判双方或其中一方会提出休会，以使谈判人员恢复体力和调整对策，推动谈判的顺利进行。

当谈判出现僵局，双方情绪都比较激动、紧张，会谈一时也难以继续进行时，双方可借休会冷静下来，仔细考虑争议的问题；也可以召集各自谈判小组成员，集思广益，商量具体的解决办法。当双方再按预定的时间、地点坐在一起时，会对原来的观点提出修正的看法。这时，僵局就较容易被打破。

【案例 11-3】

A 银行网络设备招标谈判

A 银行是一家国有股份制银行，为提高消费者在营业网点的体验，准备在全省各网点建立 Wi-Fi 网络，以方便消费者查阅本行产品信息，在线处理金融业务，因此需要采购一批网络设备，并搭建全省网点 Wi-Fi 的管理平台。

F 公司是一家省内成立不久的信息技术传播公司，拥有员工 80 人，虽然规模较小，但员工素质较高，有为保险、银行、邮政、移动、教育、政府部门等行业客户提供服务的经验，也与 A 银行有过小范围的合作。

该项目由 F 公司总经理作为负责人，集合市场部、技术部、财务部等部门组建一个项目团队，共四名谈判人员参加招标谈判。

A 银行的谈判团队主要由 J 行长以及采购部、营销部、科技部、财务部等相关人员组成。

本次的竞争对手主要有 W 公司和 H 公司。W 公司是一家港资代理公司，成立于 1995 年，总部在北京，拥有雄厚的技术力量和丰富的系统集成经验，可以为客户提供全方位的系统解决方案，在全国多个省市拥有分公司，但在本省并没有设立分支机构。H 公司是一家全球性的信息技术和业务解决方案公司，业务遍及 160 多个国家和地区，在国内有近 30 家办事机构，此次参加招标的是其省内的分公司，但该公司没有和 A 银行合作过。

A 银行在 500 个网点架设 Wi-Fi，一般网络设备单价不高，200 元的设备即可满足标书说明的要求，预计费用在 10 万元以内。对 W 公司和 H 公司来说，这次招标的业务利润小，关键在于可通过该项目和 A 银行建立业务合作关系。按照 A 银行的要求，除此次采购除硬件设备以外，还要搭建网点 Wi-Fi 统一管理的平台。平台的建设、管理、维护等价格可以商议的空间很大，所以这个平台和后期的维护、升级是此次谈判的重点。

首先，此次招标会议的组织者——采购部 K 经理介绍了参与会议的 A 银行谈判人员，其中采购部人员坐在中间，同 F 公司谈判人员面对面，以便双方进行对话。

由于会议时间比较紧迫，谈判很快就转入正题。为了加快会议进度，A 银行内部做了人员分工，按照商务部分和技术部分进行审阅，F 公司按照原先做出的重要性次序，逐步讲解 A 银行的答标文件，有问题的部门就开始提问，其他部门的人员则继续审阅相关条款。

F公司针对A银行的招标文件，分别对商务报价和技术性能进行回答。F公司的谈判代表取得公司的书面授权，代表公司参与此次现场的商务、技术应答，获得在本方权限内现场调整报价的资格。该报价既包括商务报价，也包含技术性能参数的承诺、说明。

首先提问的是A银行的技术部门M经理，他主要针对网络设备的功能、覆盖能力、信号强度等细节问题进行询问。因为他们之前已经针对竞争对手的产品进行了分析，初步确定竞争对手的投标产品，从而选择了相对于其他两家企业比较有竞争优势的产品进行投标，所以这些问题按照F公司的计划安排，回答得非常圆满。

接着营销部的L经理询问了Wi-Fi管理平台和页面展示等方面的问题。在准备阶段F公司就已经考虑到了管理平台的问题，并且对此进行了初步的设计。

采购部K经理看了F公司的商务报价书以后，马上提出了质疑。K经理指着F公司的报价书说了一句："你们的价格太离谱了，更不要说优势了。"这时财务部的F经理直接把报价书摔在桌子上，语气很强硬地说："你们的报价太没有合作诚意了，三家里面你们的价格最高，这样的报价没有什么可谈的。"采购部和财务部经理都是谈判高手，他们的表现具有很大的表演性质，主要是想在商务报价方面先给F公司的人员一个"下马威"。

对于客户的激烈反应，F公司也预料到了。在填写报价书之前，F公司就分析了竞争对手的报价体系和以前报价的价格范围，所以F公司根据行业地位、品牌价格，采取了保守、稳健的报价策略。F公司的报价是市场报价的80%，该报价高于竞争对手的最终合同价格30%左右，并没有漫天要价。根据F公司给予谈判人员的权限，留下20%左右的议价空间。因为心中有底，所以在客户表现得非常激动的时候，F公司谈判人员并没有急于和客户辩驳，而是点点头，微笑着等他们把话说完。等对方语气、心情缓和以后，F公司谈判人员才开始解释："首先，我司可以提供完整的Wi-Fi用户端页面和管理端的解决方案，这是其他厂家无法实现的。其次，据我司掌握的情况，W公司和H公司的产品、服务报价和我司的产品、服务报价表面看是一样，但在具体的设备性能、服务内容、印张费用的计算方式方面，两家公司都与我司有很大的不同。"

F公司谈判人员提醒对方代表人员，在考虑这次设备采购时，也要着重考虑日后的日常维护费用，因为今后五年的日常维护费用会很大，而F公司有信心提供给A银行的，包括今后日常维护费用的方案，在整个项目投入运营后，整体项目成本将是最具有竞争力的。F公司的回答很轻易地化解了客户设置的难题，接着F公司就向客户详细解释了报价产品所包含的具体内容，以及和F公司了解到的其他公司的报价内容一一进行对比，在对比过程中不断地指出F公司产品方案的优势。在化解客户设置的难题的同时，让客户追随F公司的思路进行分析报价，打乱客户原来设定的步骤，形成了于F公司有利的局面。

启发思考：A银行在准备进行这次设备采购时，也是着重考虑今后的日常维护费用，因为今后五年的日常维护费用占的比例大。而 F 公司提供给 A 银行今后日常维护费用的方案，在整个项目投入运营后，其整体项目成本将是最具有竞争力的。

第四节 签约阶段的策略

签约阶段的主要策略有最后通牒策略、恐惧唤醒策略、利益诱导策略等。

一、最后通牒策略

在商务谈判中，人们总是想象自己还有可能得到更大的利益，因而对眼前的选择犹豫不决。这时，采用最后通牒策略消除对方对未来的奢望，可促使对方达成协议。

谈判采用最后通牒策略，最坏的结果就是中断谈判。一般来说，谈判者都不愿中断谈判。特别是在商务谈判中，任何一个商人、企业家都明白，自己一旦退出谈判，其他竞争者马上会取代他的位置。"最后通牒"常被看作一种威胁，使对手无维护自尊和选择的自由，从而引起对手的不满和反抗。

只有在下述情况下才能使用最后通牒策略：一是谈判者知道自己处于一个强有力的地位，所有的竞争对手都不具备他的条件；二是谈判者已试用其他方法均无效，在当时采用这种策略是唯一能使对手改变想法的最后方法；三是对方现在所持的立场确已超过己方的最低要求；四是谈判者最后确定的价格要在对方的接受范围之内，否则对手会宁可中断谈判也不妥协。

最后通牒策略奏效的关键在于使对手相信它是最后的、真实的，而不是策略。若对手不相信最后通牒会实施，最后通牒策略就会失效。

【案例 11-4】

债务谈判

20 世纪 80 年代中期，巴西与欧、美、日等发达国家或地区就债务问题进行了长时间的谈判，一方以逼债断货施压，另一方则以抗拒还击；一方批评对手缺乏信用，另一方则指责对方转嫁危机。在施压与自卫发展到白热化程度时，巴西前总统若瑟·萨尔内援引《罗马法》的一项规定，以国家元首的名义宣布巴西丧失偿债能力，在一段时间内停止偿付大部分外债本息，制造了一个轰动世界的僵局。这一僵局使西方国家目瞪口呆，同时使巴西暂时摆脱了困境。过了一段时间，当巴西与各大债权国恢复谈判时，西方国家不仅改变了原先咄咄逼人的气势，调整了谈判策略，而且面对巴西现实，以减免部分债额、降低部分债息、延长部分贷款的偿付期限、将部分外债转为投资等有利于巴西经济恢复发展的许诺，结束了长达数年的谈判争吵。

（资料来源：Robert Devlin. 拉丁美洲债务危机：供给侧的故事［M］.上海：上海财经大学出版社，2018.）

启发思考：这是一种在特定的环境中不得已而为之的策略。最后通牒策略中的最后出价和最后时限不但针对对方，同时也给己方套上了枷锁，双方在其中都没有回旋的余地，所以很容易造成双方的尖锐对抗，导致谈判破裂。所以，谈判者在选择这一策略时，一定要在考虑成熟后使用，否则后果难以收拾。最后通牒策略若成功，则能有效地逼迫对方让步，使己方获取巨大的利益；但若失败，则不仅会与对方的关系恶化，己方还会丧失宝贵的市场机会。因此，最后通牒策略是一把"双刃剑"，使用时要慎之又慎。

二、恐惧唤醒策略

有人虽不为利润所动，却会尽量地避免损失。作为买主，你可以向卖主指出，自己的慷慨提议已经超出权限之外了，如果延迟，你的老板可能会不同意。买主还可以向卖主阐明，如果早日签订合同，一切都能够做得更好一些。卖主则可以利用种种策略，如时间的限制、存货可能会不够等向买主暗示，以促成对方尽快下决心。

三、利益诱导策略

真正的谈判高手会运用自己的全部知识、能力使对手相信，他的建议将给对手带来最大的利益，是最理想的选择。利益是改变对手想法的重要因素，无论你是卖方还是买方，无论你进行何种类型的谈判，都可以用利益诱导对手同意你的观点和建议。

利益诱导方法中的"利"，不应仅仅理解为"钱"。现代社会中的价值标准是多元的，人们在谈判中努力争取的东西是多样的。以利诱导的"利"，可以是一笔钱、一种地位，也可以是一个机会、一种享受等。最先进入中国咖啡市场的雀巢公司，在广告词中并未凸显价廉、营养丰富，而只说"味道好极了"，因而是"馈赠亲友的上好礼品"，这也是一种利益诱导。

一位卖主曾深有体会地说："若是买方对你销售的商品产生兴趣，就必须使他们清楚地意识到在获得你的商品之后能得到的好处。"

第五节　商务谈判的其他策略

在商务谈判中，谈判的双方虽然不是敌对的关系，但是也存在利益的冲突和矛盾。在没有任何策略与原则的谈判中，谈判者往往会陷入难以自拔的境地，要么使谈判陷入僵局，要么双方在达成协议后总觉得双方的目标都没有达到，或者谈判的一方总有似乎失掉了一场对局的感觉。

一、信息沟通

成功的商务谈判都是谈判双方出色运用语言艺术的结果。

1. 语言沟通策略

（1）有针对性。在商务谈判中，双方各自的语言都是表达自己的愿望和要求的。因此，谈判语言的针对性要强，应做到有的放矢。模糊的语言会使对方疑惑、反感，降低己方威信，成为谈判的障碍。针对不同的商品、谈判内容、谈判场合、谈判对手，要有针对性地使用语言，才能保证谈判的成功。例如，对于脾气急躁、性格直爽的谈判对手，运用简短明快的语言可能受欢迎；对于慢条斯理的谈判对手，采用春风化雨般的倾心长谈可能效果更好。在谈判中，要充分考虑谈判对手的性格、情绪、习惯、文化以及需求状况的差异，恰当地使用有针对性的语言。

（2）表达方式婉转。谈判中应当尽量使用委婉的语言，这样易于被对方接受。比如，在否决对方要求时，可以这样说："您说的有一定道理，但实际情况稍微有些出入"，然后再不露痕迹地提出自己的观点。这样做既不会损害对方的面子，又可以让对方心平气和地认真倾听自己的意见。其间，谈判高手往往努力把自己的意见用委婉的方式伪装成对方的见解，提高说服力。在自己的意见提出之前，先问对手如何解决问题。当对方提出意见以后，若和自己的意见一致，则要让对方相信这是他自己的观点。在这种情况下，谈判对手有被尊重的感觉，他就会认为反对这个方案就是反对他自己，因而容易达成一致，获得谈判的成功。

（3）灵活应变。谈判形势的变化是难以预料的，往往会遇到一些意想不到的尴尬事情，因此要求谈判者具有灵活的语言应变能力，并与应急手段相联系，巧妙地摆脱困境。当遇到对手逼你立即做出选择时，你若是说"让我想一想""暂时很难决定"之类的话，便会被对方认为缺乏主见，从而在心理上处于劣势。此时你可以看看表，然后有礼貌地告诉对方："真对不起，9 点钟了，我得出去一下，与一个约定的朋友通电话，请稍等 5 分钟。"于是，你便很得体地赢得了 5 分钟的思考时间。

2. 非语言沟通策略

谈判者可以通过姿势、手势、眼神、表情等丰富的身体语言，在谈判过程中表达自己的情绪。在某些特殊环境里，有时还需要沉默，恰到好处的沉默可以取得意想不到的好效果。

（1）目光。目光接触是人际间最能传神的非言语交往。眉目传情、暗送秋波等成语形象地说明了目光在人们情感的交流中的重要作用。

在谈判中，听者应看着对方，以表示关注；而讲话者不宜再迎视对方的目光，讲话者说完最后一句话时，可将目光移到对方的眼睛上，这是在表示一种询问："你认为我的话对吗"或者暗示对方"现在该轮到你讲了"。

在人们的交往和谈判过程中，彼此之间的注视还因人的地位和自信而异。在一次实验中，营销学家让两个互不相识的女大学生共同讨论问题，预先告知其中一个人交谈对象是个研究生，同时告知另一个人说她的交谈对象是一个高考多次落第的中学生。观察结果是，自以为自己地位高的女学生在听和说的过程中都充满自信地凝视对方，而自以为地位低的女学生说话时却很少注视对方。在日常生活中能观察到，往往主动者更多地注视对方，而被动者较少地迎视对方的目光。

（2）衣着。在谈判桌上，人的衣着也在传播信息与对方沟通。意大利影星索菲亚·罗兰说过："你的衣服往往表明你是哪一类型的人，它代表你的个性，一个与你会面的人往往会根据你的衣着来判断你的为人。"

衣着本身是不会说话的，但人们常在特定的情境中以某种穿着来表达心中的态度和要求。在商业交往中，人们总是恰当地选择与环境、场合和对手相称的衣着。谈判桌上，可以说衣着是谈判者"自我形象"的延伸和扩展。同样一个人，穿着打扮不同，给人留下的印象也完全不同，对交往对象也会产生不同的影响。

美国的一位营销专家曾做过一个实验，他本人以不同的打扮出现在同一地点。当他身穿西服以绅士模样出现时，无论是向他问路或问时间的人，大多彬彬有礼，而且看起来基本上是较高阶层的人；当他打扮成无业游民时，接近他的多半是流浪汉。

（3）体势。达芬·奇曾说过，精神应该通过姿势和四肢的运动来表现。同样，在谈判与人际交往中，人们的一举一动都能体现特定的态度、表达特定的含义。

谈判人员的体态会流露出他的态度。人的身体各部分肌肉如果绷得紧紧的，可能是由于内心紧张、拘谨，在与地位高于自己的人交往时常会如此。推销专家认为，身体的放松是一种信息传播行为。向后倾斜15度以上是极其放松的状态。人的思想感情会从体势中反映出来，略微倾向于对方，表示热情和兴趣；微微起身，表示谦恭有礼；身体后仰，显得若无其事和轻慢；侧转身子，表示嫌恶和轻蔑；背朝人家，表示不屑理睬；拂袖离去，表示拒绝交往。

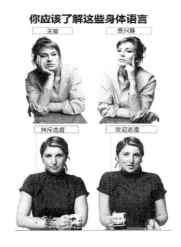

你应该了解这些身体语言

我国传统很重视交往中的姿态，认为这是一个人是否有教养的表现，因此素有大丈夫要"站如松，坐如钟，行如风"之说。在日本，百货商场对职员的鞠躬弯腰还有具体的标准：欢迎顾客时鞠躬30度，陪顾客选购商品时鞠躬45度，对离去的顾客鞠躬45度。如果你在谈判过程中想给对方一个良好的第一印象，那么你首先应该重视与对方见面的姿态表现，如果你和人见面时耷拉着头、无精打采，对方就会猜想也许自己不受欢迎；如果你不正视对方、左顾右盼，对方就会怀疑你是否有谈判诚意。

二、商务谈判中施加压力和压力抵御策略

在商务谈判中，谈判人员可通过运用谈判策略和技巧来实现各自的谈判目标，获取各自的谈判利益。但有些谈判人员为了达到己方的目的而不择手段、不顾后果，往往通过人身攻击、威胁、欺骗、恫吓或贿赂等手段来向对方施加压力，迫使对方让步与妥协。因此，对这些压力人们应有所认识、有所防备，以便更有效地抵御这些压力，更好地维护自己的利益。

1. 来自人身攻击的压力及抵御策略

在谈判中，人身攻击的第一种表现是通过怒、骂、拍、打等手段向对方施加各种压力，迫使对方屈服。在日常生活中，人们通常比较克制，常常把自己的愤怒、恐惧、冷漠或者绝望等情绪深埋在心底，一旦在特殊的场合遇到这种情况便不知所措，妥协恐怕是他们唯一的选择。否则，谈判破裂是不可避免的。

人身攻击的第二种表现是寻找各种讽刺挖苦的语言嘲笑对方、羞辱对方，使对方陷入尴尬难堪的境地，通过这种压力迫使对方让步。

人身攻击的第三种表现是通过或明或暗的方式向对方施加压力，使对方产生身体上或心理上的不适，使对方为了消除这种不适感而被迫妥协、屈服。例如，暗示对方没有知识，拒绝听对方谈话或故意让对方重复谈过的话；不用眼睛看着对方讲述问题。实践证明，许多人对此感到不舒服，却又无法提出意见。此外，还可以故意给对方造成不舒服的环境，如过高、过矮、过硬的椅子，过亮、过暗的光线，低劣的饮食，持续不断的会谈等，都会给对方造成极不愉快的感觉，许多人会因此变得沮丧甚至失去理智。自然，妥协让步是他们为改变这种状况的最简单、最省事的办法。

在商务谈判中，如何面对和抵御这种人身攻击的压力？首先要保持情绪上的镇静，保持头脑清醒、冷静。当对方对你进行人身攻击时，就是希望看到你心慌意乱、不知所措的样子。如果你能顶住压力，处变不惊，以局外人的身份观看他的"表演"，那么最先泄气的一定是他。相反，如果你也意气用事，"以其人之道，还治其人之身"，则很可能会导致一场"激战"，双方的情感会受到难以弥补的伤害，谈判也就毫无成功的希望了。

对于一些人的讽刺挖苦，有时要表现出忍耐、不理会；有时要义正词严地指出，予以必要的警告，要使对方认识到他的做法对你丝毫无损，只会破坏他自己的形象。对于环境给你造成的不适和压力，要明确地提出来，必要时予以抗议或退出谈判。

2. 来自威胁的压力及抵御策略

用威胁来给对方施加压力在谈判中是经常会出现的。因为威胁很容易做出，它比提条件、说服要容易得多，只需说几句话，而且不需要兑现。

许多谈判人员愿意或习惯使用威胁的手段给对手施加压力，以达到迫使对方让步的目的。但是谈判专家对一些典型的案例研究表明，威胁通常并不能达到目的，它常常会导致反击这种恶性循环，会损害双方的关系，导致谈判破裂。例如："你们如不能保证在第四季度中全部交货，我们将拒绝接受你们的货物，一切损失由你方承担"，这种威胁的口吻很容易激怒对方，使被威胁方感到有必要进行自卫和抵御。

威胁的副作用很大。优秀的谈判人员不仅不赞成使用威胁的手段，而且会尽量避免使用威胁的字眼。表达同样的意思有多种方式，如果有必要指出对方行为的后果，就指出那些意料之外的事，陈述客观上可能发生的情况。从这一点来讲，警告就要比威胁好得多，也不会引起反击。就刚才的例子，应该说："从情况来看，你们在第四季度中交货确实存在一些困难，但如不能交货，我们的部分车间就会停工待料，造成生产上的损失。这样，我们不得不放弃与你们交易的打算。"

进行威胁的一方虽然看起来很强硬，但实际上是虚弱的表现，因为一旦对方不惧怕威胁，他便会无计可施，也没了退路。

抵御来自威胁的压力，有效的办法是无视威胁，不予理睬，你可以把它看作不相干的废话或是对方感情冲动的表现。必要时你可以指出威胁可能产生的后果，揭示使威胁成立的虚假条件，这样威胁就失去了应有的作用。

3. 来自强硬措施的压力及抵御策略

一些权力型的谈判者善于使用强硬措施给对方施加压力，迫使对方屈服，他们经常坚持强硬的毫不妥协的立场，声称"这个不能改，那个不能变"，竭力攫取一切。在某些情况下，他们的强硬立场可能会占上风，但从长远来讲，这是一种短视行为。谈判专家把这比喻为：两辆卡车在一条窄路上迎面高速驶来，当两车相近时，双方都可能采取措施避免相撞。一个司机的做法是，把方向盘扔出窗外，这样车子只能往前走；另一个司机看到这种情况，或是相撞，或是把车子开到路边的沟里。这说明，采取强硬措施的一方就如同司机把方向盘扔出窗外一样，把自己置于毫无选择的境地，虽然强调了自己的要求，但减少了对形势的控制，而另一方增加了选择的余地。但是无论怎样做，结果都不理想。在谈判中，使用强硬的手段会使双方都受到不同程度的伤害，要么同归于尽，要么两败俱伤。因此，在谈判中顽固地坚持立场是不明智的。事实证明，谈判中只要有一方固执己见、立场强硬，就很难达成有创造性的协议。如果双方都是如此，那么谈判将名副其实地成为一场战斗，谈判的结果也就可想而知了。

抵御强硬措施的办法就是灵活。如果对方强硬，你也强硬，甚至比他更强硬，双方的僵局就不可避免。如果对方强硬，你软弱妥协，那么很可能你会被剥夺得一干二净。强硬的显著特征就是死抓住某一点不放，因此，要说服对方放弃强硬立场，灵活性是绝不可少的。有时你可以打断对方的谈话来抵御他，例如："我想，我已明白你的意图，那么，你想听听我的意见吗？"你也可以提出些问题，要对方解释他为什么不能改变立场，例如："你可以解释一下你们为什么一定要坚持这套设备的成交价是 5 万元呢？"此外，开个玩笑，幽默应对也是一个好办法。

强硬措施与威胁的不同之处在于，对于威胁你可以置之不理，但对于强硬的要求不能不予理会。有时这一问题不协商解决，谈判则无法进行，或不能取得实质性的进展。所以必须想尽一切办法把对方不可更改的条件变成可以通融、可以协商的要求，只要你灵活有方、措施得当，任何强硬的立场就是可以改变的。

4. 来自贿赂的压力及抵御策略

许多人把谈判中的贿赂称为暗盘交易。行贿向来被人们视为可耻之事，甚至深恶痛绝。但是，在贸易往来中，贿赂是存在的。有人会为了达成某种交易或创造更有利的交易条件，利用金钱、物品向他们选定的人行贿施压。这种行为败坏了社会风气，损害了国家和企业的利益。

贿赂行为的危害性极大，不仅腐蚀谈判人员的灵魂，败坏社会公德，也破坏了交易的公平合理性。贿赂本身意味着用不道德的手段达到不道德的目的，获取其不应该得到的东西。例如，人们通过行贿获得重要的商业情报，以低价购进紧俏物资、以高价出卖滞销商品等。因此，必须坚决抵制贿赂行为。

抵制贿赂行为的办法：第一，教育谈判人员要树立牢固的法制观念，并制定严格的办法、措施，发现有此类行为，必须绳之以法；第二，要严格选用工作人员，实施人员轮换制度；第三，要严格审计制度，杜绝财务漏洞；第四，主管领导要廉洁奉公、以身作则，并经常对有关人员进行职业道德教育，防患于未然。

当然，严肃查处贿赂行为，还要分清贿赂与礼节性馈赠的界限。在贸易交往中，互相宴请、赠送礼品是常有之事，它有助于加强双方的交往，增进双方的感情，这种"润滑"是必要的。

三、利用时机的策略

为了达到谈判目的，谈判者应选择阐述己方关键观点、意图的最佳时间，以争取获得最理想的效果。时机选择得是否得当，往往对谈判产生重要影响。一般来说，利用时机的策略有以下几种形式：等待时机、后发制人、水到渠成等。

1. 等待时机

作为一名谈判者，要时时牢记自己的谈判目标、谈判任务，能够适时、恰当地选择表达自己意图的关键时间以取得良好的效果。在没有出现合适的时机时，一定要有耐心地等待下去，即使这期间有令你难以容忍的事情发生，只要无损大局，就忍耐下去，等待时机的到来。

2. 后发制人

在谈判中，采取后发制人是最普遍的一种策略，只有在掌握了对方的观点、意图及底牌后，加以分析，才能在合适的时候指出其谬误或攻其弱点，达到己方的谈判目的。

3. 水到渠成

水到渠成指谈判过程中不急于阐述己方的观点，而是先围绕己方观点做铺垫，最后使对方自然接受己方观点的方法。例如，为了说明己方的价格是合理的，可以先谈己方产品质量的优良、己方产品的独特之处，并在得到对方首肯后顺理成章地报价，让对方接受。

 思考题

1. 被动地位下应采取怎样的谈判策略？
2. 对付"不合作型"的谈判作风应采取哪些谈判策略？
3. 为什么卖方报价要高、买方报价要低？对手报价时应怎样处置？
4. 如何掌握还价的方式和时间？在最后的讨价还价阶段应如何把握？
5. 在谈判时间和地点的选择上应注意哪些策略技巧的运用？
6. 在具体谈判中谈判人员可灵活选用的谈判策略有哪些？

 案例讨论

缴费平台备付金
及佣金谈判

第十二章
谈判的礼仪与禁忌

【学习目的及要求】

掌握日常举止礼仪；掌握商务谈判中的座次礼仪和正式谈判中的个人礼仪；熟悉谈判各阶段的礼仪要求，了解宴请、迎送等礼仪；掌握涉外礼仪要求，了解会见礼仪；掌握交换名片及商务交谈基本礼仪。

【案例导入】

礼仪非小事

张先生是一位市场营销专业的毕业生，就职于某大公司销售部，工作积极努力，业绩显著，三年后升职任销售部经理。一次，公司与美国某跨国公司就开发新产品问题进行谈判，公司将接待安排的重任交给张先生负责，张先生为此也做了大量而细致的准备工作。经过几轮艰苦的谈判，双方终于达成协议。可就在正式签约的时候，客方代表团一进入签字厅就转身拂袖而去，是什么原因呢？原来在布置签字厅时，张先生错将美国国旗放在签字桌的左侧。项目告吹，张先生也因此被调离岗位。

（资料来源：朱春燕.商务谈判案例[M].北京：清华大学出版社，2018.）

启发思考：商务礼仪是谈判的软实力，也是商务人员的基本素养。中国传统的礼宾位次是以左为上、右为下，而国际惯例的座位次序则是以右为上、左为下。在涉外谈判时，应按国际通行的惯例来做；否则，哪怕疏忽一个细节，也可能会功亏一篑、前功尽弃。

第一节　日常的礼仪规范

谈判是有关各方为了各自的利益，进行有组织、有准备的正式协商及讨论，以便互让互谅、求同存异，以求最终达成某种协议的过程。从实践来看，谈判并非人与人之间的一般性交谈，而是有备而来、方针既定、目标明确、志在必得、技巧性与策略性极强。虽然谈判讲究的是理智、利益、技巧和策略，但这并不意味着它绝对排斥人的思想和情感在其中所起的作用。在任何谈判中，礼仪实际上都一向备受重视。其根本原因在于，在谈判中以礼待人，不仅体现着自身的教养与素质，还会对谈判对手的思想和情感产生一定程度的影响。

商务谈判礼仪是商务人员在商务谈判过程中所必须遵守的，用来维护个体、组织形象和对对手表示尊重与友好的惯例及形式。礼仪在人们的交往过程中具有重要作用。首先，它可以沟通人们之间的感情，增强人们的尊严感。其次，它有助于发展我国人民同世界各国、各地区人民的友谊。在涉外交往中，遵守国际惯例和一定的礼节，有利于展现中国礼仪之邦的风貌。最后，健康的、必要的礼仪可以赢得人们的尊敬和爱戴，并广交朋友，避免产生隔阂和怨恨。如果一个人在日常生活、工作中彬彬有礼，待人接物恰如其分，诚恳、谦恭、和善，就必定会受到人们的尊重。在国际商务谈判中，商务礼仪扮演着非常重要的角色，合理地使用商务礼仪可有助于谈判的顺利进行。

日常举止礼仪指谈判人员的站、坐、行、餐方面的行为应符合一定的规范。

一、男女站姿

"站有站相，坐有坐相"是对一个人行为举止最基本的要求。

正确的站姿是站得端正、稳重、自然、亲切。做到上身正直，头正目平，面带微笑，微收下颌，肩平挺胸，直腰收腹，两臂自然下垂，两腿相靠直立，两脚靠拢，脚尖呈"V"形。

女性两脚可并拢。站立时，如有全身不够端正、双脚叉开过大、双脚随意乱动、无精打采、自由散漫的姿势，则会被看作不雅或失礼。

二、男女坐姿

坐姿包括就座的姿势和坐定的姿势。入座时要轻而缓，走到座位面前转身，轻稳地坐下，不应发出嘈杂的声音。

就座后，或低着头注视地面，身体不可前仰或后仰，或歪向一侧，双手不应有多余的动作。

双腿不宜敞开过大，也不要把小腿搁在大腿上，更不要把两腿直伸开去，或反复不断地抖动。这些都是缺乏教养和傲慢的表现。

　　女士应用手把裙子向前拢一下。坐下后，上身应保持挺直，头部端正，目光平视前方。坐稳后，身子一般只占座位的2/3。两手掌心向下，叠放在两腿之上，两腿自然弯曲，小腿与地面基本垂直，两脚平落地面，两膝间的距离，男子以松开一拳或两拳为宜，女子两膝两脚并拢为好。

【小故事 12-1】

正面谈判，侧面签约

　　有位商界人士曾说过，当他跟人谈生意的时候，一定要面对面坐。因为面对面可以看见彼此的脸，便于察言观色；双方也比较冷静，适合讨价还价。但是，只要谈成了，签字的那天，他一定改坐到侧面，因为这样显得比较亲近。一份要签字的文件，不是递过去，而是轻轻地挪给对方。

　　更耐人寻味的是，他说，如果要签字了，还面对面坐，则对方可能临时又会提出一些问题。比较起来，相邻而坐问题少得多。大概因为面对面坐的感觉比较像对手，并排而坐的感觉比较像朋友，有些枝节问题，并排而坐的话，对方的话到嘴边可能就又吞回去了。

　　启发思考：面对面坐，距离感强，容易产生视线冲突，趋向对峙；并排而坐，相互靠近，亲密感强。

三、男女行姿

　　行走是人生活中的主要动作，行姿是一种动态的美。

　　"行如风"就是用风行水上来形容轻快自然的步态。正确的行姿应该是轻而稳，胸要挺，头要抬，肩放松，两眼平视，面带微笑，自然摆臂。

四、用餐礼仪

　　身为谈判人员，一些商务性的工作餐是避免不了的。然而很多人却并不知道怎样正确地吃工作餐。一些大公司、大客户，甚至可通过工作餐对某人的教育程度和社会地位迅速做出判断。在西餐中还必须遵守一些严格的规定。

因此，在用餐礼仪方面应该具备一些简单的知识，如正确的举止和饮食方式，以免出丑或使客人尴尬。

1. 衣着

晚餐可以是商务性质或社交性质。不管是哪一种，都有正式和非正式之分。如果你应邀参加晚餐，但不知道是不是正式的，你应当直接问清楚，以便决定着装应该是正装还是休闲装。

2. 邀请和受邀

邀请异性就餐，最好是午餐而不是晚餐。如果别人口头邀请，则应给予口头答复。谢绝商务性的邀请，应以业务的理由予以婉拒（如工作太忙或另有一个工作餐等），而不要以私人事务为由予以谢绝，因为这样会让人认为你的活动受私生活的约束而无法专注于工作。

3. 餐馆的选择

要避免选择过于浪漫的餐馆，最好在适宜商务会谈的餐馆就餐。除了重要的菜系餐馆（如粤菜、沪菜或西餐），你还应预先选定两家到三家你经常光顾的餐馆，这样领班很快就会根据你的习惯，为你预留最好的席位；即使在没有预订的情况下也会为你找到一张桌子。

4. 座位

根据礼仪，最舒服的位子总是留给最重要的人。如果桌子位于角落里，客人的座位应当背墙，以便他能看到整个大厅或者最好的景色。

5. 饮酒

如果在餐巾前有四个杯子，你应按十分明确的规矩用大杯盛水，中杯盛红葡萄酒，小杯盛白葡萄酒，高脚杯盛香槟酒。如果是你做东或者由你斟酒，那么应按地位的高低顺序为客人斟酒。喝酒后要用餐巾抹一下嘴唇，即使你认为不需要。

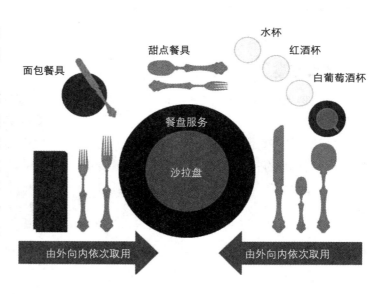

【案例 12-1】

肢体语言

2004 年 3 月 25 日，英国首相布莱尔走进利比亚的黎波里郊外的一处帐篷，与利比亚领导人卡扎菲握手寒暄，亲切交谈。这是"二战"结束以来英国首相首次踏上利比亚领土，被媒体誉为"破冰之旅"，受到广泛好评。但是英国媒体 2004 年 3 月 27 日报道，一位英国"肢体语言"专家通过观察两人会晤时的细微动作，对此次"破冰之旅"提出了不同版本的"另类解读"——卡扎菲根本没有把布莱尔放在眼里！

朱迪·詹姆斯教授是一位长期研究人类肢体语言的专家。他说，人类在交谈时表现出的肢体语言对他人有很大的影响力，其内涵非常丰富。肢体语言的影响力占 55%、语气声调占 28%，而文字内容部分只占 17%。

詹姆斯教授说，当布莱尔和卡扎菲在帐篷内坐定之后，双方所处的地位发生了 180 度的大转弯。卡扎菲的左脚显示的肢体语言泄露了他内心的秘密：高高在上的他根本就没有把布莱尔放在眼里。

詹姆斯教授提醒大家注意会谈过程中这样一个细节，布莱尔双手放在膝盖上，始终端坐在沙发上；而卡扎菲却靠在沙发靠背上，漫不经心地看着布莱尔，他还高高地跷着二郎腿，左脚上的皮鞋鞋尖朝着布莱尔，而且不断地晃来晃去。

启发思考：商务谈判中常见的肢体语言包括谈判人员的行为、体态和面部表情等，是反映谈判过程中谈判人员身心状态的一种客观指标。阿拉伯文化中认为脚上穿的鞋子是不洁的物品，与人交谈时应该始终放在地板上，并且鞋尖不能对着人。所以卡扎菲的这个动作表达了他潜意识中对布莱尔的真实态度。

第二节　商务谈判的礼仪与禁忌

在商务礼仪中最基本的理念是尊重为本，善于表达，形式规范。商务谈判中的礼仪主要有服饰礼仪、交谈礼仪、开局礼仪，谈判阶段礼仪、迎送礼仪、宴请礼仪。

服饰礼仪总的要求是朴素大方和整洁，不要求服装多么华丽，但一定给人舒适、沉稳和有活力的感觉，要特别注意选择适合自己的服装。

商务谈判即交谈的过程，所以在该过程中恰当的、礼貌的交谈能使谈判更加顺利、有效地进行。

迎送礼仪也是商务谈判中一项基本的礼仪，要确定好迎送的规格，准确掌握来宾抵离的时间，做好接待工作。

【小故事 12-2】

叔孙通制礼

叔孙通的礼制制定于汉高祖期间，其礼制简单得体又严谨，可体现尊卑有序的君主关系，凸显皇帝的威严和尊贵，很合刘邦心意。叔孙通不仅制定了朝仪，在汉惠帝年间还多次制定宗庙仪法和多种法制，被尊称为汉代儒宗。

汉高祖五年，在礼法方面废除了原先秦朝烦琐的规定，并命令叔孙通制定一套简单易懂、实施方便的礼法。

宴会上，朝臣为了抢夺功劳，狂欢放肆，拔剑击柱，花样千奇百怪，刘邦看到这种现象十分厌恶。叔孙通明白刘邦的心理，就上前对刘邦说："学习儒法的文人虽然不能在沙场上帮您打仗争夺城池，但是可以用礼法帮您安守天下。请允许我去找鲁地有名的儒学者，让我的弟子和他们一起制定关于朝廷上使用的礼法。"刘邦问："这会不会太麻烦？"叔孙通说："每个帝王所用的礼乐都不相同，不同的时代对礼法有不同的要求，我会参考吸取古人的经验，结合现在国家的需要制定一套符合今天使用的礼制。"

刘邦说："你可以去制定，但是要简便，最好是大家能看得明白也做得到的。"于是，叔孙通就找了很多儒生，在长安城野外演习了一个多月，然后让刘邦去看，刘邦看了自信地说："这个大家可以做到。"于是，刘邦就下令让朝臣来练习礼法，以备十月朝会所用。

后长乐宫落成，十月朝会开始。群臣和诸侯等一众人等按照叔孙通制定的礼法朝拜刘邦，整个过程井然有序。于是，叔孙通被任命为太常。自此，叔孙通多次制定礼法，为复兴儒学做出了巨大的贡献，给后世留下了影响至深的礼仪文化。

启发思考：人们在商务谈判沟通过程中以礼相待，有助于促进合作者之间互相尊重，建立友好合作的关系，缓和或者避免不必要的矛盾和冲突。在社会生活中，礼仪可以规范、约束人们的行为，调和人与人之间的关系，维护社会的正常秩序。礼仪以一种道德习俗的方式维护社会正常秩序，人们通过对礼仪的学习和应用，建立新型的人际关系，从而在交往中互尊互敬、和睦相处，形成良好的社会风尚。

会谈礼仪是商务谈判中的一项重要活动，其中有很多重要的细节。例如，要确定好会议室的温度和湿度；要注意对客人礼貌迎接；要合理安排双方的主次位置；还有拍照留念时要按主宾次序合理安排。至于宴请礼仪、馈赠礼仪和日常礼仪要根据来客的情况、身份注意细节，合理安排。

一、服饰礼仪

1. 服饰礼仪要求

谈判代表要有良好的综合素质，谈判前应整理好自己的仪容仪表，穿着要整洁正式、庄重（见图 12-1）。

男士应刮净胡须，穿西装必须打领带。

西装穿着讲究三色原则、三一定律。①三色原则。三色原则的含义是指男士在正式场合穿着西装套装时，全身颜色必须限制在三种之内。②三一定律。三一定律是指男士穿着西服套装外出时，鞋子、腰带、公文包的颜色应该一致。

图 12-1　正式的男女着装

女士穿着不宜太暴露，不宜穿细高跟鞋，应化淡妆。服饰礼仪应注意以下四点：第一，着装。春秋季以西装、西装套裙为佳。夏季可以长、短袖衬衫配裙子或裤子、连衣裙等。袜子的色彩不可太鲜艳，裙装不宜高过膝盖。第二，首饰佩戴和化妆。力求淡雅、端庄、大方，不可过分鲜艳、香浓、俗气。第三，首饰三原则：以少为佳，同质同色，合乎惯例。正式场合，适度化妆表示对客方尊重。第四，用餐前后要洗手，禁忌人前化妆。

2. 服饰礼仪禁忌

对于女性商务人士来说，商务场合着装的基本要求为注重保守，宜穿套装、套裙。除此之外，还可以考虑选择长裤、长裙和长袖衬衫。不宜穿时装、便装。下述四大禁忌，要特别注意。

（1）穿着黑色皮裙。在商务场合不能穿着黑色皮裙，否则会让人啼笑皆非。因为在外国，只有街头女郎才如此装扮。所以当你与外国人打交道时，尤其是出访欧美国家时，穿着黑色皮裙是绝对不可以的。

（2）裙、鞋、袜不搭配。鞋子应为高跟或半高跟皮鞋，最好是牛皮鞋。颜色以黑色最为正统。此外，还可选择与套裙色彩一致的皮鞋。袜子一般为尼龙丝袜、羊毛高筒袜或连裤袜。颜色宜为单色，常规选择肉色、黑色、浅灰色、浅棕色等。

切勿将健美裤、九分裤等裤装当成长裤来穿。袜口要没入裙内，不可暴露于外。袜子应当完好无损。如你穿一身高档的套裙，而袜子却有破洞，就会显得极不协调、不够庄重。

（3）光脚。光脚不仅显得不够正式，而且会使自己的某些瑕疵见笑于人。与此同时，在商务交往中，穿着裙装尤其是穿着套裙时不穿袜子，往往还会被人视为有故意展示性感之嫌。因此，光脚是不被允许的。

（4）三截腿。所谓三截腿，是指穿半截裙子的时候穿半截袜子，袜子和裙子中间露一段腿，结果导致裙子一截、袜子一截、腿一截。这种穿法容易使腿显得又粗又短，术语叫作"恶性分割"，在国外往往会被视为缺乏教养。

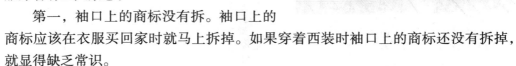

男性商务人士在正式场合宜穿西服。西服穿着有三大禁忌。

第一，袖口上的商标没有拆。袖口上的商标应该在衣服买回家时就马上拆掉。如果穿着西装时袖口上的商标还没有拆掉，就显得缺乏常识。

第二，在正式场合穿着夹克打领带。领带和西服套装是配套的，如果是行业内部的活动，比如说领导到本部门视察，穿夹克打领带是允许的。但是在正式场合，夹克等同于休闲装，所以在正式场合，尤其是对外商务交往中，穿夹克打领带是绝对不被允许的。

第三，正式场合穿着西服套装时袜子出现问题。对一般人而言，穿袜子的讲究不多，但在商务交往中有两种袜子以不穿为妙，一是尼龙丝袜，二是白色袜子。

二、交谈礼仪

1. 交谈礼仪要求

谈判之初，双方接触的第一印象十分重要，言谈举止要尽可能地营造出友好、轻松的气氛。

（1）尊重对方，理解对方。在交谈中，只有尊重对方、理解对方，才能赢得对方感情上的接近，从而获得对方的尊重和信任。因此，谈判人员在交谈之前，应当研究对方的心理状态，考虑和选择令对方容易接受的方法和态度；了解对方讲话的习惯、文化程度、生活阅历等因素对谈判可能造成的种种影响，做到多手准备，有的放矢。交谈时应当意识到，说和听是相互的、平等的，双方发言时都要掌握各自所占用的时间，不能出现一方独霸的局面。

（2）及时肯定对方。在谈判过程中，当双方的观点出现类似或基本一致的情况时，谈判者应当迅速抓住时机，用得体的言辞中肯地肯定这些共同点。赞同、肯定的语言在交谈中常常会产生异乎寻常的积极作用。在交谈一方适时中肯地确认另一方的观点之后，整个交谈气氛会变得活跃、和谐起来，陌生的双方从众多差异中找到了一致感，进而十分微妙地拉近了心理距离。当对方赞同或肯定己方的意见和观点时，己方应用动作、语言进行反馈交流。这种有来有往的双向交流，易使双方谈判人员感情融洽，从而为达成一致协议奠定良好的基础。

（3）态度和气，语言得体。交谈时要自然，要充满自信。态度要和气，语言表达要得体，手势不要过多，谈话距离要适当，内容一般不要涉及不愉快的事情。

（4）注意语速、语调和音量。在交谈中语速、语调和音量对意思的表达有比较大的影响。交谈中陈述意见要尽量做到平稳中速。在特定的场合中，可以通过改变语速来引起对方的注意，以加强表达的效果。一般问题的阐述应使用正常的语调，保持能让对方清晰听见而不引起反感的高低适中的音量。

2. 交谈礼仪禁忌

成功的商务交谈是建立良好的商务关系的重要保证。首先要做到的就是不能误入"雷区"；否则，会引起他人的反感、排斥，不利于商务交往。所以，注意交谈禁忌、避免交谈"雷区"非常重要。

（1）小道消息。商务交往中，他人的私生活、没有正式披露的消息，都不应主观臆断、妄下结论，不能作为商务往来的谈资。

（2）高高在上。不管你身份有多高、资历有多深，在商务交谈这种对等的交往中，都必须放下架子，平等地与人交谈，切不可给人以高高在上、目中无人的感觉，更不能以训斥的口吻说他人。

（3）过于卖弄自己。夸口说大话、"吹牛皮"的人，常常是外强中干的，而且他们的目的只不过是引起大家对他的关注，以满足他的虚荣心。商务往来贵在讲信用。自己不能办到的事情，胡乱吹嘘，会给人华而不实的印象。卖弄自己，显示自己才华横溢、知识渊博，对方会有相形见绌的难堪，这也不利于交往。

（4）心神不宁。当听他人说话的时候，思想要集中，不要左顾右盼、心不在焉，或者面带倦容、连打呵欠，让人觉得你对这次的谈话不感兴趣。

（5）不给对方讲话机会。有些人讲话不看对方，不管对方喜欢听还是不喜欢听，只是自己一个劲地说，不给他人插话的机会，甚至商务伙伴在说的时候也总抢话。

（6）反驳对方观点。每个人对事物都有不同的见解，商务交谈中也是这样，可能商务伙伴说的话不一定都对、不一定都客观，但只要不是对人格的侮辱，就没有必要直接反驳，否则有可能会使客户恼羞成怒或者产生反感情绪。即使有争辩，也应尽可能地让让对方，给对方台阶下。

（7）冷场。交谈中冷场是让人非常尴尬的事情，特别是对于来访者来说，冷场就像给人脸色看一样使人坐立不安。无论交谈的主题与自己是否有关，自己是否有兴趣，都要热情投入、积极配合。万一由于他人原因出现冷场，则应该努力"救场"，转移旧话题，引出新话题。如果出现冷场的情况，那么接待者一定要找话题，主动搭话。如果面谈的时间差不多了，事情也解决了，就可以考虑结束面谈了。

（8）过度关注于部分人。在商务交谈中，如果交谈对象是多人，千万要注意尽可能均衡地照顾到对方的每个人，不要只关注其中个别人而冷落了其他人。即使其他人不重要，也要用适当的方式表现出你在意他们。比如用一个话题唤起大家的兴趣，让每个人都发表自己的意见；用眼神和其他人做停顿式交流，即用自己的眼神关注对方的眼神几秒，而不是简单的扫视。

（9）短话长谈。在商务交谈中，即使双方再怎样精神抖擞，对方对你的话题多么感兴趣，也要适可而止，提高谈话效率。切不可"泡"在谈话中，鸡毛蒜皮地"掘"话题，浪费大家的宝贵时间，更不宜因谈得投机而大发牢骚，诉说自己的不幸。

三、开局礼仪

开局是谈判的起点，起着引导谈判的作用，关系到能否取得谈判的控制权和主动权。开局要注意以下几个方面的礼仪。

首先，双方要对谈判人员进行介绍，以便相互了解参与谈判人员的背景。正确的介绍顺序如下：先把主方成员介绍给客方；先介绍身份等级高的或长者。介绍时要落落大方，介绍完毕后要相互握手致礼。如果对方是外商，则要尊重对方的习惯和风俗；作为客方，要注意入乡随俗。

其次，切忌急于切入正题，需要一些中性话题开头。优秀的谈判者总会利用谈判技巧，营造出轻松、诚挚、愉快的开局气氛，引起对方的合作兴趣。如谈一些有关气候和季节的话题；谈一些关于体育、文艺、新闻等共同爱好方面的话题。若对方是熟悉的客户，则可回顾以往愉快的合作、成功的经历等。这些话题具有积极向上、令人愉快的特点，容易被人接受，有利于消除陌生感和尴尬的心理。开局时切忌离题万里、夸夸其谈，避免伤害对方自尊的言辞和行为。应注意的是，开头的寒暄不能时间过长。

再次，谈判要及时切入正题。双方应各自说明自己的基本意图和目的。说明己方的观点时应简明扼要，突出重点，要让对方感到己方的坦率和真诚，不要拐弯抹角地绕圈子，应选择恰当的词句，恰如其分地表达自己的想法和态度，尽量不要引起对方的不满和不安。在对方陈述时要认真倾听，并注意记录和分析。切忌漫不经心、左顾右盼。认真倾听是对对方的尊重，同时，在投石问路、探听虚实的阶段，应特别谨慎留心。认真倾听，还可以在获取对方信息资料的同时，给对方营造一种心情愉快、乐意继续讲述的气氛。为此，可适当采取一些点头之类的肢体语言，以表示对对方讲述内容的理解和赞同。

最后，切忌陈述时间过长，一般两三分钟即可。若要连续陈述，一般则需征得对方的同意。发言的时间双方要平分秋色，切不可挟主场谈判之便独占话语权。谈判的语气要轻松愉快，尽量满足对方的合理需要，为继续谈判奠定基础，不能在这一阶段就显现出分歧。

四、谈判阶段礼仪

开局以后，谈判双方将话题转入有关交易内容的正题，向对方提出自己的所有要求。由于在这一阶段双方互提问题、互摆观点，所以容易产生分歧。鉴于此，谈判双方应特别重视说话语气、讲究说话技巧，不可把提问、查问变成审问或责问，以免引起对方反感。还要注意所提问题或意见应与谈判内容密切相关，最好事前有所准备。

忌突如其来地贸然查问，忌问与谈判内容不相干的问题。应当认真听取对方提出的问题和意见，一般不要中间插话打断人家，可听完之后有礼貌地发表看法，如果对方说了什么"外行话"或不得体的话，也不能说"这个问题简单得很""那是最起码的常识""没有见过像你这么谈问题的"之类的话，这样会伤害对方的自尊心。

忌欺蒙对方。报价要明确无误，恪守信用。在谈判中不得频繁变换报价，对方一旦接受价格，则不宜再作更改。

忌言辞过激或追问不休，以免引起对方反感甚至恼怒，但对原则性问题应当力争不让。事先要准备好有关问题，选择气氛和谐时提出，态度要开诚布公。回答或提问时不宜随意打断他人，答完时要向解答者表示感谢。

磋商事关双方利益，忌情急而失礼，因此更要注意保持风度，心平气和，求大同、存小异，发言措辞应文明礼貌。

解决矛盾要就事论事，保持耐心、冷静，忌因发生矛盾就怒气冲冲，甚至进行人身攻击或侮辱对方。

处理冷场时要灵活，可以暂时转移话题，稍作松弛。如果确实已无话可说，则应当机立断，暂时中止谈判，稍作休息后再继续进行。主方要主动提出话题，忌冷场持续时间过长。

不同性格、不同文化素养、不同心理素质的人，在洽谈中会有不同的表现，其对礼仪水准的敏感程度也不相同。在谈判桌上，进攻型的人以取得成绩为满足，对礼仪的敏感程度弱一些；关系型的人以与人保持良好的关系为满足，对礼仪方面的敏感程度比较强，并以对方的礼仪周全与否来判断其诚意，决定与其亲疏的程度；而权力型的人习惯对别人和谈判形势施加影响，这种人往往会从礼仪着手，通过礼仪所携带的信息来软化或改变对方的态度。因此，在谈判阶段，不要急于战胜对方，而应设法给对方施加某些影响。

五、迎送礼仪

迎送礼仪是商务谈判中最基本的礼仪之一，包含两个方面：一方面，对应邀前来参加商务谈判的人士，无论是官方人士、专业代表团，还是民间团体、友好人士，在他们抵达时，一般要安排相应身份的人员前去迎接；另一方面，谈判结束后，要安排专人欢送。

1. 迎送礼仪要求

（1）确定迎送规格。迎送规格应当依据前来谈判人员的身份和目的、己方与被迎送者之间的关系以及惯例决定。只有当对方与己方关系特别密切，或者己方出于某种特殊需要时，方可破格接待。除此之外，均应按常规接待。

（2）掌握抵达和离开时间。迎接人员应当准确掌握对方抵达时间，提前到达机场、车站或码头，以示对对方的尊重，只能由你去等候客人，绝不能让客人在那里等候你。同样，送别人员也应事先了解对方离开的准确时间，提前到达来宾住宿的宾馆，陪同来宾一同前往机场、码头或车站，也可直接前往机场、码头或车站恭候来宾，与来宾道别。

（3）做好接待的准备工作。在得知来宾抵达的日期后应首先考虑到其住宿安排问题。客人到达后，通常只需稍加寒暄，即陪客人前往宾馆，在行车途中或在宾馆简单介绍一下情况，征询一下对方意见，即可告辞。

在与来宾见面时，通常有介绍和握手礼仪。介绍一般有两种方式，一是介绍别人，二是自我介绍。自我介绍适用于人数多、活动分散而无人代为介绍的时候，此时应先将自己的姓名、职务告诉来宾。谈判双方人员见面和离别时一般都用握手作为友好的表示。无论是介绍别人还是自我介绍，被介绍双方态度都应谦和、友好、不卑不亢，切忌傲慢无礼或畏畏缩缩。握手的动作虽然平常简单，但这一动作能起到增进双方亲密感的作用。

1）介绍别人。在为他人做介绍时，可以遵循这样的顺序：把年轻的介绍给年长的；把职务低的介绍给职务高的。如果介绍对象双方的年龄、职务相当，对于异性，就要遵从"女士优先"的原则，即把男士介绍给女士；对于同性，则可以根据实际情况灵活掌握，比如把和你熟悉的介绍给和你不熟悉的，也可以从左到右或从右到左依次介绍等。

为别人介绍之前不仅要征求一下被介绍双方的意见，在开始介绍时还应再打一下招呼，不要上去开口即讲，让被介绍者措手不及。当介绍者询问是否要有意认识某人时，不要拒绝或扭扭捏捏，而应欣然表示接受。实在不愿意时，要委婉地说明原因。

当介绍者走上前来，开始为你进行介绍时，被介绍者双方都应该起身站立，面带微笑，大大方方地目视介绍者或对方。当介绍者介绍完毕后，被介绍的双方应依照合乎礼仪的顺序进行握手，彼此问候一下对方，也可以互递名片，方便以后联络。

正式自我介绍的内容：
➤ 单位
➤ 部门
➤ 职务
➤ 姓名

2）自我介绍。在职场社交活动中，如果想结识某个人或某些人，而又没有人引见，可以通过自我介绍来认识对方。

确定自我介绍的具体内容，要兼顾实际需要、所处场景，要具有鲜明的针对性，不要"千人一面"。有时可以把自己的姓名同名人的姓氏或是常用名词相结合，以增强别人的记忆。

3）握手。握手是人际交往中最常见的一种礼节，尤其是我们国家，在握手时有很多的讲究。①握手的主动与被动。一般情况下，应主动和对方握手，表示友好、感激或尊重。在别人前来拜访时，主人应先伸出手去握客人的手，以表示欢迎和感谢。主、客双方在别人介绍或引见时，一般是主方、身份高的或年长的人先伸手，以此表示对客方、身份低的或年轻者的尊重。握手时应身体微欠、面带笑容或双手握住对方的手，以表示对对方的敬意。在异性谈判人员之间，男性一般不宜主动向女方伸手。②握手时间的长与短。握手的时间，以三秒至五秒为宜。③握手的力度与距离。握手时，一般应走到对方的面前，不能在与他人交谈时，漫不经心地侧面与对方握手。握手者的身体不宜靠得太近，但也不宜离得太远。握手时用力的大小，常常表示

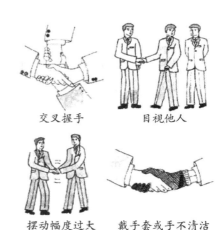

交叉握手　　　　目视他人

摆动幅度过大　　戴手套或手不清洁

不正确的握手方式

感情深浅的程度。④握手的面部表情。握手者的面部表情是配合握手行为的一种辅助，通常可以起到加深情感和印象的作用。

（4）交谈。交谈时的表情要自然，态度要和气可亲，表达要得体。交谈现场超过三个人时，应不时地与在场所有人交谈几句，不要只和一两个人说话，而不理会其他人；所谈问题不宜让别人知道时，则应另择场合。

（5）宴请和赴宴。无论是在国际交往中，还是在一般社交活动中，抑或是在经济谈判活动中，宴请和赴宴都是常见的交际活动形式。

1）宴请。一个谈判周期，宴请安排三四次为宜。接风、告别各一次，中间一两次（视谈判周期长短而定）。宴请首先要确定规格，包括宴请名义、目的、人数、形式（冷餐会、自助餐、酒宴等）、价格等。

2）赴宴。首先，一般情况下应愉快接受邀请，从速回复（口头即可，除非请柬上注明"请回复"字样，则需书面回复）。其次，应邀后应守时守约。最后，散席时要向主人致谢，热烈握手深化感情，还应对宴会进行赞美，切勿对饭菜发表贬损性评论。

3）座次礼仪。餐桌上的座次安排如图12-2所示。

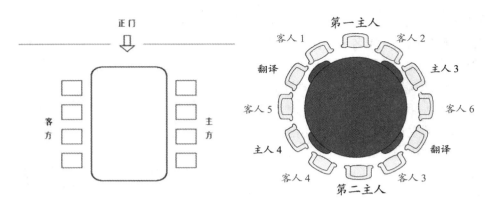

图 12-2　餐桌上的座次安排

　　商务宴请座次礼仪是商务宴请中一个重要的组成部分，但与其他部分相比，商务宴请中的座次礼仪又有着特别之处。商务宴请座次安排是中国传统文化的积淀，其座次礼仪随着社会环境和商务需求的变化而不断得以丰富和发展。商务宴请座次礼仪主要是针对商务工作人员的，是商务工作人员在商务场合中必须了解和掌握的礼仪。

　　商务宴请的座次分为中式宴请座次和西式宴请座次。两种方式虽有差别，但基本原则是相同的。

　　正式宴请均是在举办宴请之前排定桌次和座次，或者是只排定主桌的座次，其他只是安排桌次。商务宴请座次礼仪的原则如下：以右为上座，以中央为上座，以内侧为上座，以近为高、远为低。即主人面对餐厅正门，座次以主人的座位为中心，如果女主人参加，则以主人和女主人为基准，近高远低、右上左下，依次排列。

　　有多位主人时，双方可交叉排列，离主位越近地位越尊。举行多桌宴请时，每桌都应有一位主方代表在座。

　　商务宴请座次礼仪以右为尊，席次的安排也以右为尊。故如男女主人并座，则男左女右，以右为大。如席设两桌，男女主人分开主持，则以右桌为大。宾客席次的安排亦然，即以男女主人右侧为大、左侧为小。

　　（6）礼品。商务交往中常互赠礼物以加强双方的情感与友谊，巩固交易伙伴关系。赠送礼品首先应根据对方的喜好与习惯进行选择。一般应偏重于具有纪念意义或艺术价值的物品，使用价值虽不是很重要，但也决不能是无用之物。

　　2. 迎送礼仪禁忌

　　（1）介绍礼仪禁忌。

　　1）自我介绍中的忌讳。①不要过分夸张、热忱。如大力握手或热情拍打对方手背的动作，可能会让对方感到诧异和反感。②不要打断别人的谈话而介绍自己，要等待适当的时机。③不要态度轻浮，要尊重对方。无论男女都希望别人尊重自己，特别是尊重他的优点和成就，因此在自我介绍时，表情一定要庄重。④如果一个以前曾经介绍过的人未记住你的姓名，则不要做出提醒式的询问，最佳的方式是直截了当地再自我介绍一次。

2）介绍他人时应注意的事项。①做介绍之前，一定要征求一下被介绍方的意见，切勿上去开口即讲，这样显得很唐突，让被介绍者感到措手不及。②被介绍者在介绍者询问自己是否有意认识某人时，一般不应拒绝，而应欣然应允。实在不愿意时，应说明理由。③介绍人和被介绍人都应起立，以示尊重和礼貌；介绍人介绍完毕后，被介绍双方应微笑点头示意或握手致意。④在宴会、会议桌、谈判桌上，视情况介绍人和被介绍人可不必起立，被介绍双方可点头微笑致意；如果被介绍双方相隔较远，中间又有障碍物，可举起右手致意、点头微笑致意。⑤介绍完毕后，被介绍双方应依照合乎礼仪的顺序握手，并且彼此问候对方。问候语有"你好，很高兴认识你""久仰大名""幸会幸会"，必要时还可以进一步做自我介绍。

（2）握手礼仪禁忌。握手礼仪有六大禁忌：①不要用左手握手；②在握手时不要戴着手套或墨镜，只有女士在社交场合戴着薄纱手套握手才是被允许的；③在握手时另外一只手不要插在衣袋里或拿着东西；④在握手时不要面无表情、不置一词或长篇大论，点头哈腰，过分客套；⑤在握手时不要把对方的手拉过来、推过去，或者抖个不停；⑥不要拒绝和别人握手，即使有手疾或汗湿，手脏了，也要和对方说一下"对不起，我的手现在不方便"，以免造成不必要的误会。

（3）交谈礼仪禁忌。在交谈中，自己讲话时要给别人发表意见的机会，别人讲话时也应寻找机会适时地发表自己的看法；要善于聆听对方谈话，不要轻易打断别人的发言。交谈时，一般不询问女士的年龄、婚姻等状况；不径直询问对方的履历、工资收入、家庭财产、衣饰价格等私人问题；对方不愿回答的问题不要寻根问底；对方反感的问题应示歉意并立即转移话题；不对某人评头论足；不讥讽别人；不要随便谈论宗教问题。

六、宴请礼仪

宴请有许多应注意的礼仪，而这些礼仪常被忽视。

第一，准时出席。晚到固然不好，早到也会给主人添麻烦。有时由于交通堵塞，无奈迟到了，应表示歉意。参加座席式的晚宴和午宴，至多提前5～10分钟到达。如果到得较早，应该在周围转一转，到时间再进去，这是对主人最礼貌的做法。

第二，注意向主人致礼。在招待会上，主人须站在会场入口处问候客人，客人也要还礼。但有些人似乎不懂这些，而是置主人于不顾，径直走进场内。这是不礼貌的表现。在欧美国家，最重视契约，邀请和应邀本身就构成了契约，因此赴约时进场向主人致礼也是一种履约。

第三，座次安排有讲究。客人就座后宣告宴会开始，但对于主人来说座次的安排同客人的安排同等重要，是宴会成功的关键。在这一点上东西方的文化存在差异。对日本人来说，邀人吃饭是用美餐款待客人，而社交在其次，因此，主人从尽心款待客人、为客人服务的角度出发，坐在末席。西方人则将聚餐当作与人交往、加深友谊的机会，主人坐末席客人就会感到气氛不对。因此，西方人聚餐时的座次是主人坐在离主宾最近的地方，这也表示主人对主宾的一种敬意。

第四，宴会上不要有"噪声"。"喝汤时不要发出声音"，这似乎已成为宴会礼节中的"金科玉律"。西方人从小所受的教育使他们认为吃东西时发出响声太不雅，因此当他们碰到对这一点不注意的人时，会觉得他粗俗野蛮。其实不光喝汤，吃饭时也不应弄出大的响动。

第五，商务敬酒。自己敬别人，如果不碰杯，自己喝多少可视对方的酒量和对方喝酒的态度而定，切不可比对方喝得少。敬酒时端起酒杯，右手扼杯，左手垫杯底，记着自己的杯子应永远低于别人。注意酒后不要失言、说大话、失态、唾沫横飞、筷子乱甩、手指乱指等。

第六，撤盘也有学问。在西方人的宴会上，最重视聚餐者同一步调，因此绝对不要过早地把吃空的盘子撤掉。如果只剩一个客人没吃完，而把其他客人的盘子撤掉，就等于对那位客人进行催促，因此只要不是大规模的宴会，就要等到主客全部吃完后再撤盘子。

第七，告退在主宾之后。告退也一样，不宜过早或过迟。如果自己是主宾就应该先于其他客人向主人告辞，但不要过早，否则对主人不礼貌；也不要过晚，否则会给想早回去的客人带来麻烦。一般来说，主宾应该在用完点心之后，移到客厅，再待 20 分钟或 40 分钟后告退。一般客人不要先于主宾告辞，否则对主宾和主人都很不礼貌。如果有事情，则应向主人和主宾解释，求得谅解。

第三节　涉外谈判的礼仪与禁忌

【小故事 12-3】

示范效果

一天，李鸿章请了几个国家的外交官一起吃饭。这些外交官都刚来到中国，对如何吃中餐不得要领，有所顾虑。经过紧急磋商，他们取得一致意见：在宴席上见李鸿章怎么吃饭，自己就跟着怎么吃。

外交官想千万不要出乖露丑，不要显得什么都不懂，给自己丢脸，更给自己的国家丢脸。宴席开始了，酒过三巡之后，侍者端上一盘热气腾腾的饺子摆在大家面前。外交官面面相觑，他们从来没有见过饺子这种食物，不知道是怎么个吃法，只好观察李鸿章的吃法后再吃。李鸿章边招呼"请，请"，边用筷子夹起一个饺子，可不小心饺子滑进了酒杯里。于是，他用筷子将饺子从酒杯里夹了出来，然后放入口中吃下。外交官似有所悟，原来饺子是这么个吃法啊。于是就纷纷照着李鸿章的方法，先把饺子放到酒杯里，然后再用筷子夹出来吃。后来吃面条的时候，李鸿章想起刚才吃饺子的情形——明明是自己的一个失误，而这些外国人却纷纷照学，不懂装懂，实在是可笑至极！当此之时，李鸿章一笑、一呛，面条从鼻孔里面喷了出来，外交官一看，都傻了眼。他们吃面条是用叉子将面条卷起来放入口中去吃，同样是吃面条，李中堂的吃法实在学不会。外交官们个个呆若木鸡地望着李鸿章发愣……

（资料来源：田川．李鸿章外交得失录［M］．南京：译林出版社，2011.）

启发思考：涉外礼仪代表的是一个国家在国际上的形象和地位。一个国家的涉外工作人员在涉外公共场合的举止不仅是一种私人行为，更会产生一定的对外影响。从个人角度来讲，涉外礼仪不仅代表个人的形象和素质，还是其文化修养、精神面貌的重要表现。从文化层面来讲，涉外礼仪可以有效地避免文化冲突。礼仪与文化密不可分，文化蕴含着礼仪，礼仪是文化的重要表现，掌握涉外礼仪可以在国际场合中有效地减少由于地区、文化差异所造成的误会、矛盾和隔阂。

礼仪在人们的往来过程中具有重要作用。首先，它可以调节人们之间的情绪，表达对彼此的尊重。其次，它有助于发展我国人民同世界各国、各地区人民的友谊。在涉外交往中，遵守国际惯例和必要的礼节，有利于我国对外开放，有利于展现中国礼仪之邦的风貌。最后，恰当、必要的礼仪可以获得人们的尊重和爱戴，广交朋友，避免隔阂和怨恨。如果一个人在日常生活、工作中彬彬有礼，待人接物恰如其分，诚恳、谦恭、和气，必定会受到人们的尊重。

一、遵守国际商务谈判原则

1. 尊重国格、尊重人格的原则

在涉外交往中既要维护本国的利益和尊严，又要顾及他国的利益和尊严。国家不分贫富、大小，人不分种族、信仰，不分民族、宗教、风俗习惯，应一律平等，以礼相待，不能厚此薄彼，不能做任何有损国体、有辱国格的事。在与外宾交往中，既要坦诚、谦恭、热情、周到，又不能低声下气、卑躬屈膝、失去自我，要自尊自爱。

2. 遵守外事纪律的原则

在外事接待工作中，要坚持维护国家主权和民族尊严，自觉遵守外事纪律，不得失密泄密；不利用工作之便营私牟利，索要礼品；不背着组织与外国机构及个人私自交往；不私自主张或答应外国客人提出的不合理要求；参加外事活动，要严格按规章制度办事。

3. 注重礼仪与礼节要求的原则

我国对外政策也要求交际礼仪与之相适应，做到礼仪周到而不烦琐、热情接待而不铺张、活动内容丰富而不累赘。接待外宾的人员应仪容整洁，仪表大方，表情亲切、自然，熟悉各国各民族的风俗习惯，陪同外宾时要注意自己的身份和所站的位置，言行举止要符合礼仪要求，坐立姿势应端庄，不要对外宾的穿着评头论足。

二、涉外谈判的礼仪要求

国际商务谈判实际上也可以说是人与人之间的交流活动。人们之间的交往要符合一定的礼仪规范。在商业谈判中，懂得必要的礼节与礼仪，是谈判人员必须具备的基本素质。如果违反礼仪规范，那么不仅会影响双方融洽关系的形成，还会影响对方对自己的修养、身份、能力等的评价，甚至会影响谈判的成效。当与外商进行商务谈判时，由于各自生活在不同的社会文化背景之中，因此，各自的民族文化、习俗以及礼仪等差别比较悬殊。

1. 涉外谈判的着装礼仪

国际社交场合，服装大致分为礼服和便装。在正式、隆重、严肃的场合应着深色礼服（燕尾服或西装），在一般场合则可着便装。目前，除个别国家在某些场合另有规定（如典礼活动，禁止妇女穿长裤或超短裙）外，穿着趋于简化。

在涉外交往中，任何服装都应做到清洁、整齐、挺直。上衣应熨平整，下装熨出裤线。衣领、袖口要干净，皮鞋应上油擦亮。穿中山装要扣好领扣、领钩、裤扣。穿长袖衬衣要将前后摆塞在裤内，袖口不要卷起，长裤裤筒也不允许卷起。两扣西装上衣若系扣子，可系上边一个；若是一扣或多扣西服上衣，则应扣全。在任何情况下，男士均不应穿短裤参加涉外活动。女士夏天可光脚穿凉鞋，穿袜子时，袜口不要露在衣、裙之外。

在家中或旅馆房间内招待临时来访的外国客人时，如来不及更衣，则应请客人稍坐，立即换上服装、穿上鞋袜，不得赤脚或只穿内衣、睡衣、短裤、拖鞋招待客人。

我国的涉外人员在谈判场合宜着深色毛料的套装、套裙或制服。具体而言，男士最好是身着藏蓝色、灰色的西服套装或中山装，内穿白色衬衫，脚穿深色袜子、黑色皮鞋。穿西服套装时，务必系领带。女士的最佳衣着是身着单一色彩的西服套裙，内穿白色衬衫，脚穿肉色长筒丝袜和黑色高跟皮鞋。有时，穿着单一色彩的连衣裙也可，但是尽量不要选择以长裤为下装的套装。

在国外，男士在正式场合的着装必须遵守三色原则。对于女士在正式场合的着装，人们往往关注于一个细节，即她的袜口是否暴露在外。不仅在站立时袜口不能外露，就是在行走或就座时袜口外露也不合适。穿裙装的女士，最好穿连裤袜或长筒袜。

2. 涉外交谈礼仪

商务人员涉外商务谈判中必须以诚相待，尊重对方，礼貌用语必不可少。

（1）谈话的表情要自然、亲切，表达得体。说话时可适当做些手势，但动作不要过大，更不要手舞足蹈或用手指指人。与人谈话时，切忌与对方距离过远或过近。谈话时不要唾沫四溅。参加别人谈话时要先打招呼，而当别人个别谈话时，不要凑前旁听或插话。有人主动与自己说话，应乐于交谈。第三者参与谈话，应以握手、点头或微笑表示。发现有人欲与自己谈话，可主动询问。谈话中遇有急事需要处理或需要离开，应向谈话对方打招呼，表示歉意。

（2）谈话要照顾在场的所有人。现场有多人时，应注意与在场的所有人都有交谈，切忌只与一两个人说话，而不理会其他人，或仅与个别人谈两个人知道的事而冷落其他人。

（3）交谈时要给别人发表意见的机会，别人说话时，也应适时发表个人看法。要善于聆听对方谈话，不轻易打断他人的发言。一般不提与谈话内容无关的问题。如对方谈到一些不便谈论的问题，不要轻易表态，可转移话题。在交谈时，目光应得体，并注视对方，以示专心。对方发言时，忌做出伸懒腰、看手表、玩物品、左顾右盼、心不在焉、注视别处等漫不经心的动作。

交谈内容不涉及他人隐私，尤其是不问收入，不问女士年龄；主动回避敏感问题，如宗教信仰、人权、当事国的内政事务等；不涉及疾病、死亡等不愉快的话题；不谈一些荒诞离奇、耸人听闻的事情；对方不愿回答的问题不要寻根问底；无意中谈起对方反感的问题或发现对方对自己谈论的话题不感兴趣，应立即转移话题；不批评、议论长辈或身份高的人员。

3. 涉外会见礼仪

会见是商务谈判过程中的一项重要活动。身份高的人会见身份低的人或是主人会见客人，一般称为接见或召见。身份低的人会见身份高的人或是客人会见主人，一般称为拜见或拜会。商务谈判中涉及的会见问题，属于业务商谈一类的事务性会见。在商务谈判活动中，东道主应根据来访者的身份和访谈目的安排相应的负责人与之进行礼节性的会见。

（1）做好会见准备。要主动了解对方的具体安排（人员、时间、地点），双方人员的人数和身份应大体相当。礼节性的会见时间以半小时为宜。会见一般都在会客室或办公室里进行，会谈如用长桌，应事先排好座位图，现场放置中、外文座位卡。会见时座位的安排：主人坐在左边，主宾坐在右边，译员和记录员坐在主人和主宾的后面。双方其他人员各自按一定的顺序坐在左、右两侧，主方为左、客方为右。

（2）会见时的介绍礼仪。主人在大楼正门或会客厅门口迎接客人（如果主人在会客厅门口迎候，则应由工作人员在大楼门口迎接，将客人引入会客厅）。介绍时，应先将来宾向己方人员介绍，随即将己方人员介绍给对方。如对方是己方人员都熟悉的人，只需将己方人员介绍给对方即可。介绍己方人员时，要把姓名、职务说清楚，介绍到个人时应有礼貌地以手示意，不要用手指点，更不要用手拍打别人。介绍时，对外宾通常可称先生、女士、小姐；对国内客人通常可称同志、先生、女士和小姐。在交际场合中，一般是在相互介绍和会见时握手，遇见朋友先打招呼，然后相互握手，寒暄致意，关系密切的则边握手边问候，甚至两人双手长时间握在一起。在一般情况下，握一下即可，不必用力。但年轻者对年长者、身份低者对身份高者时，应稍稍欠身，双手握住对方的手，以示尊重。男子与女士握手时，应只轻轻握一下女士的手指部分。

握手也有先后次序，应由主人、年长者、身份高者、女士先伸手，客人、年轻者、身份低者见面先问候，待对方伸出手后再握。多人同时握手，切忌交叉进行，应等别人握手完毕后再伸手。男子在握手前应先脱下手套、摘下帽子。握手时应双目凝视对方，微笑致意。

（3）会见礼宾次序。商务礼宾的次序指国际商务交往中对出席活动的国家、团体、人士的位次按一定的规则和惯例安排先后次序，涉及来访者入场的先后次序、座次安排、发言顺序、国旗悬挂的次序等。礼宾次序体现了东道主对来访者给予的礼遇，在国际交往中，表示对各国主权地位的一视同仁和尊重。在国际会议上，各国代表的位次不是按国家大小、强弱来排列，而是按会议所用文字的国名字母顺序来排列的。签订条约时，应遵守"轮换制"，即每个缔约国在其保存的一份文本上名列首位，这就代表该国要在这份文本上首先签字。

礼宾次序通常可依照来访者的身份与职务的高低来安排，也可按各国国名的英文拼写字母的顺序进行安排。在实际工作中，礼宾次序的排列常常不能按一种排列方法，而是几种方法交叉使用，并考虑其他的因素。在安排礼宾次序时所考虑的其他因素包括国家之间的关系，活动的性质、内容，对于活动的贡献大小，以及参加活动人的威望、资历等。

（4）会见过程中应该注意的问题。商务谈判活动中的礼节性会见，因其性质决定，时间不应太长，所以会见的双方应掌握节奏，言简意赅，多谈些轻松愉快的话题，说一些相互问候的话，避免单方面冗长的叙述，更不可有意挑起争论。主谈人在交谈时，其他人员应认真倾听，不可交头接耳或翻看无关的材料。不允许打断他人的发言或使用人身攻击的语言。会见结束时，主人应将客人送至门口或车前，握手话别。目送客人乘坐的车子走远之后，主人方可返回室内。

【小故事 12-4】

握手的礼仪

丘吉尔在他的回忆录中记载了这样一件事：德国入侵苏联后不久，苏联外交部部长莫洛托夫秘密访问伦敦，与英国人共商反法西斯大计。丘吉尔对莫洛托夫素无好感，说他是个"灰色而冷酷的人""冷静到残忍的程度"。在一次长谈后的深夜，丘吉尔和莫洛托夫握手告别后，莫洛托夫突然靠近他，紧紧握住他的右手臂，双目久久注视着他。这一举动使丘吉尔这位老政治家大为感动，莫洛托夫无言的行动告诉他：现在取决于苏、英两国联盟。莫洛托夫这一举动给他留下了十分强烈的印象，以至于终生难忘。

（资料来源：丘吉尔.第二次世界大战回忆录［M］.广州：广东人民出版社，2009.）

启发思考：在谈判中，肢体语言对促进谈判的顺利进行起着重要的作用。它能迅速传递、反馈信息，增加互动性。在沟通交流时，肢体语言以灵活多变的表情、动作、体姿来表达情意、交流信息。

4. 涉外商务活动中的介绍礼仪

介绍是人际交往中与他人进行沟通、增进了解、建立联系的一种最基本、最常规的方式，是人与人进行沟通的出发点。

（1）介绍的种类。双方见面后，宾主就应相互介绍。在国际商务活动中，介绍分为自我介绍，为宾、主双方充当介绍人和被第三者介绍给对方三种情况。在无第三者的情况下，要进行自我介绍，自我介绍时要主动讲清自己的姓名、身份、单位，对方随后也会自我介绍。其常用语言是："我叫×××，在××单位工作。""恕我冒昧，我是××单位

的×××。""您就叫我×××好了。"如果对方是两人以上，则由身份最高者出面做自我介绍，然后再将其他人员按一定顺序一一介绍给对方。为他人介绍时，要先了解双方是否有结识的意愿。例如，正在交谈的人中有自己认识的人，便可上前打招呼，由这位熟人将自己介绍给其他客商。同时，还应说明他与自己的关系，以便新结识的人相互了解与信任。介绍他人时，要有礼貌地以手示意，而不要用手指点别人。

（2）介绍的方法。为宾、主充当介绍人时，应按一定顺序进行介绍。一般是把身份低、年纪轻的介绍给身份高、年纪长的，把男士介绍给女士，把主人介绍给客人，以示对客人、身份高者、年长者和女士的尊重。

介绍时，除女士和年长者外，一般应起立，但在宴会桌上、会谈桌上可不必起立，被介绍者只要微笑点头有所表示即可。被第三者介绍给对方时，要说"您好""久仰久仰""见到您非常高兴"，并主动握手或点头示意表示友善。有些国家（如日本）的客人习惯以交换名片的方式来介绍自己的姓名和身份，这样双方见面时，只需要将自己的名片恭敬地递给对方即可。

若宾主早已相识，则不必介绍，双方直接行见面礼就可以了。在双方介绍时，如遇有外宾主动与己方人员拥抱，则己方人员可作相应的表示，切不可推却或冷淡处之。

5. 国际商务活动中交换名片的礼仪

（1）给对方名片时的要领。对方走来时，首先要站起来打招呼。认识对方时，

要先于对方拿出名片，预先准备好名片夹，以免到时慌张。递名片时，一边要很客气地说"我是××公司的××"，一边将名片递给对方，这时要注意文字应朝向对方，以便对方接到后能顺利地读出名片上的文字。

（2）接受名片时的要领。接受名片时一定要小心慎重，要用双手接收递过来的名片，注意手指不要碰到名片上的文字。

可将名片暂时放在桌子上，等记住名字后，再放入名片夹里。对方有数人的场合，也可按他们的座位顺序将名片排列在桌子上。

名片是商务人士必备的沟通交流工具，就像一个人的履历表，递送名片的同时，也是在告诉对方自己的姓名、职务、地址、联络方式。由此可知，名片是每个人最重要的书面介绍材料。

交换名片也可算作相互介绍的一种形式。在递给别人名片时，各个手指应并拢，大拇指应轻夹着名片的右下角，以便对方好接拿。应起身站立，走向对方，用双手或者右手将名片正面对着对方，递给对方，此时应面带微笑，眼睛看着对方，名片的字应朝向对方，以齐胸的高度不紧不慢地递送过去。最好使名片印有英文的那一面对着对方，以便对方观看名片上的内容。将名片递给他人时，应说"多多关照""常联系"之类的话，或是先作一下自我介绍。

在接受对方名片时，应起身站立，迎上前去，面带微笑，目视对方，用双手接住或以右手接过。接过名片后，要说"谢谢"，然后轻轻念出对方的名字，以让对方确认无误；如果念错了，要记着说"对不起"。拿到名片后，要放在自己的名片夹中，并随之递上自己的名片。忌讳用左手接，接过后看也不看，随手乱放或不回递自己的名片等行为。与多人交换名片时，应讲究先后次序。递名片应按照"先客后主，先低后高"的原则或由近而远、由尊而卑的次序进行。位卑者应当先把名片递给位尊者。切记不要无意识地玩弄对方的名片，不要当场在对方名片上记事。上司在旁时，不要先递交名片，要等上司递上名片后才能递上自己的名片。

6. 涉外商务活动中的迎送礼仪

（1）迎接礼仪。迎接为谈判礼节的序幕，事关谈判氛围好坏。迎宾指的是在人际交往中，在有约在先的情况下，由主人一方派出专人前往来访者知晓的某一处所，恭候对方的到来。

一定要详尽制订迎接来宾的具体计划，这样可有助于使接待工作避免疏漏、减少波折，更好地、按部就班地顺利进行。按常规，接待工作包括迎送方式、交通工具、膳宿安排、工作日程、文娱活动、游览、会谈、会见、礼品准备、经费开支等各项内容。单就迎宾而言，接待方也应有备在先，最为重要的内容有五项，包括迎宾方式、迎宾人员、迎宾时间、迎宾地点和交通工具。迎宾方式包括是否要举办迎宾活动、如何安排迎宾活动、怎样进行好迎宾活动等内容。一定要精心选择迎宾人员，数量上加以限制，身份上与来宾大致相仿，职责上划分明确。迎宾时间要预先由双方约定清楚，并在来宾启程前再次予以确认，要提前到达迎宾地点，如机场、宾馆等。

（2）迎宾仪式。迎宾仪式包括宾主双方热情见面；向来宾献花，献花者通常应为女士。若来宾不止一人，可向每位来宾逐一献花，也可以只向主宾或主宾夫妇献花。宾主双方其他人员见面，依照惯例，首先应当由主人陪同主宾来到东道主方面的主要迎宾人员面前，按其职位的高低，由高而低一一将其介绍给主宾；其次由主宾陪同主人行至主要来访人员的队列前，按其职位的高低，由高而低一一将其介绍给主人。

（3）送别礼仪。送别通常指的是在来宾离去之际，出于礼貌，陪着对方一同行走一段路程，或者特意前往来宾启程返回之处与之告别，并看着对方离去。最为常见的送别形式有道别、话别、饯别、送行等。

按照常规，道别应当由来宾率先提出来，假如主人首先与来宾道别，则会给人以厌客、逐客的感觉。在道别时，来宾往往会说"就此告辞""后会有期"等。此刻主人则一般会讲"一路顺风""旅途平安"等。有时，宾主双方还会向对方互道"再见"，叮嘱对方"多多保重"，或者委托对方代问其同事、家人安好。在道别时，作为主人应当特别注意下列四个环节：一是加以挽留，二是起身在后，三是伸手在后，四是相送一程。

话别也称临行话别。最佳的话别地点是来宾的临时下榻之处。在接待方的会客室、贵宾室或是在为来宾饯行而专门举行的宴会上，也可与来宾话别。参加话别的主要人员，应为宾主双方身份、职位大致相似者，对口部门的工作人员、接待人员等。话别的主要内容：一是表达惜别之意，二是听取来宾的意见或建议，三是了解来宾有无需要帮忙或代劳之事，四是向来宾赠送纪念性礼品。

饯别又称饯行，指的是在来宾离别之前，东道主一方专门为对方举行一次宴会，以便郑重其事地为对方送别。为饯别而举行的专门宴会，通常称作饯别宴会。在来宾离别之前，专门为对方举行一次饯别宴会，不仅在形式上显得热烈而隆重，而且往往会使对方产生备受重视之感，进而加深宾主之间的相互了解。

送行在此特指东道主在异地来访的重要客人离开本地之时，特地委派专人前往来宾的启程返回之处与客人亲切告别，并目送对方渐渐离去。在接待工作中，需要安排送行的对象主要有正式来访的外国贵宾、远道而来的重要客人、关系密切的协作单位的负责人、重要的合作单位的有关人员、年老体弱的来访之人、携带行李较多的人士等。当来宾要求主人为之送行时，一般可以满足对方的请求。为来宾送行之际，对于送行人员在礼节上有着一系列的具体要求：一是要与来宾亲切交谈，二是要与来宾握手作别，三是要向来宾挥手致意，四是要在对方走后才能离去。

7. 涉外宴请礼仪

（1）确定规格。涉外交往中的宴请，可以是宴请某人，也可以是为某件事宴请。宴请可以采用家宴、小型宴会、大型宴会等形式。时间一般安排在主、客双方均较方便的时候。宴请宾客，不宜铺张浪费。

（2）发出请柬。请柬上应注明时间、地点，以方便宾客。若所选的地点不易找到，则应在发出请柬时详细向客人说明。

（3）礼貌迎宾。客人到达时，主人应在门口迎接。如无法抽出时间，也可安排其他人员迎接。

（4）安排菜单。以本地特色菜为主，可先向宾客介绍特色菜，供其选择；要注意对方的饮食禁忌。

（5）座次安排。安排客人坐上首，由主人陪同；一般以主人右方为尊，可以根据宾客的身份、地位进行适当的安排。

（6）致祝酒词。若双方需要在席上讲话或致祝酒词，主宾入座后则可发表讲话。一般是主人先讲，主宾随后。祝酒时，主人和主宾先碰杯，人多时也可同时举杯示意。主人或主宾致辞或祝酒时，其他客人应注意聆听，以示尊重。

8. 涉外商务谈判中的馈赠礼仪

在馈赠礼品方面，不仅要注意时间、场合，还要注意礼品的选择。选择礼品的原则如下：①投其所好；②考虑具体情况；③把握馈赠时机和场合；④礼物的价格不宜过高。

选择的礼物价值不宜过高，但要有特色。在具体选择礼物时，应根据对方的喜好与习惯，选择既有民族特色又有一定纪念意义或艺术价值的物品。

另外，送礼要注重对方的习俗和文化修养，照顾到外国朋友喜欢我国土特产的情况，并注意送礼的数字，重视礼品包装。

【小故事 12-5】

约翰逊访泰

20 世纪 60 年代，美国总统约翰逊曾访问泰国。在受到泰国国王接见时，约翰逊竟毫无顾忌地跷起二郎腿，脚尖正对着国王，而这种姿势在泰国被视为具有侮辱性，因此引起泰国国王的不满。更糟糕的是，在告别时约翰逊竟然用得克萨斯州的礼节紧紧拥抱了王后。在泰国，除了泰国国王，任何人都不得触及王后，此举使得泰国举国哗然。约翰逊的不当举动产生了很大的负面影响，也成为涉外交往中的笑谈。

（资料来源：杨友苏．品礼：中外礼仪故事选择［M］．上海：学林出版社，2008．）

启发思考：在涉外礼仪交往的原则中就有入乡随俗这一条。在涉外交往中要真正做到尊重交往对象，就必须了解和尊重对方所独有的风俗习惯。做不到这一点，对于交往对象的尊重、友好和敬意便无从谈起。这就要求我们首先必须充分了解与交往对象相关的习俗，即在衣食住行、言谈举止、待人接物等方面所特有的讲究与禁忌；其次必须充分尊重交往对象所特有的各种习俗，不能以我为尊、我行我素。

三、涉外商务礼仪禁忌

在涉外谈判活动中，一定不能违反特定国家、地区、民族的禁忌。

1. 数字禁忌

各民族及不同宗教信仰的人们对数字均有一些忌讳，如很多西方国家十分忌讳"13"和"星期五"，认为这一数字和日期是厄运和灾难的象征。在涉外活动中要避开与"13"和"星期五"有关的一些事情，更不要在这一天安排重要的商务及社交活动。日本人忌讳"4"，因为"4"与"死"的读音相似，意味着倒霉和不幸，所以与日本友人互赠礼品时切记不送数字为"4"、谐音为"4"的礼品，不要安排日本人入住4号、14号、44号等房间。

2. 肢体禁忌

同一个手势、动作，在不同的国家中可能表示不同的意义。比如拇指和食指合成一个圈，其余三个手指向上立起，这一手势在美国表示 OK，但在巴西表示不文明的手势。在中国，对某一件事、某一个人表示赞赏，会竖起大拇指，表示"真棒"。但是在伊朗，这个手势是对人的一种侮辱，不能随便使用。在我国摇头表示不赞同；在尼泊尔则正相反，表示很高兴、很赞同。适当地运用手势，可以增强感情的表达；但与人谈话时，手势不宜过多、动作不宜过大，应给人以含蓄、彬彬有礼的感觉。

3. 颜色禁忌

日本人认为绿色是不吉利的；巴西人认为棕黄色为凶丧之色；欧美人认为黑色为丧礼的颜色；叙利亚人将黄色视为死亡之色；比利时人最忌讳蓝色；土耳其人认为花色是凶兆，布置房间时不用花色；埃及人认为蓝色是恶魔的象征。

4. 各国商人礼仪禁忌

东南亚商人礼仪禁忌：与东南亚商人洽谈商务时，切忌跷二郎腿；否则会引起对方反感，交易会当即告吹。

中东商人礼仪禁忌：中东国家的商人往往在咖啡馆里洽谈生意。与他们会面时，宜喝咖啡、茶或清凉饮料，严忌饮酒、吸烟、谈论女人、拍照，也不要谈论中东政局和国际石油政策。

俄罗斯商人礼仪禁忌：俄罗斯及东欧诸国对贸易伙伴的礼待是极其热情的。同俄罗斯人洽谈贸易时，切忌称其为"俄国人"。

英国商人礼仪禁忌：英国人忌讳谈论男士的工资、女人的年龄、家具的价格、政治倾向等。

法国商人礼仪禁忌：到法国洽谈生意时，严忌过多地谈论个人私事，因为法国人不喜欢大谈家庭及个人生活的隐私。

南美商人礼仪禁忌：赴南美洲做生意的人，要入境随俗，在洽谈生意的过程中，宜穿深色服装，谈话时宜态度亲热并且距离靠近一些，忌穿浅色服装，忌谈当地政治问题。

德国商人礼仪禁忌：德国商人很注重工作效率，因此，同他们洽谈生意时，严忌过多地闲谈。德国北部地区的商人均重视自己的头衔，当同他们一次次热情握手、一次次称呼其头衔时，他们必然会格外高兴。

美国商人礼仪禁忌：与美国人洽谈生意时，不必过多地握手与客套，贸易谈判可直截了当地进入正题，甚至从吃早点时即可开始。

芬兰商人礼仪禁忌：与芬兰商人洽谈时，应重视行握手礼，应多称呼其"经理"之类的职衔。谈判地点多在办事处，一般不在宴会上。谈判成功之后，芬兰商人往往会邀请你赴家宴或洗蒸汽浴，这是一种很重要的礼节。如你应邀赴宴，不要迟到，且不要忘记向女主人送上5朵或7朵（忌双数的）鲜花。在主人正式敬酒之前，客人不宜先行自饮。在畅谈时，应忌讳谈当地的政治问题。

 思考题

1. 简述日常举止礼仪的规范。
2. 在商务谈判中谈判者应表现的礼仪有哪几方面？
3. 商务谈判礼仪对服饰有什么要求？
4. 商务谈判开局时的礼仪要求有哪些？
5. 商务宴请和赴宴礼仪要求有哪些？
6. 涉外商务谈判的礼仪要求有哪些？

 参考阅读

商务礼仪
基本常识

第十三章
国际商务谈判

掌握国际商务谈判的特点；掌握美国商人的谈判风格及商务礼仪要求；掌握德国商人的谈判风格及商务礼仪要求；掌握英国商人的谈判风格及商务礼仪要求；掌握俄罗斯商人的谈判风格及商务礼仪要求；掌握日本商人、韩国商人的谈判风格及商务礼仪要求。

【案例导入】

国际商务谈判中的文化差异

中国桂林某旅行社邀请马来西亚一家旅行社洽谈一笔国际旅游业务，双方约定于某日上午十点在桂林某饭店进行洽谈。由于他们是第一次到桂林，对桂林城市交通不熟悉，路上耽搁了时间，晚了一个小时才到。后在商讨价格时，因双方提出的交易条件与价格相差较大，中方代表有点不高兴，谈判中失去耐心，并带有不满情绪，说话声音过大，且在条件与价格方面不肯做出让步。而马方代表年纪较大，认为中方代表的言语举止对他们不礼貌、不尊重。在享用午宴过程中，中方代表为了增进双方感情，拿出接待贵宾的专用酒并极力劝说马方代表饮用，由于中方忽略了马来西亚旅行社代表是穆斯林，导致马方谈判人员认为中方代表没有诚意，于是生气离开。谈判陷入了僵局。

（资料来源：刘春生.国际商务谈[M].北京：对外经济贸易大学出版社，2013.）

启发思考：入乡随俗是涉外商务礼仪的基本原则之一，它的含义主要是：在涉外交往中，要真正做到尊重交往对象，首先就必须尊重对方所独有的风俗习惯。

世界上的各个国家、各个地区、各个民族形成的宗教、语言、文化、风俗和习惯，存在着不同程度的差异。这种"十里不同风，百里不同俗"的局面，是任何人都难以强求统一的。

在涉外商务交往中注意尊重外国友人所特有的习俗，容易增进谈判双方之间的理解和沟通，有助于更好地向外国合作方表达我方的亲善友好之意。

第一节　国际商务谈判的特点与要求

一、国际商务谈判的含义与特点

1. 国际商务谈判的含义

国际商务谈判是国际商务活动中不同的利益主体为了达成某笔交易，就交易的各项条件进行协商的过程。谈判中利益主体一方是外国的政府、企业或公民，另一方是本国的政府、企业或公民。国际商务谈判是对外经济贸易工作中不可缺少的重要环节。

在国际商务活动中，不同的利益主体需要就共同关心或感兴趣的问题进行磋商，协调和调整各自的经济利益或政治利益，谋求在某一点上妥协，使双方都感到有利，从而达成协议。所以，国际商务谈判是对外经济贸易活动中普遍存在的一项十分重要的经济活动，是调整和解决不同国家和地区政府及商业机构之间不可避免的经济利益冲突的手段。

2. 国际商务谈判的特点

国际商务谈判既具有一般商务谈判的特点，又具有国际经济活动的特殊性，通常表现在以下几个方面。

（1）政治性强。国际商务谈判既是一种商务交易谈判，也是一项国际交往活动，具有较强的政治性。由于谈判双方的商务关系是两国或两个地区之间整体经济关系的一部分，常常涉及两国或地区之间的政治关系和外交关系，因此在谈判中两国或地区的政府常常会干预和影响商务谈判。因此，国际商务谈判必须贯彻执行国家的有关方针政策和外交政策，同时还应注意国别政策，以及执行对外经济贸易的一系列法律和规章制度。

（2）以国际商法为准则，并以国防惯例为基础。由于国际商务谈判的结果会导致资产的跨国转移，必然涉及国际贸易、国际结算、国际保险、国际运输等一系列问题，因此在国际商务谈判中要以国际商法为准则，并以国际惯例为基础。所以，谈判人员要熟悉各种国际惯例，熟悉对方所在国的法律条款，熟悉国际经济组织的各种规定和国际法。这些问题是一般国内商务谈判无法涉及的，要引起特别重视。

（3）坚持平等互利的原则。在国际商务谈判中，要坚持平等互利的原则，既不强加于人，也不接受不平等条件。平等互利是我国对外政策的一项重要原则。所谓平等互利，指国家不分大小，无论贫富强弱，在相互关系中都应当一律平等。在相互贸易中，应根据双方的需求，按照公平合理的价格，互通有无，使双方都有利可得，以促进彼此的经济发展。在进行国际商务谈判时，无论国家贫富、客户大小，只要对方有诚意，就都要一视同仁，既不可强人所难，也不能接受对方无理的要求。对某些外商利用垄断地位抬价和压价，必须不卑不亢，据理力争。对某些发展中国家或经济落后地区，我们也不能以势压人、仗势欺人，应该坚持平等互利的原则。

（4）谈判的难度大。由于国际商务谈判的谈判者代表了不同国家和地区的利益，有着不同的社会文化和经济背景，其价值观、思维方式、行为方式、语言及风俗习惯不同，致使谈判考虑的因素较多，谈判难度较大，因此谈判者必须有广博的知识和高超的谈判技巧。不仅能在谈判桌上因人而异、运用自如，而且要在谈判前注意资料的准备、信息的收集，使谈判按预定方案顺利进行。

二、国际商务谈判工作的基本要求

国际国内商务谈判之间并不存在本质的区别，但是，如果谈判人员以对待国内谈判对手与国内商务活动同样的逻辑和思维去对待国际商务谈判的对手及遇到的问题，是难以取得谈判预期效果的。因此，国际商务谈判者除了要掌握好商务谈判的基本原理和方法，还应注意以下几项基本要求。

1. 树立正确的国际商务谈判意识

国际商务谈判意识是促使谈判走向成功的根本。谈判意识正确与否，将直接影响到谈判方针的确定、谈判策略的选择，以及谈判中的行为准则。正确的国际商务谈判意识有：谈判是协商，不是"竞技比赛"；谈判中既存在利益关系又存在人际关系，良好的人际关系是实现利益的基础和保障；国际商务谈判既要着眼于当前的交易谈判又要放眼未来，多考虑今后的交易往来；等等。

2. 做好谈判前的调查和准备工作

国际商务谈判的复杂性要求谈判者在开展正式谈判之前，做好相关的调查和准备工作。首先，要充分地分析和了解潜在的谈判对手，如对方企业、可能的谈判者的个人状况，政府介入的可能性，以及一方或双方政府介入可能带来的问题等。其次，要考察商务活动的环境，如国际政治、经济、法律、社会、意识形态等；评估各种潜在的风险及其可能产生的影响；拟定各种防范风险的措施。再次，要合理安排谈判计划，选择谈判地点，针对对方的策略做好反策略的准备。最后，要反复分析论证，准备多种谈判方案，应对情况突变。

3. 正确认识并对待文化差异

国际商务谈判的跨文化特征要求谈判者必须正确认识并对待文化差异。尊重对方的文化是对国际商务谈判者最起码的要求。从事国际商务谈判的谈判人员要善于从对方的角度看问题，善于理解对方看问题的思维方式和逻辑判断方式。正所谓"入乡随俗，出国问禁"。切记不要在国际商务谈判中，以自己熟悉的文化的"优点"去评判对方文化的"缺点"，这是谈判的一大禁忌。

4. 熟悉国家政策、国际商法和国际商务惯例

国际商务谈判的政策性特点要求谈判者必须熟悉国家的政策，尤其是外交政策和对外经济贸易政策，把国家和民族的利益置于崇高的地位。除此之外，还要了解

国际商法，遵循国际商务惯例。

5. 善于运用国际商务谈判的基本原则

在国际商务谈判中，要善于运用国际商务谈判的一些基本原则来解决实际问题，取得谈判效果。比如，运用技巧，尽量扩大总体利益，使双方都多受益；营造公开、公平、公正的竞争局面，防止暗箱操作；明确谈判目标，学会妥协，争取实质利益。

【小故事 13-1】

瓦尔德海姆深有体会

1980 年初，联合国前秘书长瓦尔德海姆飞抵伊朗就如何解决美伊人质危机谈判。在他抵达机场后，发表了讲话："我来这里是以中间人的身份寻求某种妥协的。"伊朗国家广播电台、国家电视台迅速播放了他的讲话。然而，在他的讲话播出不到一个小时，他的尚未正式开始的努力就遭到了严重挫败。他的讲话不仅使他在以后的谈判桌上不受欢迎，而且很快就使他的座车受到了包围，并且遭到了石头的袭击。究其原因，有以下两点：一是波斯语中的"妥协"这个词并不具有英语（accommodation）中"双方都可接受的折中之道"的正面意义，而只有"美德折损""人格折损"的负面意义；二是"中间人"这个词在波斯语中指"爱管闲事的人"。于是，误解便产生了。这种误解使这场美伊人质危机的谈判也陷入了"危机"。

（资料来源：李昆益.商务谈判技巧［M］.北京：中国人民大学出版社，2007.）

启发思考："入乡随俗，出国问禁"，切记不要在国际商务谈判中以自己熟悉的文化去取代对方的文化，这是谈判的一大禁忌。国际商务谈判的代表有着不同的社会文化和经济背景，其价值观、思维方式、语言及风格习惯不同，从而使谈判考虑的因素更多、谈判难度更大。该案例中，正是由于文化的差异，对"中间人""妥协"两词的理解不同，产生了误会，致使谈判一开始就陷入了"危机"。

第二节　美洲商人的谈判风格、礼仪与禁忌

一、美国商人的谈判风格、礼仪与禁忌

1. 美国商人的谈判风格

美国式的谈判首先反映了美国人的性格特点，他们性格外露，能直接向对方表

露出真挚、热烈的情绪。美国谈判人员有着与生俱来的自信和优越感，他们总是十分自信地步入谈判会场，不断发表自己的意见和提出自己的权利要求，往往在气势上显得有些咄咄逼人，但语言表达直率，有很好的幽默感。

美国人的这些特点，很多都和他们取得的经济成就有密切的关系，他们有一种独立行动的传统，并把实际物质利益上的成功作为获胜的标志。他们总是兴致勃勃地开始谈判，乐意以这种态度谋求经济利益。在磋商阶段，他们精力充沛，能迅速把谈判引向实质阶段。他们善用谈判技巧的目的，是让对手也同他们一样注重经济上的利益。他们十分赞赏那些精于讨价还价、为取得经济利益而施展手法的人。因为他们自己就很精于使用策略去谋求利益，所以希望别人也具有这种才能。由于美国人具有这种特点，他们非常重视谈判的磋商阶段，美国人习惯按合同条款逐项讨论直至各项条款完全谈妥。

美国人办事干脆利落，不兜圈子。与美国人谈判，表达意见要直接，"是"与"否"必须清楚。如果美国谈判人员提出的条款、意见是无法接受的，就必须明确告诉他们不能接受，不得含糊其词。在谈判过程中，要绝对避免指名批评，因为美国人谈到他人时，都会避免损坏他人的人格。

美国谈判人员重视效率，在谈判过程中，他们不会浪费时间进行毫无意义的谈话。美国谈判人员为自己规定的最后期限往往较短，力争每场谈判都能速战速决。如果谈判突破其最后期限，则很可能会破裂。因此，同美国人谈判的时间不宜过长。

美国人的法律意识根深蒂固，律师在谈判中扮演着重要角色。因为生意场上不可避免地存在着不守诺言或欺诈等现象，美国谈判人员往往注重防患于未然，凡遇商务谈判，特别是谈判地点在外国，他们一定会带上自己的律师，并在谈判中会一再要求对方完全信守有关诺言。一旦发生争议和纠纷，最常用的办法就是诉诸法律。

美国商人既重视商品质量，又重视商品包装。商品的外观设计和包装体现了一国的消费文化状况，也是为了刺激消费者的购买欲望，提高销售量。美国人不仅对于自己生产的商品不遗余力地追求高的内在品质和包装水平，而且对于购买的外国商品也有相同的要求。

2. 美国商人的谈判礼仪与禁忌

跟美国商人在一起时不需要过多的握手与客套，他们大多性格外向、直爽热情。美国商人见面与离别时，都面带微笑地与在场的人们握手；彼此问候较随便，大多数场合下可直呼名字；对年长者和地位高的人，在正式场合下，则使用"先生""夫人"等称谓，对于婚姻状况不明的女性，不要冒失地称其为夫人。比较熟识的女士之间或男女之间会亲吻或拥抱。

美国商人习惯保持一定的身体间距。交谈时，彼此站立间距约 0.9 米，每隔 2~3 秒有视线接触，以表达兴趣、诚挚和真实的感觉。他们的时间观念很强，约会要事先预约，赴会要准时，但商贸谈判有时也会比预定时间推迟 10~15 分钟。在美国，多数人随身带有名片，但他们的名片通常是在认为有必要以后再联系时才交换，因此，美国商人在接受别人的名片时往往并不回赠。

美国商人也在周六、周日休息。此外，美国的法定假日有元旦、退伍军人节、感恩节、哥伦布日等，不宜在这些时间找美国商人洽谈。美国商人对时间非常"吝啬"，因此与美国商人谈判必须守时，办事必须高效。美国商人喜欢一切井然有序，不喜欢事先没有联系，以及与突然闯进来的"不速之客"去洽谈生意，美国商人或谈判代表总是注重预约晤谈。

当双方发生纠纷时，美国谈判人员希望谈判对手的态度认真、诚恳，即使双方争论得面红耳赤，他们也不会介意。中国人在出现纠纷时往往喜欢用笑脸缓和气氛，以为这样能使对方平息怒气，但实际上这样做会使美国人更不满，因为在他们看来，出现纠纷而争论时，双方心情都很恶劣，笑容并不一定真诚，他们甚至可能认为面露笑容表示你自认理亏。

二、加拿大商人的谈判风格、礼仪与禁忌

加拿大人大多数是英国和法国移民的后裔，在加拿大从事对外贸易的商人也主要是英国和法国移民的后裔。

1. 加拿大商人的谈判风格

英裔商人谨慎、保守、重守信誉。他们在进行商务谈判时相当严谨，一般要对所谈事物的每个细节都充分了解后，才可能答应要求。

与法裔商人刚刚开始接触时，你会觉得他们都非常和蔼可亲、平易近人、客气大方。但是只要坐下来谈判，涉及实质问题时，他们就会变得异常坚忍不拔。因此，想要谈判成功，就要有耐性。法裔商人对于签约比较随意，常常在主要条款谈妥之后就急于要求签约。与他们谈判时应力求慎重，一定要在所有合同条款都定得详细、明了、准确之后才可签约，以避免不必要的麻烦和纠纷。

2. 加拿大商人的谈判礼仪与禁忌

与加拿大商人谈判要注重礼节，情绪上要克制，不要操之过急。

（1）见面或分手时要行握手礼，相互亲吻对手脸颊也是常用的礼节。对法语是母语的加籍谈判者，要使用印有英文、法文的名片。

（2）约会要事先预约并准时，款待一般在饭店或俱乐部进行。就餐时要穿着得体，男士着西服，系领带；女士则穿裙子。进餐时间可长达 2 ~ 3 个小时。如被邀作私人访问，应随身携带小礼品或鲜花，也可派人赠送鲜花。

（3）加拿大商人比美国商人显得更有耐心和温和，加拿大商人的时间观念很强，所以要严格遵守合同的最后期限。对英裔商人要有足够的耐心，与法裔谈判者谈判还须准备法文资料和将合同译成法文。

（4）加拿大公司的高层管理者对谈判影响较大，应将注意力集中在他们身上，

以使谈判能尽快获得成功。

与加拿大人谈判时，切忌绕圈子、讲套话。对英裔加拿大商人要有足够的耐心，从开始接触到价格确定这段时间，要不惜多费脑筋，认真与对方周旋，多用实际利益和事实来加以引导，切不可过多地施加压力。

在加拿大，百合花通常用于葬礼，因此不能用白色百合花作为礼物送人。在商务活动中赠送礼品，最好赠送有民族特色的、比较精致的工艺美术品；并且尊重主人的意见，不要随便携带礼品出席宴会；送的礼品不可太贵重，否则会被误以为贿赂主人。

加拿大商人比较保守，谈判宜在工作时间，以正式方式提出，态度谨慎。和加拿大商人谈判不要涉及宗教信仰或批驳对方的政见，以免引起误解和争执。

三、拉丁美洲商人的谈判风格、礼仪与禁忌

拉丁美洲商人大多为男性，他们最突出的特点是个人人格至上和富有男子气概，性格开朗、直爽。

1. 拉丁美洲商人的谈判风格

绝不妥协的特点体现于拉丁美洲人的商贸谈判中，他们对自己意见的正确性坚定不移，往往要求对方全盘接受，很少主动做出让步；如果他们对别人的某种请求感到不能接受，一般也很难让他们转变。个人人格至上的特点使拉丁美洲人特别注意的是谈判对手本人而不是对手所属的公司或者团队。

拉丁美洲商人较注重感情。因此，最好先与拉丁美洲商人交朋友，一旦你成为他们的知己后，他们会优先考虑把你定为合作的伙伴。

许多拉丁美洲国家假期很多，处理事务节奏较慢，往往会让性急的外国人无可奈何。最好的办法是放慢谈判节奏，始终保持理解和宽容的心境，并注意避免工作与娱乐发生冲突。

拉丁美洲商人对信守合同的观念与众不同，常会在接到货物后不一定按期付款因此，必须有足够的耐心催款。拉丁美洲国家有的商人对信用证付款的观念淡薄，甚至还有商人希望同国内交易一样使用支票付款。因此，交易时应注意寻找可靠的合作伙伴，必须与负责管理的人洽谈生意。

在拉丁美洲做生意，至关重要的一点是寻找代理商，建议与代理商联络。大多数拉丁美洲国家普遍存在代理制度。如果在当地没有代理商，做生意时会困难重重。在选择代理商时必须非常慎重，要仔细进行审查。选定代理商后，必须与其签订代理合同，在合同中明确规定双方的权利和义务，更为重要的是应该详细、清楚地规定代理权限，以免日后发生纠纷。

近年来，大多数拉丁美洲国家采取了限制的贸易保护措施，法律法规也以此为根本出发点，进出口手续也比较复杂，一些国家实行许可证制度。所以，在进行贸易谈判前，必须深入了解这些保护政策和具体执行情况，以免陷入泥潭。

在拉丁美洲各国中，巴西人酷爱娱乐，他们不会让生意妨碍其享受闲暇的乐趣。当举世闻名的巴西狂欢节来临之时，千万别去同拉丁美洲人谈生意，否则会被视为不受欢迎的人。阿根廷人比较正统，非常欧洲化，他们在同你一见面时就会不停地握手，同样阿根廷商人也会在商谈中不厌其烦地与对方反复握手。哥伦比亚人、智利人、巴拉圭人比较保守，他们穿着讲究，谈判时着装正规，特别欣赏彬彬有礼的客人。厄瓜多尔人和秘鲁人的时间观念相对淡漠，比较随意，但作为谈判的另一方，在这一点上千万不能"入乡随俗"，而应遵守时间，准时出席。

2. 拉丁美洲商人的谈判礼仪与禁忌

巴西人对自己的语言（葡萄牙语）很自豪，谈判中不要把他们与讲西班牙语的国家混淆。在做商务访问时，宜穿保守式样的深色西装。在巴西，不管是访问政府机关还是私人机构，均需事先预约。在巴西，棕色、紫色表示悲伤，黄色表示绝望。他们认为人去世好比黄叶落下，所以忌讳棕黄色。他们迷信紫色会给人带来悲伤，深咖啡色会招来不幸。巴西人对时间和工作的态度比较随便。和巴西人打交道时，若主人不提起工作，则最好不要抢先谈工作。谈话时要亲热，离得近些。

阿根廷商人谈判很强硬，如果他们感觉到没有被公平对待，会顽强地坚持自己的立场。与阿根廷人谈生意，尽量避免谈及政治，不要拿阿根廷做不好的对比。

墨西哥商人则长于精打细算。墨西哥社会等级森严，人际关系在当地很重要，与有影响力的人关系好有助于谈判成功。他们很看重密切而持久的关系。要想生意成功，私人接触及相互之间的关系能起到很大作用。

第三节　欧洲商人的谈判风格、礼仪与禁忌

一、德国商人的谈判风格、礼仪与禁忌

1. 德国商人的谈判风格

（1）对本国产品充满自信。德国在世界上是经济实力最强的国家之一，他们的工业极其发达，生产率高，产品质量堪称世界一流。他们自信而固执，谈判中常会以本国的产品为衡量标准。

为了打入德国市场，你一定要在各方面都干得十分出色。为了保住市场，你必须保持技术上的领先。最重要的是，你的产品一定要达到并保持高质量的标准。

你要向他们表明你公司的产品可以满足他们的要求，而做到这一点是很难的。不要认为你可以轻易地把那些具有独特价值的产品卖给德国人，虽然这种产品是他们急需的，他们可能十分渴望购买你的产品，但是从他们的谈判方式上你绝对看不

出这一点。

（2）注重效率。德国人在世界上享有名副其实的讲效率的声誉，他们信奉的座右铭是"马上解决"，并且他们严格守时。德国人认为那些"研究研究""考虑考虑""过段时间再说"等拖拖拉拉的行为意味着缺乏能力。在与德国人谈判时，严密的组织、充分的准备、清晰的论述、鲜明的主题将有助于促进双方融洽的关系，保证谈判顺利进行。

（3）谈判前准备工作做得好。德国人在谈判之前的准备比较充分，他们不仅要研究你的产品问题，还会研究你的公司以及公司所处的大环境，公司的信誉、资金状况、管理状况、生产能力等。在资金问题上，他们特别保守，不愿冒风险。因此，你应该准备回答关于你的公司和你的建议等详细问题。

（4）重合同，守信用。德国人素有"契约之民"的雅称。他们崇尚契约，严守信用，权利意识很强。德国人对交货期限要求严格，一般会坚持严厉的违约惩罚条款。他们认真研究和推敲合同中的每一项条款，一旦达成协议，很少出现毁约情况，合同履约率高。

只要你的产品符合合同上的条款，你就不必担心付款的事情。德国人对其商业事务极其小心谨慎，在人际关系上又正规刻板，并且从外表就可以看出其与生俱来的竞争性。

（5）擅长谈判。德国人非常擅长商业谈判，他们一旦决定购买你的产品就会想尽办法让你让步。德国商人经常在签订合同之前的最后时刻试图让你降低价格，因此，你最好有所提防，或者拒绝，或者做出最后让步。

德国人会对交货日期施加压力。他们的理由是自己有极其严密的生产计划，你必须保证按时交货，以满足生产计划。因此，为了做成生意，你不仅要同意遵守严格的交货日期，可能还要同意严格的索赔条款。他们甚至可能会要求你对产品的使用期做出慷慨的担保，同时提供某种信贷，以便在你违反担保时可以得到补偿。

德国人最擅长讨价还价，这并不是因为他们具有争强好胜的个性，而是因为他们对工作一丝不苟、严肃认真。无论你的企业在国内多么有信誉，他们都会调查你企业的情况，若有可能，则还要让你的产品在他们的或你的工厂中作实际演示。他们在开始讨论你的产品价值之前，要向你和技术人员及客户了解情况。因此，你在谈判初期不能太着急。

2. 德国商人的谈判礼仪与禁忌

德国谈判者的个人关系是很严肃的，他们希望你也如此。如果你和德国谈判者手不熟悉，则要称呼他为"史密特先生"（或"史密特博士"），而不要直呼其名"弗里茨"；如果对方是20岁以上的女士，应该称呼她为"史密特夫人"。谈判时的穿戴也要正规，要习惯在所有场合穿西装。无论你穿什么，都不要把手放在口袋里，因为这被认为是无礼的表现。

二、法国商人的谈判风格、礼仪与禁忌

1. 法国商人的谈判风格

法国商人以使用法语为自豪。法国人对本民族的灿烂文化和悠久历史感到无比骄傲，他们时常把祖国的光荣历史挂在嘴边。他们认为法语是世界上最高贵、最优美的语言，因此在进行商务谈判时，他们往往习惯要求对方同意以法语为谈判语言，即使他们的英语讲得很好也是如此，除非他们是在国外或在生意上对对方有所求。

法国商人很重视交易过程中的人际关系。一般来说，在尚未结为朋友之前，他们是不会轻易与人做大宗生意的，而一旦建立起友好关系，他们又会乐于遵循互惠互利、平等共事的原则。

法国商人在谈判方式上偏爱横向谈判，即先为协议勾画出一个轮廓，然后达成原则协议，最后再确认谈判协议各方面的具体内容。法国商人喜欢追求谈判结果，不论什么谈判，在不同阶段，他们都希望有文字记录，而且名目繁多，诸如"纪要""备忘录""协议书""议定书"等，用于记载已谈的内容，为以后的谈判起到实质性作用。对于频繁产生的文件应予以警惕，慎重行事，对己有利的内容，可同意建立文件；对己不利却难以推却的，可仅建立初级的纯记录性质的文件。注意各种不同类型文件的法律效力，严格区别"达成的协议""分歧点""专论点""论及点"等具体问题，否则产生的文件会变得含混不清，成为日后发生纠纷的隐患。

法国商人谈判时思路灵活，方法多样，为促成交易，他们常会借助行政、外交的手段或让名人、有关的第三者介入谈判。

法国商人大多注重靠自身力量达成交易，愿以自己的资金从事经营，因而他们办事从不勉强。法国人喜欢个人拥有较大的办事权限，在进行商务谈判时，多由一人承担并负责决策，谈判效率较高。

法国商人对商品的质量要求十分严格，条件比较苛刻，同时他们也十分重视商品的美感，要求包装精美。

法国人的时间观念比较淡漠，他们在商业往来或社会交际中经常迟到或单方面改变时间。在法国还有一种非正式的习俗，即在正式场合，主客身份越高，来得越迟。但法国人对于别人的迟到往往不能原谅，对于迟到者，他们会很冷淡地接待。法国全国在8月份放假，应注意尽量避免在这段时期与法国人谈生意。

2. 法国商人的谈判礼仪与禁忌

与法国人见面时要握手，且迅速而稍有力。告辞时，应向主人再次握手道别。女士一般不主动向男士伸手，因而男士要主动问候，但不要主动向上级伸手。熟悉的朋友可直呼其名，对年长者和地位高的人士要称呼他们的姓。一般则称呼"先生""夫人""小姐"等，且不必再接姓氏。

商业款待多数在饭店举行，只有关系十分密切的朋友才邀请到家中做客。在餐

桌上，除非东道主提及，一般避免讨论业务。法国商人讲究饮食礼节，就餐时保持双手（不是双肘）放在桌上，一定要称赞烹饪的精美。法国饭店往往价格昂贵，要避免点菜单上最昂贵的菜肴，商业午餐一般有十几道菜，要避免饮食过量。应避免在公共场合吸烟。当主要谈判结束后设宴时，双方谈判代表团负责人通常互相敬酒，共祝双方保持长期的良好合作关系。受到款待后，应在次日打电话或写便条表示谢意。

三、英国商人的谈判风格、礼仪与禁忌

英国商人守旧意识强，比较保守，难以接近。他们一般比较冷静，言行持重。即使本国人之间的交往也比较谨慎，决不随意打听别人的事，不轻易相信或依靠别人。习惯将商业活动和个人生活严格分开，个人关系往往以完成某项工作、达成某项谈判为前提，滞后于商业关系。

英国人非常注重礼仪，崇尚绅士风度。在谈判场内外，英国谈判者都注重个人修养，尊重谈判对手，不会没有分寸地逼迫对方。所以在谈判中显示良好的教养和风度，会很快赢得他们的尊重，为谈判成功打下良好的基础。

1. 英国商人的谈判风格

英国人比较注重传统，喜欢按部就班地行动。与英国人预约，如果过去未曾谋面，那么一定要写信或打电话告之面谈的目的，然后再约定时间。大部分英国人除了说英语不会讲其他语言。

英国人对谈判本身不如日本商人、美国商人那样看重，相应地，他们对谈判的准备也不够充分和周密。英国商人有一个共同的特点，就是他们对出口的几乎所有产品经常延迟交货。虽然签订了协议，但往往不遵守交货时间，从而造成迟延，所以在与英国人签订协议时，要注意将延迟交货的惩罚条款写进协议。

与英国人打交道，话题不要涉及政治和皇室。他们比较喜欢讨论英国的文化遗产、宠物和天气等。在和英国人交谈时，应注意不要涉及爱尔兰的前途、政治制度的比较、乔治三世治理英国经济的方法、北大西洋公约组织中承担义务最多的国家等话题。

2. 英国商人的谈判礼仪与禁忌

给英国商人送礼时最好选择不太贵重的礼品，因为花费多会被误认为是一种贿赂。英国人也像其他大多数欧洲人一样，喜欢高级巧克力、名酒和鲜花。对于饰有客人所属公司标记的礼品，他们大多并不欣赏。

饮茶是英国各阶层人都喜爱的，特别是妇女嗜茶成癖。英国人爱好现煮的浓

茶，放一两块糖再加少许冷牛奶。

英国人在穿戴上比较讲究，因此在会客、拜访或参加酒会、宴会、晚会时要穿西装打领带。在夏天，可以不穿西服，只穿短袖衬衫，但也要打领带。

英国人的时间观念较强，对安排好的约会一定会准时赴约。他们认为无故迟到很不礼貌，到得太早也不必要。如因故延误或临时取消约会，要用电话通知对方。

英国商人并不喜欢长时间讨价还价，他们希望谈一两次便有结果。除了重要谈判，一般一小时足够。他们有时还利用午餐时间讨论业务。

同英国商人谈生意，谈判的方法和策略是很重要的。重要的商务谈判，要与公司的决策人物，如董事长、执行董事兼总经理商谈，而且要提前预约。英国人在谈判中讲究礼节，保持矜持，不过分流露感情，因此同英国人谈生意时要仪表整洁，谈吐文雅，举止端庄。

英国商人在谈判中既保守又多变，所以我们要不卑不亢、把握火候，力争使双方达成协议。在谈判中，英国商人有时会突然改变主意，特别是谈判后如果不及时签订合同，他就会反悔已谈妥的条款。因此，应抓住时机，及时签约。

英国人一般不善交际，但有时为了生意的需要，也作一些必要的应酬，而这种应酬显得保守、古板。

英国人很重视节假日，每年7月底到9月初是他们的休假时间，因此与其洽谈最好避开这段时间。在谈到"英国人"时，不要使用"英吉利人"一词，否则会引起其他民族的不满。女王在英国人的心目中具有至高无上的地位，是国家的象征，因此席间不可有对女王不礼貌的言辞。当生意谈得双方都比较满意时，英国商人会邀你去他家里做客，你应按时赴宴，鲜花、巧克力和酒可以作为赴宴时的礼品。

英国人一般喝啤酒或不加冰的威士忌。此外，他们喜欢成群结队去较远的地方旅行。

四、意大利商人的谈判风格、礼仪与禁忌

意大利人是典型的南欧人的性格，热情奔放、乐观向上、无拘无束、讲求实际。意大利人热情好客，也很随便，但时间观念不强，常常失约或迟到。意大利人特别以自己家乡为荣。

1. 意大利商人的谈判风格

意大利商人时间观念不是很强，有时不太准时，比不准时更糟的是，有时干脆爽约，一般每次赴约前应先打电话核实一下，看精心安排的会议能否如期举行，即使这样，有时去了也仍然找不到人，他们有时会单方面推迟会期。

意大利商人情绪多变。他们做手势时特别激动，肩膀、胳膊和手随着说话声音的节拍挥动不止。看他们陈述观点简直是一种享受，当然，最好是在他们脾气好的时候。他们如果生气，会近似于疯狂。

意大利商人崇尚时尚。谈判者都衣着整齐，潇洒自如，并在设备豪华的现代化

办公室里工作。他们吃穿都很好，并且会骄傲地谈论他们的家庭。意大利成人对儿童有很大耐心，你可能会发现饭店都能在某种程度上容忍儿童吃饭时调皮捣蛋，有时甚至任其为所欲为。

意大利存在着大量的商业机会，可以从那里购买或向他们销售部件或制成品。如果购买的产品正是他们的技术所能生产的，这些产品一般都具有很高的质量。意大利人热衷于与国内企业打交道，而对和外国人做生意的热情不高，因为他们觉得国内企业和他们存在共性。意大利是一个内向性的国家，不太注意外部世界（跟荷兰人一样，他们的语言只有他们自己用）。虽然意大利也实行对外开放，但他们并不向外国的风俗习惯和观念看齐。他们认为外国人终究是外国人，而不是意大利社会的成员。

意大利人有节约的习惯，与产品质量、性能、交货日期相比，他们更关心的是花较少的钱买到质量、性能都说得过去的产品。如果是向他们买东西，只要能有理想的价格，他们会千方百计地满足用户的要求。

2. 意大利商人的谈判礼仪与禁忌

欧洲人普遍禁忌的数字"13"和"星期五"，在意大利同样适用。另外，意大利人对"17"也很敏感，认为这是一个不吉利的数字。任何正式活动，都应尽力避免在这些日子举行。

意大利的米兰是时装之都，意大利人对颜色的狂热独步世界。绿色在意大利是春天的色彩，蓝色代表吉祥，黄色与美丽相关联。意大利国旗的颜色是红、白、绿三色，三色合用在意大利极为普遍。很多意大利人禁忌紫色，特别是单色使用，会被认为是消极和不祥的象征。

意大利人喜欢狗和猫的图案，认为狗是人类最忠实的朋友，猫能帮助消除鼠疫。

意大利忌用菊花、红玫瑰、水仙图案。若非必要，修女图案也是不宜乱用的。

五、俄罗斯商人的谈判风格、礼仪与禁忌

1. 俄罗斯商人的谈判风格

（1）固守传统，缺乏灵活性。俄罗斯在由计划经济向市场经济的转变过程中进程最快，外贸政策有了巨大变化，企业有了进出口自主权，对外贸易大幅增长。俄罗斯政府给予外国投资者的优惠政策大大地吸引了欧美投资者。但是，在涉外谈判中，一些俄罗斯人还是带有明显的计划体制的烙印，在进行正式洽商时，他们喜欢按计划办事，如果对方的让步与他们原来的具体目标相吻合，则容易达成协议；如果两者之间有差距，那么使他们让步特别困难，甚至他们明知自己的要求不符合客观标准，也不妥协让步。

一些俄罗斯人缺乏灵活性，还因为他们的计划制订与审批要经过许多部门、许多环节。这必然延长决策与反馈的时间，这种传统体制也僵化了人的头脑。尽管现

在体制上有了较大的变革，但还没有形成正常的经营秩序和健全的管理体制。体制严格的计划性束缚了个性能力的发挥，而且要求经办人员对所购进商品的适用性、可靠性和质量进行审查，并要对所做出的决策承担全部责任。因此，他们非常谨慎，缺少敏锐性和创新精神，喜欢墨守成规。

（2）谈判节奏松弛、决策缓慢。俄罗斯人办事比较随意，他们绝不会让自己的工作节奏适应外商的时间安排。除非外商提供的商品正是他们急切想要的，否则，他们的办事人员绝不会急急忙忙奔回办公室，立即向上级呈递一份有关谈判的详细报告。俄罗斯商人谈判喜欢带上各种专家，这样不可避免地扩大了谈判队伍，各专家意见不一也延长了谈判的时间和进程。因此，与俄罗斯商人谈判时，切勿急躁，要耐心等待。

（3）重合同，重技术细节。俄罗斯人的谈判能力很强，这是源于苏联的传统，这一点美国人、日本人都感受至深。他们特别重视谈判项目中的技术内容和索赔条款。引进技术具有先进性、实用性，由于技术引进项目通常都比较复杂，对方在报价中又可能会有较大的水分，为了尽可能以较低的价格购买最有用的技术，他们特别重视技术的具体细节，索要的东西也包罗万象，如详细的车间设计图纸、零件清单、设备装配图纸、原材料证明书、化学药品和各种试剂以及各种产品的技术说明和维修指南等。所以，在与俄罗斯人进行洽商时，要有充分的准备，可能要就产品的技术问题进行反复大量的磋商。另外，为了能及时准确地对技术进行阐述，在谈判中要配置技术方面的专家。同时要十分注意合同用语的使用，语言要精确，不能随便承诺某些不能达到的条件。

（4）善于在价格上讨价还价。俄罗斯人十分善于与外国人做生意。说得简单一点，他们非常善于寻找合作与竞争的伙伴，也非常善于讨价还价。如果他们想要引进某个项目，首先要对外招标，引来数家竞争者，然后不慌不忙地进行选择；还会采取各种离间手段，让争取合同的对手之间竞相压价、相互残杀，最后从中渔利。

俄罗斯人在讨价还价上堪称行家里手。不管报价多么公平合理、怎样精确计算，他们也不会相信，会千方百计地挤出其中的水分，达到他们认为理想的结果。所以，专家建议，对俄罗斯人的报价策略有两种形式：一种策略是报出你的标准价格，然后力争做最小的让步。你可以事先印好一份标准价格表，表上所有价格都包含适当的溢价，给以后的谈判留下余地。另一种策略是公开的标准价格加上一定的溢价（如15%），并说明这样做的理由是同其做生意承担的额外费用和风险。一般来说，第二种策略要好些，因为如果在报价之初就确定一个价格，几个星期甚至数月后，情况可能会发生很大变化。为避免通货膨胀所造成的贸易损失，如果俄罗斯人不用硬通货支付交易额，那么你与他们做买卖很有可能会吃亏。所以要对俄罗斯人尽量缩短报价期限，并充分考虑报价在合同期内所受到的通货膨胀的影响。

俄罗斯人开低价常用的说法就是"我们第一次向你订货，希望你给个最优惠价，以后我们会长期向你订货"，"如果你们给我们以最低价格，我们会在其他方面予以补偿"，用来引诱对方降低价格。要避免这种价格陷阱，专家的忠告是：不要太实在，先报个虚价，并咬牙坚持到底。

（5）喜欢易货贸易。在俄罗斯，他们喜欢在外贸交易中采用易货贸易的形式。易货贸易的形式比较多，如转手贸易安排、补偿贸易、清算账户贸易等，这样就使贸易谈判活动变得十分复杂。

在对外贸易中，俄罗斯商人采用易货贸易的形式也比较巧妙。他们一开始并不一定提出货款要以他们的产品来支付，因为这样一来，对需要硬通货做交易的公司缺乏吸引力，也使自己处于劣势地位。他们在与外国商人洽商时，拼命压低对方的报价后，才开始提出用他们的产品来支付对方的全部或部分货款。由于外国商人已与俄罗斯人进行了广泛的接触，谈判的主要条款都已商议妥当，所以他们提出这一条件时，往往使外国商人感到很为难，也容易妥协让步。20世纪80年代末期，中俄两国之间易货贸易发展十分迅速，但近两年来，俄罗斯开始限制生产资料等的外流，使易货贸易的势头有所减缓。

需要指出的是，如果俄罗斯商人提出，只有当你接受他们的易货商品，或者帮助他们把某些商品销售给支付硬通货的第三方时，他们才能支付你的货物，那么你一定要认真考虑其中所涉及的时间、风险和费用。易货是一种好的交易形式，但当你交易的商品没有市场时，还不如没有这种交易。

2. 俄罗斯商人的谈判礼仪与禁忌

（1）社交礼仪。在人际交往中，俄罗斯人素以热情、豪放、勇敢、耿直而著称。在交际场合，俄罗斯人惯于和初次会面的人行握手礼。对于熟悉的人，尤其是在久别重逢时，他们则大多要与对方热情拥抱。在迎接贵宾时，俄罗斯人通常会向对方献上"面包和盐"。这是给予对方的一种极高的礼遇，来宾必须对其欣然笑纳。在称呼方面，在正式场合，他们也采用"先生""小姐""夫人"之类的称呼。在俄罗斯，人们非常看重社会地位，因此对有职务、学衔、军衔的人，最好以其职务、学衔、军衔相称。依照俄罗斯民俗，在用姓名称呼俄罗斯人时，可按彼此之间的不同关系具体采用不同的方法。只有与初次见面之人打交道时，或是在极为正规的场合，才有必要将俄罗斯人的姓名的三个部分连在一起称呼。

（2）服饰礼仪。俄罗斯人大多讲究仪表，注重服饰。在俄罗斯民间，已婚妇女必须戴头巾，并以白色为主；未婚姑娘则不戴头巾，但常戴帽子。在城市里，人们多穿西装或套裙。前去拜访俄罗斯人时，进门之后务必立即自觉地脱下外套、手套和帽子，并且摘下墨镜，这是一种最基本的礼貌。

（3）餐饮礼仪。在饮食习惯上，俄罗斯人追求量大实惠。他们喜欢酸、辣、咸味，偏爱炸、煎、烤、炒的食物，尤其爱吃冷菜。总的来说，他们的食物在制作上较为粗糙。一般而言，俄罗斯人以面食为主，他们很爱吃用黑麦烤制的黑面包。除黑面包之外，俄罗斯的特色食物还有鱼子酱、酸黄瓜、酸牛奶等。吃水果时，他们多不削皮。在饮料方面，俄罗斯人很能喝冷饮。具有该国特色的烈酒伏特加，是他们最爱喝的酒。用餐时，俄罗斯人多用刀叉。他们忌讳用餐时发出声响，并且不能用匙直接饮茶，或让其直立于杯中。通常，他们吃饭时只用盘子，而不用碗。参加俄罗斯人的宴请时，宜对其菜肴加以称道，并且尽量多吃一些。俄罗斯人将手放在喉部时，一般表示已经吃饱。

（4）习俗禁忌。在同俄罗斯商人洽谈贸易时，切忌称呼其为"俄国人"。在俄罗斯，被视为"光明象征"的向日葵最受人们喜爱，它被称为"太阳花"，并被定为国花。拜访俄罗斯人时，送给女士的鲜花宜为单数。在数目方面，俄罗斯人最偏爱"7"，认为它是成功、美满的预兆。对于"13"与"星期五"，他们则十分忌讳。俄罗斯人非常崇拜盐和马。俄罗斯人主张"左主凶，右主吉"，因此，他们也不允许以左手接触别人或递送物品。俄罗斯人讲究"女士优先"，在公共场合里，男士往往自觉地充当"护花使者"。不尊重妇女的人，到处都会遭以白眼。俄罗斯人忌讳的话题有政治矛盾、经济难题、宗教矛盾、民族纠纷以及大国地位问题。

第四节　亚洲商人的谈判风格、礼仪与禁忌

一、日本商人的谈判风格、礼仪与禁忌

日本的文化受中国文化影响很深，儒家思想文化、道德意识已深深积淀于日本人的内心，并在行为方式中体现出来。不过，日本人又在中国文化的基础上创造出其独特的内涵。他们慎重、规矩、礼貌、耐心、自信，事业心和进取精神都很强，工作勤奋刻苦，态度认真且一丝不苟，充分体现在办事计划性特别强，事前的准备工作也很充分，针对每次谈判的时间和内容列出详尽的计划表。日本人等级观念强，不轻信人，考虑交易的长远影响，而不过分争取眼下利益，善于开拓新的市场。这些特性形成了日本人的谈判风格："笑脸式"讨价还价；任劳任怨做细致准；吃小亏占大便宜；放长线，善于创造新的贸易机会；抓关键人物，促成交易。

1. 日本商人的谈判风格

日本人的团体主义精神或集团意识是世人皆知的。

（1）重视集体智慧，强调集体决策。单个的日本人与其他民族的人相比，无论在思维、能力、创新精神或心理素质等方面都不是最出类拔萃的，但是日本人一旦组成了一个团体，这个团体的力量就很强大。对于"团结就是力量"这句话，日本人不仅这样说，而且在实际工作中常常是这样做的。日本企业采取家族式的经营管理方式就可以说明这一点。这种管理方式使个人、家庭与企业紧密地联结在一起，使个人对集体产生强烈的依赖感、归属感，从而使日本企业组织内部的统一性和协

调性达到很高的水平。

（2）精于讨价还价。"打折扣吃小亏，抬高价占大便宜"是日本商人谈判的典型特征之一。为了迎合买方心理，日本出口商善于用"折扣"吸引对方。我方谈判人员绝不可仅以"折扣率"为判定标准，应坚持"看货论价"。不会看，应请行家协助或进行比价；不好比，要对其成本进行解析。总之，绝不可形成"习惯性折扣率"。跟老客户谈判更要小心。重点工作应放在对日方的生产、产品、市场的更新换代、需求比例的变化研究上，不可轻率行事，以为有了"折扣率"便一劳永逸。

（3）重视人际关系。日本商人很注重在商务谈判中建立和谐的人际关系，这样在谈判过程中往往有相当一部分精力和时间会花在人际关系上。假如你与日本商人曾有过交往，那么在谈判之前应尽力多回顾一下过去双方的交往与友谊，这对后面将要进行的谈判是很有好处的。他们不赞成也不习惯直接的、纯粹的商务活动。如果想开门见山地进入商务谈判而不愿展开人际交往，就会处处碰壁，欲速则不达。有人认为，参加与日本人的交易谈判就像参加文化交流活动，如果初次同日本企业建立交易关系，或者商谈的内容十分重要，那么，在谈判开始的时候，我方职位较高的负责人最好对日方企业中同等地位的负责人进行拜访，会促使日方企业重视与我方之间的交易关系。在拜访中，一般不谈重要的事项，也不涉及具体的实质性问题。

（4）日本商人勤劳，谈判颇具耐心。日本商人刻苦耐劳的精神是欧美等地所少有的，对于谈判中的方案变化，日本商人可以夜以继日地工作使之迅速形成文字，使对方能充分理解，为其成功创造机会。问题是我们的谈判人员往往只看到其"劳动"的一面，对其体现的"策略"认识不足。比如，某个协议达成了谅解，对方主动承担整理的任务。在分别之后的整理过程中，在浩繁的文字撰写中，某些文字、用词的细微变化就会使原意差之千里。对于日本人的勤勉，我们既应持赞扬态度，又应保持对其成果的"审视"态度，否则就可能产生误会，甚至吃亏。原则上，可以由勤勉的日本人形成文字成果，而我方务必认真仔细地审阅。

（5）日本商人办事谨慎，合同履约率高。日本商人的时间观念极强，生活节奏快，这是由日本商人的生活充满竞争而促成的。但同时他们工作又非常认真谨慎。日本商人在谈判中有时不能坦率、明确地表态，常使谈判对手产生含混不清、模棱两可的印象甚至因此产生误会。日本商人在签订合同之前一般格外谨慎，习惯于对合同作详细审查并且在内部做好协调工作，这就需要一个较长的过程。但一旦做出决定，日本商人都能重视合同的履行，履约率很高。因此，同日本商人谈判要有耐心，事先要有充分准备，在合同签订之前必须仔细地审查合同，含混不清的地方必须加以明确，以免日后产生纠纷。

（6）注重礼节、身份。礼节在日本社会生活中起着促进人们之间交往、维护已确立的尊卑秩序的重要作用。日本商人走出国门进行商务谈判时，总是希望对方能够前往机场、车站或码头迎接，迎接人的地位要等同或略高于日本商人的地位。在会面时，日本商人很重视交换名片。一般情况下，不管在座的有多少人，他们都会一一交换名片，在接过对方的名片时，他们都要仔细地端详一番，然后两眼注视对方，说上一句"见到你很高兴"之类的客气话。对此，任何同日本人进行商务活动的外国商人必须理解、尊重和遵循必要的礼节，否则，日本商人将视其为不懂规矩。日本人谈判往往是秉持一种"礼貌在先""慢慢协商"的态度，这符合东方人的特点，这样双方可以在较好的气氛下交换看法，尤其是有地位的日本商人、部长、会长、社长之类的更加注重这种谈话方式，以体现文化修养。这要求我们的谈判人员也要具有较高的个人素质和涵养，才可以自如地"笑脸式"讨价还价。

2. 日本商人的谈判礼仪与禁忌

在国际交往中，日本人也习惯行握手礼，尤其是年轻人或和欧美人接触较多的人，也开始有见面握手的习惯。

日本人见面多以鞠躬为礼。一般人们相互之间是行 30 度和 45 度的鞠躬礼，鞠躬弯腰的深浅不同，表示的含义也不同，弯腰最低也最有礼貌的鞠躬称为"最敬礼"。男性鞠躬时，两手自然下垂放在衣裤两侧；对对方表示恭敬时，多以左手搭在右手上，放在身前行鞠躬礼，女性尤其如此。

在日本，名片的使用相当广泛，特别是商人，初次见面时有互相交换名片的习惯。名片交换时地位低或者年轻的一方应先递交名片，这种做法被认为是一种礼节。递交名片时，要将名片正对着对方。名片在日语中写为"名刺"，女性的名片大多比男性的要小。

日本人对坐姿很有讲究，在公司里，日本人都坐椅子，但在家里，日本人仍保持着坐"榻榻米"的传统习惯。坐榻榻米的正确坐法叫"正座"，即把双膝并拢跪地，臀部压在脚跟上。轻松的座法有"盘腿坐"和"横坐"："盘腿坐"即把脚交叉在前面，臀部着地，这常是男性的坐法；"横坐"是双腿稍许横向一侧，身体不压住双脚，这常是女性的坐法。现在，不坐"榻榻米"的年轻一代在逐渐增多。

日本人待人接物态度认真，办事效率高，并表现出很强的纪律性和自制力。约会总是守时，很少迟到。

日本人不喜欢针锋相对的言行与急躁的风格，把善于控制自己的言行看作一种美德，他们主张以低姿态待人，说话时避免凝视对方，弯腰鞠躬以示谦虚、有教养。在社交活动中，日本人爱用自谦语言，如"请多关照""粗茶淡饭、照顾不周"等，谈话时也常使用自谦语。

在日常生活中，日本人谦虚礼让、彬彬有礼，同事、行人间极少发生口角。在与日本人交谈时，不要边说边指手画脚，别人讲话时切忌插话打断。三人以上交谈时，注意不要冷落大部分人。在交谈中，不要打听日本人的年龄、婚姻状况、工资收入等私事。对年事高的男子和妇女不要用"年迈""老人"等字样，年事越高的人越忌讳。在公共场合以少说话为好。乘坐日本的地铁或巴士，很少能看到旁若无人大声交谈的现象。除非事先约好，否则不贸然去家里拜访日本人。

按照日本人的风俗，饮酒是重要的礼仪，客人在主人为其斟酒后，要马上接过酒瓶给主人斟酒，相互斟酒才能表示主客之间的平等与友谊。斟茶时，日本人的礼貌习惯是以斟至八成满为宜。给日本人送礼时，要送成双成对的礼物，如一对笔、两瓶酒，但送新婚夫妇红包时，忌讳送两万日元和"2"的倍数，日本民间认为"2"这个数字容易导致夫妻感情破裂，一般送 3 万日元、5 万日元或 7 万日元。礼品包装纸的颜色也有讲究，黑色、白色代表丧事，绿色为不祥，也不宜用红色包装纸，最好用花色纸包装礼品。日本人接待客人不是在办公室，而是在会议室、接待室，他们不会轻易领人进入办公机要部门。日本不流行宴会，商界人士没有携带夫人出席宴会的习惯。商界的宴会是在大宾馆举行的鸡尾酒会。日本人没有互相敬烟的习惯。进入日本人的住宅时必须脱鞋。在日本，访问主人家时，窥视主人家的厨房是不礼貌的行为。在日本，没有请同事到家与全家人交往的习惯。日本人从来不把工作带到家里，妻子也以不参与丈夫的事业为美德。

日本人大多不喜欢紫色，认为紫色是悲伤的色调；最忌讳绿色，认为绿色是不祥之色。还忌讳 3 人一起"合影"，他们认为中间被左右两人夹着是不幸的预兆。日本人忌讳荷花，认为荷花是丧花。在探望病人时忌用山茶花及淡黄色、白色的花，日本人不愿接受有菊花或菊花图案的东西和礼物。日本人喜欢的图案是松、竹、梅、鸭子、乌龟等。

（1）语言禁忌。日本人有不少语言忌讳，如"苦"和"死"，就连谐音的一些词语也在忌讳之列，数字"4"的发音与死相同，"42"的发音是死的动词形，所以医院一般没有 4 号和 42 号的房间和病床。用户的电话也忌讳用"42"，监狱一般也没有 4 号囚室。"13"也是忌讳的数字，许多宾馆没有"13"楼层和"13"号房间，羽田机场也没有"13"号停机坪。在婚礼等喜庆场合，忌说去、归、返、离、破、薄、冷、浅、灭及重复、再次、破损、断绝等象征不吉和凶兆的语言。商店开业和新店落成时，忌说烟火、倒闭、崩溃、倾斜、流失、衰败及与火有关的语言。交谈中忌谈人的生理缺陷，不说如大个、矮子、胖墩、秃顶、麻子等字眼，而应称残疾人为身体障碍者、称盲人为眼睛不自由者等。

（2）行为禁忌。日本有"纪律社会"之称，人们的行为举止受一定规范的制约。在正式社交场合，男人、女人均须穿西装、礼服，忌衣冠不整、举止失措和大声喧哗。

（3）饮食忌讳。日本人一般不吃肥肉，也有人不吃羊肉和鸭肉；招待客人忌讳将饭盛得过满、过多，也不可一勺就盛好一碗；忌讳客人吃饭一碗就够，只吃一碗被认为是无缘；忌讳用餐过程中整理自己的衣服或用手抚摸、整理头发，因为这是不卫生和不礼貌的举动；日本人使用筷子时忌讳把筷子放在碗碟上面。在日本，招呼侍者时，要把手臂向上伸、手掌朝下，并摆动手指。

二、印度商人的谈判风格、礼仪与禁忌

跟印度商人做生意前要做充分准备，了解其民族文化特点、礼仪礼节和商业特点。

1. 印度商人的谈判风格

（1）印度商人的疑心较重。在商务往来中，与印度商人建立相互信任需要很长时间，而且无论如何也无法亲密到推心置腹的地步。在没有利害关系时，与他们还是比较容易达成合作的；然而一旦发生利害冲突，他们就会判若两人，层层设防，直到问题解决。所以我们在应对印度商人的时候，应该了解对方的信誉，确定贸易术语和付款方式时要格外慎重。

（2）印度商人观念传统，思想较保守。印度商人在商业洽谈中往往不愿做出承诺，遇到问题时也常常喜欢找借口或逃避责任；在工作中出现失误受到指责时，他们会不厌其烦地辩解。所以，与他们做交易时合同条款规定务必严密细致，力求消除日后纠纷的隐患。

（3）印度商人对价格非常敏感。印度商人做生意喜欢砍价，在砍价时他们往往没有成本意识，所以报价时不要过低，价格因素会占有相当大的购买比重。

（4）印度商人谈生意很有耐心。保持耐心是印度商人最擅长的，用此招可以充分消磨对方的意志，从而能够彻底探清对方的底牌。

2. 印度商人的谈判礼仪与禁忌

印度是文明古国，交际应酬礼节繁多，待人接物有各种讲究。与印度商人相互见面的礼节，有合十礼、拥抱礼、贴面礼、摸脚礼、举手礼等。生意场合上的印度商人，一开始采用握手礼节，但印度妇女除在重大外交场合外，一般不与男人握手。

在印度，欢迎客人常见的礼节是献花环，主人要献上一个花环，戴到客人的脖子上。客人越尊贵，所串的花环越粗。

与印度商人交往应注意一些禁忌，印度食素的人特别多，而且社会地位越高的人越忌荤食。大多数印度人不吸烟。印度人既爱吃大米，也爱吃面食。印度商人不太爱喝茶，也不太爱喝酒，白开水是他们的最佳饮料。

印度商人进餐时一般不用任何餐具，而习惯用右手抓食。

印度人的着装讲究朴素、干净，并且非常具有民族特色。在一般场合中，男子

的着装是上身穿一件"吉尔达"，即一种宽松的圆领长衫；下身穿一条"陀地"，即一种以一块白布缠在下身垂至脚面的围裤。

印度人对大人物一般要给予尊称，如人们称泰戈尔为"神圣的导师"。在称呼长者时，习惯在各种名号及姓名之后再加上一个"吉"字，表示亲热和尊重。印度人"点头"和"摇头"所表示的意思不同寻常。头一次同印度人交谈，最容易引起误解的是他们的摇头动作，他们总是先将头稍微歪到左边，然后立即恢复原状，这个动作很容易被人理解为"不同意"或"不愿意"，而实际上是表示同意。1、3、7三个数字，均被他们视为不吉利。同印度人交谈时，对宗教与民族矛盾、印巴冲突、核武器、两性关系等问题，千万不要主动涉及。

英语是印度的商业语言，与印度人相见应递英文名片。与印度人谈生意，最好有一个曾经和印度客商打过交道的翻译在场，如实在听不懂，就请对方用笔写下来，这样更好一些。

送礼品时不要准备那种太简单的礼品，好像完全是为了交差，礼品一定要具有象征意义，要大气。准备的礼物最好在谈完生意后再给，但是进门时要让他看到你带的礼物袋，这样对方会从第一印象上接受你。

三、韩国商人的谈判风格、礼仪与禁忌

韩国商人非常重视商务谈判的准备工作，在谈判前，他们会千方百计对对方的情况进行咨询和了解。

1. 韩国商人的谈判风格

韩国商人逻辑性强，做事条理清楚，注重技巧。谈判时，他们往往先将主要议题提出来进行讨论。按谈判阶段的不同，主要议题一般分为五个方面：阐明各自意图、报价、讨价还价、协商、签订合同。对于大型谈判，他们更乐于开门见山、直奔主题。韩国商人能灵活地使用谈判的两种手法——横向谈判与纵向谈判。谈判过程中，韩国商人会针对不同的谈判对象，使用"声东击西""疲劳战术""先苦后甜"等策略，不断地讨价还价，并且显得十分顽强。有的韩国商人直到谈判的最后一刻还会提出"价格再降一点"的要求。但是，韩国商人在谈判时远比日本商人爽快，他们往往在不利的形势下以退为进，稍做让步以赢得合作。在签约时，韩国商人喜欢用三种具有同等法律效力的文字作为合同的使用文字，即韩文、朝鲜文和英文。

2. 韩国商人的谈判礼仪与禁忌

韩国商人很注重谈判礼仪，他们十分在意谈判地点的选择，一般喜欢在有名的酒店、饭店会晤洽谈。如果由韩国商人选择谈判地点，他们一定会准时到达，以尽地主之谊；如果由对方选择谈判地点，他们则会推迟一点儿到达。在进入谈判会场时，一般走在最前面的是主谈人或地位最高的人，多半也是谈判的决策者。

韩国商人重视在会谈初始阶段就创造友好的谈判气氛。他们一见面总是热情地打招呼，向对方介绍自己的姓名、职务等。就座后，若请他们选择饮料，他们一般

选择对方喜欢的，以示对对方的尊重和了解，然后再寒暄几句与谈判无关的话题如天气、旅游等，以此营造一个和谐融洽的气氛，之后才正式开始谈判。

韩国商人见面时一般会行鞠躬礼，呈递与接收名片时都要用双手。称呼人的习惯与中国人相同。交换礼物是常见的交往礼节，收到礼物后，不要当面打开，而且一定要回赠食品或小纪念品等礼物。饭店中一般没有收小费的习惯，服务费已包括在账单内，餐桌上传递东西要用左手支托右臂或右腕。

韩国人对人的感情非常敏感，他们非常注意人们的反应和感情，也希望你与他们的感情协调起来。他们不愿意说"不"字来拒绝人家，同时，他们也不希望你说"不"字来拒绝他们。与韩国商人谈判要非常讲究策略和通情达理，和气、协调也很重要。如果你已经回答过某个问题，而对方又有人提出这一问题，不要吃惊，因为韩国人在做出决定前要确保其正确性。

四、泰国商人的谈判风格、礼仪与禁忌

1. 泰国商人的谈判风格

泰国商人一般不喜欢冒险，而是小心谨慎，宁可依靠自己的力量积少成多地发展，也不愿大刀阔斧，大数额地贷款、大范围地投资。由于过分谨慎，不轻易相信别人，故很多企业带有浓重的家族色彩。泰国商人十分注重人际关系，在他们看来，与其你争我斗、费尽心思才获得一些利益，倒不如把这些利益让给那些诚实而富有人性的对手。

对于商品，泰国商人重视质量甚于品牌，只要商品货真价实，即使是名不见经传的产品，也能获得他们的认可。此外，同大部分华人一样，他们十分重视别人对自己的看法，如能让对方获得心理上的满足，无疑可以使谈判在十分融洽的气氛中进行。

泰国人很难对一件事做出决断，外人千万不要表现出不耐烦的情绪。

2. 泰国商人的谈判礼仪与禁忌

与泰国人见面时不握手，而是双手合十放在胸前。初到泰国，要注意当地人所行的合掌见面礼，外人也可以照样行礼，双手抬得越高，越表示对客人的尊重，但双手的高度不能超过双眼。

泰国人不是按姓来称呼对方的，如"陈先生""李先生""张女士"，而是以名称呼对方，如"建国先生""章达先生""秀兰女士"。到泰国人家里做客，进屋应先脱鞋。在和泰国商人的交往中，可以送些小的纪念品，送的礼物事先应包装好，送鲜花也很合适。商务活动最好选择在11月至次年3月，此时气候宜人。

和泰国商人相处，不要夸耀自己国家的经济，也不要盘问对方有几个太太。

思考题

1．美国商人的谈判风格及禁忌有哪些？
2．德国商人的谈判风格及禁忌有哪些？
3．日本商人的谈判风格及禁忌有哪些？
4．英国商人的谈判风格及禁忌有哪些？
5．俄罗斯商人的谈判风格及禁忌有哪些？
6．泰国商人的谈判风格及禁忌有哪些？

 参考阅读

从日本文化看日本
商人的谈判策略

参 考 文 献

［1］樊建廷. 商务谈判［M］. 大连：东北财经大学出版社，2007.

［2］施锡铨. 合作博弈引论［M］. 北京：北京大学出版社，2012.

［3］王海云. 商务谈判［M］. 北京：北京航空航天大学出版社，2005.

［4］汤普森. 商务谈判［M］. 赵欣，译. 北京：中国人民大学出版社，2015.

［5］龚荒，杨雷. 商务谈判与推销技巧［M］. 北京：清华大学出版社，2005.

［6］罗伊·列维奇. 商务谈判［M］. 王健，等译. 北京：中国人民大学出版社，
2015.

［7］张守刚. 商务沟通与谈判［M］. 北京：人民邮电出版社，2016.

［8］聂元昆. 商务谈判学［M］. 北京：高等教育出版社，2015.

［9］丁建忠. 商务谈判［M］. 北京：中国人民大学出版社，2003.

［10］霍华德·雷法. 谈判分析［M］. 詹正茂，译. 大连：东北财经大学出版社，
2005.

［11］杨晶. 商务谈判［M］. 北京：清华大学出版社，2016.

［12］宋贤卓. 商务谈判［M］. 北京：科学出版社，2004.

［13］刘必荣. 谈判圣经［M］. 北京：中国商务出版社，2004.

［14］石永恒. 商务谈判精华［M］. 北京：团结出版社，2003.

［15］王建明. 商务谈判实战经验和技巧［M］. 北京：机械工业出版社，2015.

［16］徐斌，王军旗. 商务谈判实务［M］. 北京：中国人民大学出版社，2016.

［17］芦勇. 商务谈判中僵局的处理：重利益，轻立场［J］. 中国商贸，2011（6）.

［18］王砚侠. 浅谈商务谈判人员应具备的素质［J］. 天津财贸管理干部学报，2008
（2）.

［19］陈红. 商务谈判语言的特点及运用技巧［J］. 贵州师范学院学报，2011（5）.

［20］张文娣. 跨文化商务谈判中的身势语言研究［J］. 现代商贸工业，2009（4）.

［21］关清廉. 谈判人员的能力、气质、性格［J］. 黑河学刊，1992（2）.